若者が考える「日中の未来」vol.5

中国における日本文化の流行

―学生懸賞論文集―

元中国大使
宮本 雄二 監修　日本日中関係学会 編

日本僑報社

まえがき

日本日中関係学会（会長：宮本雄二元中国大使）では毎年、「宮本賞（学生懸賞論文）」を日中の学生の皆さんを対象に募集しています。本書では2018年に募集した第7回宮本賞の受賞論文14本を全文掲載し、皆様にお送りします。

今回の授賞論文の最大の特徴は、日本の文化、日本の援助外交、日本の文化財保護、日本の介護ビジネスなど、日本のすばらしさをテーマにとりあげた論文が目立ったことです。また時代を反映してモバイル決済、ロボット、ベンチャー企業といったIT・ネット関係の論文も多く登場してきております。

いずれの受賞論文にも、若者らしい斬新な切り口と興味深い分析が溢れており、これから日中関係を発展させていくうえで、貴重なヒント、手掛かりを提供してくれるものと確信しております。

第7回宮本賞では、「学部生の部」で35本、「大学院生の部」で29本、合計64本と過去最高の応募がありました。日本国内の大学のみならず、中国国内の大学からも多くの応募をいただきました。

募集に際しては、日中の大学の多くの先生方から応募学生のご推薦・ご指導をいただきました。とりわけ日本大学の高久保豊先生、明治大学の郝燕書先生には、ゼミ活動の一環として多くのゼミ生に応募いただきました。東華大学の張厚泉先生には、上海を中心とした10数校に、応募の働きかけをしていただきました。第二回宮本賞で最優秀賞を獲得した江暉さんには、現在教鞭をとっておられる中山大学（広東省）の学生の皆さんをご推薦いただき、そのうちの一人が今回、最優秀賞に輝きました。このほか、華人教授会議、立志会、日中交流研究所などの諸団体からも心強いご支援をいただきました。

国際交流基金からは今回も資金面でのご助力をいただきました。この場を借りて厚くお礼申し上げます。

2018年12月に審査委員会を開催し、厳正な審査を行った結果、「学部生の部」では、最優秀賞に王羽晴さん（中山大学）の「新たな時代の中国における日本文化の流行」を選びました。このほか優秀賞2本、特別賞4本もそれぞれ選びました。また「大学院生の部」では、最優秀賞に李国輝さん（早稲田大学）の「国際緊急援助と災害外交」を選びました。このほか、優秀賞3

本、特別賞3本もそれぞれ選出しました。

「宮本賞」のテーマは「日本と中国ないし東アジアの関係に関わる内容の論文、レポート」です。また分野は政治・外交、経済・経営・産業、文化・教育・社会、環境、メディアなどと幅広く設定しております。「宮本賞」の特徴は、論文・レポートの水準が高いだけでなく、これからの日中関係に論文・レポートがどのような意味を持つか、提言も含めて必ず書き入れていただいていることです。

世界が不安定さを増す中、安定した日中協力関係は、日中両国にとってだけではなく、この地域ひいては世界全体にとってもますます重要になってまいります。とりわけ若い世代の皆さんの新しい発想と行動は大きな意味を持ちます。若い世代の皆さんが、日本と中国ないし東アジアの関係に強い関心を持ち、よりよい関係の構築のために大きな力を発揮していただきたい。日本日中関係学会などの諸活動にも積極的に参加し、この地域の世論をリードしていってもらいたい。「宮本賞」はそのための人材発掘・育成を目的として創設いたしました。

「宮本賞」はすっかり軌道に乗り、日中の若者による相互理解を深める上で、大きな役割を発揮しております。2019年も第8回宮本賞の募集を行います。皆様方のご協力を得て、よりすばらしい「宮本賞」に発展させていけたらと願っております。

日本日中関係学会会長・「宮本賞」審査委員長

宮本雄二

第7回宮本賞（学生懸賞論文）の実施プログラムは、国際交流基金からの助成を受けております。

目　次

最優秀賞

優秀賞

特別賞

付　録

新たな時代の中国における日本文化の流行

～時代・国家・企業・メディアと個人からの考察～

中山大学外国語学部日本語学科4年
王羽晴

はじめに

現在の中国では、未曾有の風景と言えるほど日本文化が広く伝播、浸透しており、若者層のみならず、大勢の人々が日本文化に魅了されている。2015年に国際交流基金が行った「海外日本語教育機関調査」によると、1979年から2015年までの36年間に、世界中の日本語学習者は28.7倍にも増加したという。その中で中国人の学習者が最も多く、しかも高等教育段階の学習者の割合が全体の65.6%を占めている[1]。また、日本貿易振興機構（JETRO）が毎年実施している「中国の消費者の日本製品等意識調査」の結果によると、今後行きたい国・地域について、「日本」と答えた人の割合が2013年調査開始以来増えつつあったが、2017年の調査ではついに初の1位となった[2]。

日本製品を求め、日本の映画・テレビドラマ・アニメ・音楽を鑑賞し、また日本語を学び、日本に旅行・留学に行くなどといった「日本ブーム」は、現在の中国において目立っており、そして今後ますます深化していくのではないかと思われる。

では、なぜこのような「日本ブーム」が生まれ、また日本文化のどのような部分が中国人を魅了しており、さらに今後「日本ブーム」はどのように変化していくのか。本論文では時代・国家・企業・メディアと個人という四つの角度からこれらの諸点について考察を行い、今の中国における日本文化の流行の実態を明らかにしたい。

一、時代における必然性

古来、日本は中国から多様な影響を受け、日本文化と中国文化は共通点が多いことが知られている。それゆえ、中国人からすれば、欧米文化に比べて日本文化の方が親しみを感じやすいし、受け入れやすいと思われる。

こういった文化的な共通性は、今までの日中文化交流の基盤になっている。ほかにも多数の要素が働いており、例えば新たな時代ならではの原因も無視できない。

具体的に言えば、まず近年における中国人の文化的需要の増加があげられる。中国国家統計局のデータによると、2016年に中国の都市人口の割合は57%まで上昇した[3]。高速な経済発展を背景に、人々の文化への需要も急増し、文化の吸収に対して積極的な姿勢を見せている（陸, 2018）[4]。その中で、隣国である日本の文化は親しみがあり、共通点も多いため、吸収しているうちに中国の人々に受け入れられるようになったと考えられる。

また、日本文化の中で、「侘び・寂び（わび・さび）」などといったやや消極的な色彩を帯びるものが、特に中国の若者に好まれる。中国では、これまでポジティブ文化が主流とされてきた。それゆえ中国の若者は、「物の哀れ」、「侘び・寂び」など一見してネガティヴだが、実に奥深い思考が凝縮されている日本文化に出会って、大いに驚いた。例えば、青春の無力感と虚しさをそのまま受け入れ、共存するという考えを伝える村上春樹の作品は、中国でも大人気である。また、人生の虚無に向き合う消極的な姿勢が描かれ、作品の中で度々極端なニヒリズムを見せる太宰治の『人間失格』も、中国の若者に多く読まれている。

このほか日本のドラマについても、「テーマが非常に広く、内容が豊か。国内で抗日戦争ものや宮廷闘争劇を繰り返し放送して飽きられているのとは違い、人々が人間性や社会について考える時、より多くの見方を提供してくれる」と評されている。“個性”を求める若者は、個性豊かな日本ドラマのBGMや役者、登場人物の衣装などに魅力を感じ、「若者の欲求と痛点（筆者注：心の痛いところ）を突いた」という[5]。

このような若干ネガティヴな価値観が含まれている文化は、中国の若者に新鮮感を与え、興味を持たせてきた。競争の激しい社会においてプレッシャーを感じている中国の若年層は、繊細で人の内面の弱みを見つめる日本の文化に共感したのではないかと思われる。それはいま、中国の若者の間で流行している「喪文化」[6]にも共通点がある。すなわち、消極的な姿勢で人を慰め、それで励みになるというところである。

このように、中国が文化的需要に目を向けるようになった新たな時代で、日本文化にその需要と合致する点があるため、中国において、とりわけ若者層に愛されるようになったと考えられる。

二、ブームを生み出した中日両国

1970年代末から1980年代までは中日の「ハネムーン期」であるといわれ、中国人は戦後日本の先進的な技術を学び、大衆は初めて戦後の日本というイメージを思い知らされた。この時期の代表的な日本大衆文化は、劇場で上映する日本映画、国営のテレビ局で放送されるテレビドラマやテレビアニメ、そして日本から輸入されたカセットレコーダーから流れる流行歌、また新しい文学ジャンルとして大量に翻訳された推理小説などが挙げられる（王，2005）[7]。

高倉健、中野良子や山口百恵などの映画俳優は当時の中国で大人気を呼び、日本映画のスターとして戦後日本のイメージを伝えた。一方、ドラマでは『おしん』、『赤い疑惑』、『燃えろアタック』等が当時の中国の視聴者に深く愛され、日本ドラマブームが中国を席巻したとも言えよう（崔，2010）[8]。

その中で、特に日本アニメの影響が大きく、そして長く続いてきたと言える。1979年、中央電視台（CCTV）が手塚治虫の『鉄腕アトム』を放送した。それに続いて『花の子ルンルン』『一休さん』なども中国で放送され、今の20代から40代に至る中国人はそれらのキャラクターと成長をともにしてきたと言える。その後も『ドラゴンボール』や『Dr.スランプアラレちゃん』、『ドラえもん』、そして『NARUTO』、『ワンピース』など、数多くの日本アニメの作品が中国の人々に愛され続けてきた。

中国で日本アニメのイメージが定着し、アニメに対する審美の見極めも日本アニメを基準としてできたものである。人物像、色彩、セリフなど、最初から審美の基準は日本アニメによって築かれていた。こうして中国では、日本のアニメ文化が自然に受容されてきたのである。

そして、アニメに含まれている文化も中国人に影響を与えていると思われる。例えば、『ちびまる子ちゃん』を見て、日本人の挨拶の仕方、日本の弁当文化、日本住宅の建築様式、日本で多発する地震・洪水などの自然災害などを知ることができる。さらに少年漫画の中には、日本の武士道精神が描かれるものが多い。幼少期から日本のアニメを見て育った人には、無意識のうちに日本文化が浸透し、成長してからも日本文化を好む傾向があると考えられる。

また改革開放直後の中国では、日本製品を数多く輸入したことで、日本製品が高級で質がいいというイメージが定着した。中国の生産力が著しく伸びた現在においても、そのイメージはまだ残っており、中国人が日本で「爆買い」する現象にも繋がっていると考えられる。

その後、国の事情によって中国では海外文化の輸入に対する制限が多くなってきたが、80、90年代の日本ブームは未だに影響が残っており、今日の「日本ブーム」が形成される要因の一つになったと考えられる。

その一方、日本では、「クールジャパン」という海外への文化輸出推進戦略が進められている[9]。経済産業省製造産業局に「クールジャパン室」が開設され、戦略産業分野である日本の文化産業の世界進出促進、国内外への発信などの政策を企画立案、推進している。民間企業に出資し、メディア・コンテンツの製作、海外進出の支援、観光支援など、日本の魅力を海外発信するために様々な戦略を実施してきた[10]。また、2020年の東京五輪も追い風になり、日本政府が「クールジャパン」「おもてなしの国」などの戦略に力を入れ、「観光大国」を目指した動きもある[11]。

中国で昔の日本ブームの余熱と日本の海外発信の戦略が相乗効果を生み出し、日本文化の流行が生じたと見なすことができるだろう。歴史的要素と現在の発展目標が影響しあい、現在の「日本ブーム」を生み出したとも考えられる。

三、企業進出による文化浸透

日本企業の海外進出は活発化しているが、中でも中国への進出が際立っている。外務省が実施した「海外在留邦人実態調査」と「海外進出日系企業実態調査」の結果をみると、2016年10月1日時点で海外に進出している日系企業の総数は7万1820拠点に達している。過去5年間で約18%（1万1032拠点）増加したという。その中で、中国進出の日本企業は3万2313拠点（全体の約45%）となっており、2位の米国（同12%）を大きく上回った[12]。

日本企業の進出につれ、そのビジネスカルチャーや製品に含まれている日本文化も海外へ発信された。その例として、中国におけるファミリーマートなど日系コンビニエンスストアと無印良品など家具、衣料品、雑貨の日系販売店を取り上げてみたい。

日系コンビニの中国進出は、日本の食文化・企業文化・サービスだけでなく、日本語の語彙をも中国に伝播する役割を担っている。日系コンビニ大手は中国で大量出店に舵（かじ）を切っている。ローソンは2018年に中国で過去最高の800店の新規出店を計画している。このほかファミリーマートは300店超、セブンイレブンも200店程度を計画しており、3社合計で過去最高の出店数となる見通しだという[13]。ローソンは重慶市の中心部から約100キロメートル離れた周辺の小規模都市にも初めて出店した[14]。中国の沿海部から高成長が続く内陸部へも進出していく一例と言えよう。

まず、日系コンビニは日本の食文化を発信する。日系コンビニではおにぎり、おでん、コロッケ、大福餅などの伝統的な日本食を販売している。また、牛丼・うなぎ丼などの日本風味の弁当も店頭に置かれてある。これらの商品は手頃な値段で日本の食を中国の顧客に味わってもらい、日本の食文化の魅力を伝えている。日本の風情を感じさせるコンビニの日本食は中国の消費者に新鮮感を与え、好評を得てきた。そして、「差別化を図り、集客力を高めるため、弁当やお菓子など独自商品を拡充する」（付・胡, 2011）[15]ことによって、日本の食文化が今後、ますます浸透していくと思われる。

また、日系コンビニは日本の企業文化を発信する。日系コンビニでは商品の販売だけでなく、サービスの提供も経営の一部としている。この経営理念はこれまでに中国本土の小型スーパーにはなかったものである。日系コンビニでは、清潔感のある店内、整然とした商品の陳列、親切に接客する従業員など、商品以外の要素が中国で人気を獲得した（許, 2018）[16]。日本本土と比べると、サービスの面は及ばないところがあるが、日本企業文化の一部を中国に発信したことには違いない。さらに、日本アニメのキャラクターとのコラボや期間限定の商品を発売する（周, 2013）[17]など、日本特有の経営方式によって、売り上げを刺激する一方、その企業管理方式と商品に含まれた文化も浸透していく。

そして日系コンビニでは、日本の商品名を翻訳する際に、日本語の語彙をそのまま残すという工夫もしている。例えば、昆布、唐揚、○○使用など、中国語にはない日本語の表現がそのまま使われている。おそらく中国の消費者に新鮮感を与えるために、あえて翻訳しないことにしたと思われるが、結果的に日本製・日本風というような高級感を出している。

もう一つは、生活雑貨店「無印良品」の中国での発展を取り上げたい。無印良品を運営する良品計画が発表した2018年3～8月期の連結決算によると、純利益が前年同期比24％増の181億円と6期連続で最高を更新しているが、そのけん引役となっているのが中国を中心とした海外である[18]。中国では今期は前期（29店）を超える35店を増やし、衣料品、生活雑貨、食品にまで販売を拡大している[19]。また、良品計画のブランドを冠した世界初となる「MUJI

ホテル」も深圳で開業した[20]。

中国では若者を中心に、派手さを好む消費から安心安全でシンプルであることを重視する傾向が強くなっている。無印良品のアートプロデューサー原研哉は、ミニマリズム[21]の美学を商品に吹き込み、白・黒・生成色などの自然色を使ってシンプルで高級感のある商品をデザインしてきた（許, 2018）[22]。店内では、アロマセラピーの香りと緩やかな音楽、笑顔で挨拶する店員、居心地良いインテリアなど、大自然を思わせる空間もその美意識の一部となっている。

無印良品のデザイン理念は日本の禅の境地、また「侘び・寂び」の美にも共通しているといわれている（張・王, 2018）[23]。例えば、無印良品のポスターの中には、地平線で画面を切り分けただけのものがある。そこには青い空と地面しかなく、寂しさと虚無感を醸し出し、また人と自然の関係性を意識させている。このようなミニマリズムの美は、まさに日本の茶道が追求する美の境地に近い。

高い実用性のほかに、日本の感性と美意識が製品に含まれている（李, 2018）[24]。こうした奥深いデザイン理念を持つ日本文化に、中国の人々が魅了されてきたとみられる。

企業の海外進出は異文化コミュニケーションを促進する場合が多い。中国の文化的要素を取り入れる一方、日本文化も中国人に理解してもらい、さらに愛されるようになる。近年の日本ブームが、こうした日本企業の中国進出の仕方によって引き起こされたのは間違いない。

四、メディアと個人における日本文化の流行

中国政府による政策の影響で、日本文化が輸入され、中国の人々に広く知られ、愛されるようになった80年代とは違い、現在、主に下から上への流れで文化を受け入れる時代となっている。日本の映画・テレビドラマ・バラエティ番組・アニメ・漫画・雑誌など、中国の民間で広く日本文化を受け入れる動きがみられる。

例えば、日本を中国に紹介する『知日』という雑誌が中国で刊行されている[25]。これまで、『知日』は50冊以上の特集を掲載してきた。奈良美智や三島由紀夫、是枝裕和のような各分野の有名な人物をテーマにしただけでなく、明治維新やラーメン、喫茶店なども紹介してきた。創刊号は1万部が売れ、今は月刊誌として毎月の実売5～10万部を維持している。

もう一つの例は、2005年に創刊された中国のデザイン・アート雑誌『Lens』[26]である。同誌では、日本に関する特集を度々取り上げて紹介している。特に注目されているのは、話題性のある人物にインタビューし、その内容を映像化して読者に紹介する映像製作部門「重逢島」である。そこで最初に取材した人物は山本耀司で、そのほかに安藤忠雄や黒川雅之、小野二郎、蜷川実花、坂本龍一など、数多くの日本のアーティストにもインタビューしている。

最近の日本のテレビドラマも中国で大きな人気を得ている。例えば、石原さとみ主演のTBS金曜ドラマ『アンナチュラル』が中国で話題になったため、中国の動画サイト「芒果TV」は日本から承認を得て、毎週最新話を中国のウェブサイトで公開することになった。また、日本の漫画作品『カードキャプターさくら』の著作権も、中国の動画サイト「bilibili」に購入され、オンラインでアニメ全集が公開されるようになった。このように、読者・視聴者の需要に応じて様々なメディアが日本文化に関する内容を取り上げ、その角度もより多様で深化していき、中国の最近の日本ブームに拍車をかけている。

そして、訪日ブームも日本文化流行の一つの要因として考えられる。近年、訪日中国人が著しく増加している。2003年の50万人弱から16年の640万人へと10倍以上に増え、特に14年には前年比83%増、15年は同107%増と急増している[27]。

2017年の「中国の消費者の日本製品等意識調査」によると、中国の消費者の間に、日本に対し「礼儀正しい」「サービスが良い」「エコ」のイメージが定着し、越境ECでの日本商品購入経験者は約7割にも達している。旅行で得た日本に対する好印象が、日本製品の再購入につながったと見られる。

中国人の日本留学ブームも影響があろう。2008年に日本政府はグローバル戦略の一環として「留学生30万人計画」を発表した。それをきっかけに留学生の数は急速に増加した。日本学生支援機構によれば、2017年5月1日時点で、日本で学ぶ留学生の数は26万7042人に達し、うち約4割にあたる10万7260人が中国人だった[28]。中国人留学生の増加につれ、異文化に適応し、帰国した後も留学経験を積極的に生かしている人が増えつつある。両国関係が緊張している時でも、人的な交流は深まり、経済と文化の両面で日中関係を支え続けている。

そのほか、毎年、中国の日本語学習者向けに、作文コンクール[29]やスピーチコンテスト[30]が数多く開催されている。今年は日中平和友好条約締結40周年を機に、日中関係をテーマとした作文・論文コンクールやスピーチコンテスト[31]が中国各地で行われ、全中国の日本語学習者に多大な影響を及ぼしている。

終わりに

本論文では時代・国家・企業・メディアと個人という四つの角度から、最近における中国での日本文化の流行の現状を分析し、その要因を考察してきた。

80年代中国の日本ブームの影響がいまでも残っており、とりわけアニメの影響が長く続いている。日本文化の性格が、昨今の中国若者層の文化的欲求に合致しており、映画・ドラマ・アニメを通して中国の若者を魅了している。そして、中国側の海外文化の輸入と日本側の海外発信の戦略が相乗効果を及ぼし、現在の日本ブームを生み出したと言えよう。

また、日本企業の中国進出がその企業文化と商品に含まれた日本文化を中国に発信する役割を果たしていることも明らかになった。民間においては、多種のメディアが日本に関する内容を取り上げて紹介していることや、昨今の訪日ブームなども、日本ブームを促進した要因と考えられる。

このような中国の日本ブームは、一方的なものではなく、今後中日間の文化交流に影響を及ぼしていこう。例えば、『知日』の日本語デモ版が日本の潮出版から刊行された。また、中国に119店舗を構えるしゃぶしゃぶ店「四川海底撈餐飲（中国）」は、日系企業の経営理念から心地よい接客を学び、逆に2015年から日本に進出した[32]。このように、中国が日本文化を受容し、また日本に進出するといった動きも期待できる。

新たな時代の中国では、日本文化の流行は長期にわたり、深化していく傾向があると考えられる。このような中国における日本ブームは、日本にも影響を与え、日本における中国理解を促進することが今後、期待できよう。

参考文献

国際交流基金「2015年度日本語教育機関調査」

日本貿易振興機構（JETRO）「中国の消費者の日本製品等意識調査」、2017年

国家统计局「2016年人口普查城镇化率（%）」

陆筱璐「促进城市空间开发，推动新时代文化产业发展」『东岳论丛（Dongyue Tribune）』2018年第1号

王衆一「日本の大衆文化と日中交流」『人民中国』、2005年　www.geocities.jp/takechan64imc/0512ou.pdf

崔保国「中国における日本のテレビドラマ」第19回JAMCOオンライン国際シンポジウム、2010年2月　http://www.jamco.or.jp/jp/symposium/19/6/

クールジャパン政策課　経済産業省商務・サービスグループ「クールジャパン政策について」、平成30年5月
付铁山・胡春华「日本便利店的国际化战略」『渤海大学学报』2011年第2号。许可可「全家便利店的营销策略制定——上海地区为例」『西部皮革』、2018年第4号
周文岳「大城小市：上海与全家便利店（Family Mart）」『城市形象专刊』、2013年1月
陈健玮「新零售时代的到来——国外便利店模式经验借鉴」『中国房地产』、2017年7月
许钧天「无印良品的“空”概念及东方简约设计简析」『设计』、2018年第6号
张以・王紫楠「归于自然的“Wabi-sabi寂”之美——以无印良品为例」『美与时代』、2018年第5号
李圆「简论“无印良品”设计中遵循的基本原则」『科技与创新』、2018年第19号
日本政策投資銀行「中国人の海外旅行の拡大と旅行先としての日本」、2017年3月17日
祝方悦「中国の若者における日本ポピュラー文化の受容―アニメ・ファンの受容態度からの考察―」『市大社会学』、2011年9月
殷梦茜・青木紀久代「在日中国人留学生の異文化適応に関する質的研究」『お茶の水女子大学心理臨床相談センター紀要』、2018年3月
江崎康弘「中小企業の海外進出の課題と成功への鍵―重光産業・味千ラーメンの海外進出事例を通して―」『長崎県立大学論集（経営学部・地域創造学部）』、2017年12月
陳塵「中国における日系企業の異文化経営に関する一考察―異文化コミュニケーションを中心として―」『東洋大学大学院紀要』、2015年
北田「中国人はなぜ日本を憎みながら、ますます日本文化に魅了されているのか」Record China、2017年4月1日　https://www.recordchina.co.jp/b174058-s0-c60-d0052.html
ウィキペディア「クールジャパン」 https://ja.wikipedia.org/wiki/%E3%82%AF%E3%83%BC%E3%83%AB%E3%82%B8%E3%83%A3%E3%83%91%E3%83%B3
観光産業ニュース「日系企業の海外進出数が7万1800拠点で過去最高、国別トップの中国は減少傾向に―外務省」、2017年6月6日　https://www.travelvoice.jp/20170606-90198
福島香織「中国の若者に広がる『知日』ブーム」日経ビジネス、2015年1月28日　https://business.nikkeibp.co.jp/article/world/20150126/276688/
Lens ホームページ　http://www.welens.cn/
村山健二「なぜ中国人学生は留学先として「日本」を選びたがるのか＝中国メディア」Searchina、2018年2月27日　http://news.searchina.net/id/1654196?page=1
日本経済新聞「官邸が目指す観光大国（風見鶏）」、2016年9月11日
日本経済新聞「中国10万店、コンビニ乱戦——日系、攻めに転じる、今年の大手３社、出店最多」、2018年9月16日
日本経済新聞「中国コンビニ、主戦場は内陸、所得向上、食の安全志向も、ローソン、小規模都市に出店、セブン、独自商品の工場増」、2018年1月13日
日本経済新聞「中国10万店、コンビニ乱戦、「無人化」技術は道半ば、日本流で専用商品拡充」、2018年9月16日
日本経済新聞「良品計画、純利益24%増、3～8月、東アジア事業がけん引」、2018年10月4日
日本経済新聞「良品計画、4期連続最高益、今期最終11%増、中国など海外伸長」、2018年4月12日
日本経済新聞「MUJIホテル、中国で開業、良品計画」、2018年1月19日
日本経済新聞「しゃぶしゃぶ店、中国に119店舗、四川海底撈餐飲（中国）——心地よい接客、日本に進出（アジアNEXT）」、2015年8月11日

1　国際交流基金「2015年度日本語教育機関調査」
2　日本貿易振興機構（JETRO）「中国の消費者の日本製品等意識調査」、2017年
3　国家统计局「2016年人口普查城镇化率（%）」
4　陆筱璐「促进城市空间开发，推动新时代文化产业发展」『东岳论丛（Dongyue Tribune）』、2018年第1号
5　北田「中国人はなぜ日本を憎みながら、ますます日本文化に魅了されているのか」Record

China、2017年4月1日　https://www.recordchina.co.jp/b174058-s0-c60-d0052.html
6　中国の若者層で流行っているポピュラー文化、自虐や自嘲といった若者の心理を表す。
7　王衆一「日本の大衆文化と日中交流」『人民中国』、2005年　www.geocities.jp/takechan64imc/0512ou.pdf
8　崔保国「中国における日本のテレビドラマ」第19回JAMCOオンライン国際シンポジウム、2010年2月　http://www.jamco.or.jp/jp/symposium/19/6/
9　ウィキペディア「クールジャパン」 https://ja.wikipedia.org/wiki/%E3%82%AF%E3%83%BC%E3%83%AB%E3%82%B8%E3%83%A3%E3%83%91%E3%83%B3
10　経済産業省クールジャパン政策課「クールジャパン政策について」、平成30年5月
11　日本経済新聞「官邸が目指す観光大国（風見鶏）」、2016年9月11日
12　観光産業ニュース「日系企業の海外進出数が7万1800拠点で過去最高、国別トップの中国は減少傾向に　―外務省」、2017年6月6日　https://www.travelvoice.jp/20170606-90198
13　日本経済新聞「中国10万店、コンビニ乱戦――日系、攻めに転じる、今年の大手3社、出店最多」、2018年9月16日
14　日本経済新聞「中国コンビニ、主戦場は内陸、所得向上、食の安全志向も、ローソン、小規模都市に出店、セブン、独自商品の工場増」、2018年1月13日
15　付铁山 胡春华「日本便利店的国际化战略」『渤海大学学报』、2011年第2号
16　许可可「全家便利店的营销策略制定――上海地区为例」『西部皮革』、2018年第4号
17　周文岳「大城小市：上海与全家便利店（Family Mart）」『城市形象专刊』、2013年1月
18　日本経済新聞「良品計画、純利益24%増、3～8月、東アジア事業がけん引」、2018年10月4日
19　日本経済新聞「良品計画、4期連続最高益、今期最終11%増、中国など海外伸長」、2018年4月12日
20　日本経済新聞「MUJIホテル、中国で開業、良品計画」、2018年1月19日
21　完成度を追求するために装飾的趣向を凝らすのではなく，それらを必要最小限まで省略する表現スタイル。
22　许钧天「无印良品的“空”概念及东方简约设计简析」『设计』、2018年第6号
23　张以 王紫楠「归于自然的“Wabi-sabi寂”之美――以无印良品为例」『美与时代』、2018年第5号
24　李圆「简论“无印良品”设计中遵循的基本原则」『科技与创新』、2018年第19号
25　福島香織「中国の若者に広がる『知日』ブーム」日経ビジネス、2015年1月28日　https://business.nikkeibp.co.jp/article/world/20150126/276688/
26　Lens ホームページ　http://www.welens.cn/
27　日本政策投資銀行「中国人の海外旅行の拡大と旅行先としての日本」、2017年3月17日
28　村山健二「なぜ中国人学生は留学先として『日本』を選びたがるのか＝中国メディア」Searchina、2018年2月27日　http://news.searchina.net/id/1654196?page=1
29　日中交流研究所が主催する「中国人の日本語作文コンクール」が2005年から開催されている。ホームページ　http://duan.jp/jp/index.htm
30　日本経済新聞社は、中国教育国際交流協会、日本華人教授会議と共催で、日本語を学ぶ中国人大学生を対象に「全中国選抜　日本語スピーチコンテスト」を2006年から開催している。ホームページ　http://cn.nikkei.com/china/sc/13/
31　例えば、2018年日本科学協会が中国教育機関などと共催した笹川杯作文・論文コンクール。
32　日本経済新聞「しゃぶしゃぶ店、中国に119店舗、四川海底撈餐飲（中国）――心地よい接客、日本に進出（アジアNEXT）」、2015年8月11日

国際緊急援助と災害外交

～四川大震災後における日中の地震外交～

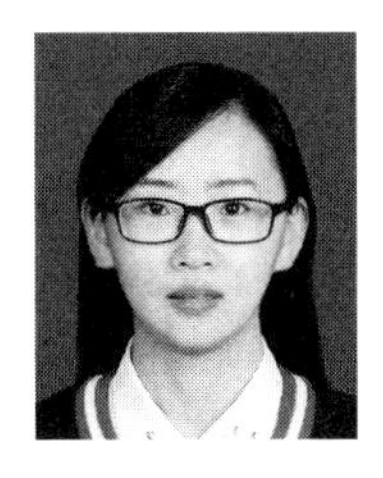

早稲田大学アジア太平洋研究科
博士課程後期4年
李国輝

はじめに

日本は世界で稀にみる災害多発国である。そのため、日本は災害への対応に関する多くの知識と経験を蓄積している。1970年代以降は、世界において大規模な災害が発生した際に、積極的な国際緊急援助を実施してきた。また、日本は整備された国際緊急援助の体制を有し、国際緊急援助によって外交面での高い評価も受けている。

2008年5月12日，中国中西部に位置する四川省汶川県でマグニチュード8.0の大地震が発生した。2008年9月25日の中国民政部の報告によると、この地震による死者は6万9227人、負傷者は37万4643人に上り、1万7923人が行方不明となっている。災害は約8451億元（約14兆3000億円）の経済損失をもたらし、被災地域の総面積は約50万平方キロメートルとなった（孫成民，2010）。四川大震災後、中国政府は日本からの物資と資金を受け入れただけでなく、異例なことに、日本の救助隊を受け入れた。人的支援の受入れは中華人民共和国の建国以来、初めてのことである。

四川大震災から10年目を迎えた2018年5月12日、救援活動に参加した日本の国際緊急援助隊（JDR）の隊員・糟谷良久（現在、日本国際協力機構中国事務所の副所長）と中島康が10年ぶりに被災地を訪問した。これを機に、本稿は国際緊急援助の理論と日本の国際緊急援助の体制を紹介した上で、四川大震災後の日本の国際緊急援助活動を概説し、日中の地震外交を考察する。

本稿は以下の構成をとる。第一、国際緊急援助とは；第二、日本の国際緊急援助体制；第三、四川大震災後における日本の国際緊急援助活動；第四、四川大震災における日中の地震外交；第五、日中の地震外交の分析；第六、今後の課題。

一、国際緊急援助とは

現在、世界のどこかで大災害が発生した場合、さまざまな国際支援活動が展開されている。しかし国際緊急援助の概念に関する定説は未だ定まっていないため、本稿では先行研究に基づき、「国際緊急援助」を以下の三つの観点から規定する。(1)国際緊急援助は国家と国家の間の行為であるため、普通の緊急救援を超えて、「国際協力」の性格がある　(2)国際緊急援助は、人道の理念を持っているため、「国際人道主義援助」に属している　(3)国際緊急援助は防災援助や復興援助と異なり、災害発生直後の「緊急性」を有する国際支援である（和田, 1998)。

国際緊急援助には「人的援助」「物的援助」「資金援助」という三つの援助活動が含まれている。「人的援助」とは、災害発生後、被災者の救出、負傷者の診療などを行う人員を派遣することである。「物的援助」とは、被災地に必要な物資を供与することである。「資金援助」とは、被災地に必要な資金を提供することである。

国際緊急援助は人道主義援助に属しており、非政治的な性格を持っているが、政治的影響をもたらし得るものである。たとえ明示されていなくとも、援助国が国際緊急援助を提供する際、政治的・外交的目的を持っているのは当然である。以下、災害外交の視点から、国際緊急援助について見ていく。

「難儀をともにしてこそ、真情が見えてくる」という言葉通り、大規模災害に直面した場合には、相手の真心を知ることができるものである。よってある程度まででではあるが、国際緊急援助は被災国と援助国の関係を改善し得る。また、国際緊急援助に参与することは、国家のソフトパワーを示す好機でもある。他国に災害が発生した際、援助国がスムーズに国際緊急援助を提供できるかどうかは、援助国の国家イメージに影響してくる。

二、日本の国際緊急援助体制

日本は海外で発生する大規模災害に際して、日本政府の国際支援の他に、NGOなどのさまざまな援助を提供しているが、本稿は日本政府の国際緊急援助のみを対象として扱う。ここで、日本の国際緊急援助の理念を紹介するとともに、日本政府の国際緊急援助を「資金援助」「物資援助」「人的援助」の三つの部分に分けて説明していく。

日本の国際緊急援助の理念とは、日本がいかなる考えに基づいて国際緊急援助を実施しているのかということである。その理念の特徴をまとめると次の四点となる（和田，1998）。(1)国際緊急援助は、苦しんでいる同胞を助けようとする人間の本能的な性向に基づくものである　(2)日本は世界でトップクラスに位置するため、国際緊急援助に対する貢献は国際的責務を果たすための役割の一つである　(3)日本は世界に依存しながら成立している国家である。国際緊急援助には、国際社会の相互扶助的な意味合いもある　(4)国際緊急援助は国家間の信頼関係を結び、友好関係を強化することができるため、国際緊急援助を実施するのは日本の安全保障に役立つ可能性がある。

さて、このような理念に基づいて、日本はいかなる国際緊急援助体制を持っているのであろうか。まず「資金援助」に関して、対象災害、実施主体、援助の方式、援助の流れ、資金援助体制の概観などの五つの方面から説明する。

日本の国際緊急資金援助の対象は自然災害だけでなく、紛争などによる人的災害も含まれる。日本の国際緊急資金援助は外務省が担当しており、資金は国際機関を通じて被災国に供与される場合もあるが、外務省から被災国に直接供与することができる。援助の流れは以下のように進む。①災害の発生　②日本大使館の申し出　③被災国からの要請　④日本政府の援助決定　⑤外務省から日本大使館への送金　⑥日本大使館から被災国への送金、である（和田，1998）。

日本の対外緊急援助体制は、当初、無償資金協力に限られ、予備費から支出されていた。しかし、予備費の支出は財政法により閣議決定の手続きが必要であるため、迅速に対応できないという問題があった。そこで昭和48年度から、外務省の本省予算の「経済開発等援助費」の中に新たに「災害関係援助分」を計上して、より迅速に無償資金協力ができるようにした。

次に「物資援助」に関しても、対象災害、実施主体、援助の方式、援助の流れなどの四つの方面から説明する。日本の国際緊急物資援助の対象は自然災害や人為的災害のみで、紛争などによる災害は含まれていない。物資の援助は、主にJICAが担当している。JICAは海外に六つもの倉庫を所有しているため、被災地に最も近い備蓄倉庫から迅速に輸送することができる。物資援助の流れは以下のように進む。①災害の発生　②日本大使館の申し出　③被災国からの要請　④日本政府の援助決定　⑤JICAから被災国までの輸送　⑥被災国内での配布、である（JICA，2009）。

最後に「人的援助」に関して、国際緊急援助隊の体制を紹介した上で、国際緊急救助チーム、国際緊急医療チーム、専門チーム、自衛隊に関して具体的に説明する。

1979年にカンボジアで内戦が激化し、多くの難民がタイに避難した。その難民の救援を行うために、日本政府は医療チームをタイとカンボジアの国境周辺に派遣した。これは日本政府として国際緊急援助活動を行った初めてのケースである。しかし、当時の日本政府には、他国のような民間ボランティア組織が整っていなかったため、医療チームを迅速に派遣し、救援活動をスムーズに行うことができなかった。そこで、日本政府は1982年に「国際緊急医療チーム」を創設した。このチームの設立により、医療関係者を平時より国際協力事業団（現在のJICA）に登録し、その登録者に対して訓練や研修を施すことで、海外での大規模災害時に迅速に救援活動を行うことができる体制が構築された（中内，2011）。

1987年には「国際緊急援助隊の派遣に関する法律」（JDR法）が施行された。湾岸戦争終結後、大量の難民が生まれたが、当時の日本政府は紛争に対する国際緊急援助活動を行う体制を持っていなかった。そこで紛争に起因する災害について、1992年に「国際連合平和維持活動等に対する協力に関する法律」（通称PKO法）が成立した。同時に、JDR法も改正され、大規模自然災害に対して、相手国からの要請に基づく自衛隊部隊の派遣が可能となったのである。

三、四川大震災後における日本の国際緊急援助

以上、日本の国際緊急援助体制を紹介した。これをもとに、この章では四川大震災後における日本の国際緊急援助活動を考察する。

2008年5月12日14時28分、四川省でマグニチュード8.0級の地震が発生した。災害が発生した後、中国政府は最善のタイミングで国際社会に災害支援を要請した。当日、日本の福田康夫首相（当時）はすぐに胡錦濤国家主席と温家宝首相に対して見舞いのメッセージを伝えるとともに、「必要がある限り、全力を尽くして援助を提供する」と表明した。そして、日本政府は総額5億円相当の無償資金協力と緊急援助物資の供与を決定したのである。

5月15日に人的援助の要請を受けた日本政府は、すぐ国際緊急救助チームを招集し、同日夜、第1陣の32名を派遣した。この国際緊急援助隊は、中国政府が受け入れた初めての外国の緊急援助隊である。第2陣も5月16日に被災地に到着した。救助の効率をより高めるために、日本政府は初めて日本航空のチャーター機を用いて、第2陣の迅速な搬送に成功したのである。翌々

日の5月18日、日本の国際緊急援助隊員は徹夜の救助活動を通じて、ある親子2名の遺体を掘り出したが、彼らはこの親子の遺体に黙祷を捧げて丁重に葬った。後に、このような日本の援助隊による献身的な活動の様子や、遺体に敬意を表する姿が中国国民に温かい感動と大きな反響を呼ぶこととなる。翌5月19日、被災者を治療するために、医師と看護師で編成された国際緊急援助隊医療チームなども派遣された。

また、四川大震災の発生以降、現地は悪天候が続いたため緊急救助の難度は増していたが、これに対して日本の宇宙航空研究開発機構（JAXA）は陸域観測技術衛星（ALOS）によるリモート・センシングの画像を中国政府に提供した。これらのリモート・センシングの画像は救援活動に非常に役立ったのである。

四、四川大震災後における日中の地震外交

国際緊急援助は人道主義の活動に属しているが、それはある程度外交的な影響をもたらすため、外交における「ソフトパワー」の一つともいえる。前章では、四川大震災における具体的な救助活動などを紹介したが、以下、政府レベルと民間レベルの両面で国際緊急援助による日中の地震外交の実態を考察する。

2008年の初めごろから中日関係は、釣魚島（日本名・尖閣諸島）の主権やギョーザ中毒事件による食品安全問題などで長い間低迷しつづけていた。それにもかかわらず、四川大震災が発生した際に、日本政府は中国に総額5億円相当の物資を提供しただけでなく、国際緊急援助チームと医療チームを派遣した。日本のこのような救援活動は中国国民に日本の善意を感じさせ、中国国民から高い評価を受けた。このことが日中関係と両国の国民感情の緩和にも役立った。

4-1　政府レベルにおける地震外交

四川大震災後の日本の国際緊急援助は、災害救援の分野で両国の協力を深めた。特に日本の人的支援は、中国政府から賞賛された。外交官、外交部、胡錦濤主席と温家宝首相など最高指導者のすべては、日本の援助隊に高い評価を与えた。

袁勇（外交部アジア局）は、「私はアジア局で働いており、日本政府に対して多くの不満がありますが、日本の救助隊の動きに対しては心から感謝して

います」と述べた。彼は、日本の救助隊の行動が救助そのものをはるかに上回って、日中関係を大きく促進するものであると考えている（葛軍，2008）。秦剛（外交部スポークスマン）も、「日本政府は、中国の被災地に救助隊を派遣した最初の国である。救助隊が災害地域に到着した後、危険を厭わず、救援活動を展開した。中国政府は、彼らの人道的精神と中国人に対する友好的感情に敬意を表する」と表明した（栄燕・林立平，2008）。崔天凱駐日中国大使（当時）は日本の救援対応を「戦略的で双方に有益な関係のしるし」と呼んだ。

2008年6月2日の夜、日本の医療チームは、四川の被災地での救助活動を終えて、東京に戻った。被災地で10日間活動した日本の医療チームに敬意を表するため、崔天凱大使が空港で医療チームを迎えた。

日本の医療チームが被災地で活動中、温家宝首相と楊潔篪（ヤン・ジエチ）外相が特別に医療チームを訪問し、日本政府と国民に感謝の意を表した。2008年7月8日，北海道洞爺湖サミット（G8 Hokkaido Toyako Summit）拡大会合が開かれた際には、訪日中の胡錦涛国家主席が8日午前、札幌市内のホテルで、四川大震災時に日本が派遣した国際緊急援助隊の救助チームや医療チームの隊員らと会見し、謝意を表明した。これは、首脳会議中の胡錦濤国家主席の最初の会談だった。胡錦濤国家主席は、「日本の救助隊は災害地域に最初に到着した国際救助隊であり、優れた救助活動に深く感銘を受けた。日本の医療チームも救助活動において顕著な成果を上げた」と述べた（人民日報，2008）。

さらに、国際救助活動は、中国人兵士に対する日本の救助隊員のイメージを改善し、中国軍の機能をよりよく理解させるきっかけになった。救援隊の田中一嘉は、「人民解放軍の笑顔を見て、私たちを兄弟として扱ったと感じている。この救助を通じて、中国人との距離が近くなった」と喜んでいる（人民日報，2008）。

4-2　民間レベルにおける地震外交

日本の災害救援活動は、民間レベルでも両国国民の感情を深めた（財部誠一，2008）。中国国民は日本国民の親善に深く感銘を受け、多くの人々が日本大使館に電話し、心から感謝の意を表明した。インターネット上でも、「ありがとう、日本」、「ありがとう、中国人は決して忘れない」といった言葉が溢れた（林暁光，2008）。

2008年5月17日7時25分、日本の救助隊員は、16時間の捜索と救助の後、崩壊した6階建ての建物で、2人の被災者の遺体を発見し、全員で黙祷を捧げた。日本の救助隊が遺体を前に黙祷する姿は、中国メディアが繰り返し伝え、中国で大きな感動を呼んだ。その光景は今なお中国人の心に残っている。3日間の集中救助を終えた5月19日の夜、日本の救助隊は四川成都ホテルに戻った。言葉の障壁のため、ホテルのスタッフは直接感謝の言葉を表明できなかったが、彼らは無言で整列し、拍手の形で救助チームに感謝と激励を伝えた（陳君, 2008）。

2008年5月19日から5月21日まで、環球時報のウェブサイト環球網は、「日本の災害援助により、日本に温かさを感じるか」という調査を行った。調査結果によれば、ネチズンの60%近くは、救助によって日本が友好的な存在になったと答えている。2008年6月下旬から7月上旬まで、中国の英字紙China Dailyと日本のNPOが共同で第4回日中世論調査を実施した。調査では、80%以上の回答者（学生は35.8%、住民は45.3%）が、日本の災害救援活動は日中の相互信頼と国民感情を向上させるのに役立ったと答えた（中国日報, 2008）。

四川大震災の4年後には、中日国交正常化40周年を迎えた。これを記念して、中国対外友好協会は、四川大震災に派遣された日本の国際救助隊と医療チームの代表団を招待した。2012年6月14日に、代表団は成都空港に到着し、地元の政府や市民から暖かく歓迎された（徐楊祎, 2012）。中国社会科学院日本研究所の金贏研究員は、「日本の救援活動は、日中関係にとって非常に画期的な転換点である。日本の国際緊急援助は、両国の関係の現状を根本的に変えた訳ではないが、両国の間の障害は、災害救援を通じて幾分軽減された」としている。

日本の救援活動は日本に対する中国人の感情を深めただけでなく、中国人に対する救助隊や医療チームの個人的な友情を深めた。日本の医療チーム長の田尻和宏は、「四川省での医療救援の時間は短かったが、多くの負傷者を治療するために地元の医療従事者と緊密に協力した。医療救助活動は積極的に評価され、医療チームは地元の人々と友情を築いた」と語った（劉賛2008）。日本の救助隊員の田中一嘉は、「この救助を通じて、中国人との距離が近づき、私は中国に深い感情を持っている」と述べた（人民日報, 2008）。

五、日中の地震外交の分析

前章では、政府レベルと民間レベルでの日中の地震外交を考察した。では、なぜ四川大震災後の国際緊急援助は日中関係を好転させる効果があったのか。被災国としての中国は、どのように日本の災害緊急援助を受け入れる政策決定をしたのか。これらの疑問に答えるために、以下はメディアの影響と政策決定という二つの視点から、日中の地震外交を分析する。

5-1 メディアの影響力

岡田実の分析によると、日中の地震外交に影響する要因は、①「雪中送炭」[1]の援助であったこと ②日本人の真面目で勤勉な仕事が積極的に評価されたこと ③被災者を一人でも多く救援したいという日本隊員一人一人の気持ちが、中国の人々に伝わったこと、である（岡田実, 2008）。

これらの要素に加えて、著者は、地震外交に影響を与える非常に重要な要因はメディアであると考えている。なぜなら、メディアは依然として両国の相互理解のための最も重要なチャネルだからである。

2008年の日中共同調査によると、中国側は市民の90.9％と学生の82.3％が、ニュースメディアが日本を理解するための最も重要なチャネルであると答えた。日本側は市民の96.1％、知識人の88.8％であった（中国日報2008）。従って、地震救援に関するメディアの報道は、地震外交に直接影響するだろう。2008年の四川大震災救援については、中国と日本のメディアが大きな関心を払っただけでなく、メディア報道の内容のほとんどは客観的かつ中立的だった。これは日中関係の発展に有益である。

震災以来、中国のメディアは日本の弔慰と援助等に注意を払っていた。文末の付表から、中国のメディアは災害発生後、日本の救援の動向を包括的に報道したことがわかる。これらの報道により、中国の一般市民は、あらゆる面で日本政府の態度と実践、日本の救助隊・医療チームの救助活動を理解できるようになった。四川大震災では、日本のメディアも震災の状況を客観的に報告し、災害救援における中国政府の行動について積極的なコメントをしていた。保守系の『産経新聞』でさえ、否定的なニュースをあまり伝えなかった。両国のメディアの報道姿勢は、両国の国民の感情を大きく改善したといえよう。

5-2 中国政府の国際緊急援助受入れの決定

国際社会では自国の領域内の被災者を救済することは、被災国政府の主権行為と解されており、外国政府が他国の領域内の被災者の救済を行う場合、被災国政府の要請ないし同意が必要である[2]（和田1998）。四川大震災後の地震外交をよりよく理解するためには、被災国としての中国が、どのように日本の災害緊急援助を受け入れる政策決定をしたかを理解する必要がある。以下、本稿では、中国の国際緊急援助受入れをめぐる政策決定を分析する。

5-2-1 国際緊急援助受入れをめぐる政治構造

四川大震災後の中国政府の国際援助の受け入れ決定を説明するためには、中国の災害援助受入れをめぐる政治的構造をまず理解しなければならない。

(一) まずは改革開放以前の国際緊急援助受入れにおける政治構造である。中華人民共和国建国の初期、長江、淮河、海河流域などの16省・区で特大の洪水災害に直面し、中国政府は災害救助の問題を非常に重視していた。1949年12月19日、中央人民政府政務院は『生産と救済に関する指示』を出した（中華人民共和国内務部農村福利司, 1958)。その『指示』を実行するために、1950年2月27日に中央防災委員会が正式に創立された。董必武副首相は創立大会で救援活動の推進について報告し、各関連の省庁が足並みをそろえ、救援活動を強化するよう呼びかけた。会議では、「生産自助、節約渡荒、民衆互助、以工代賑、補佐の救済」という救済方針も決定された（中華人民共和国内務部農村福利司, 1958)。

1958年5月、共産党代表大会の第8期第2回会議では、社会主義建設の総路線が正式に採択された。この総路線は15年間あるいは更に短い期間で、主要な工業製品の生産でイギリスに追いつくよう全党と全国人民に呼びかけた。こうした中、中国内務部は精神の効果や人間の能力ばかり誇張し、「人の意志は天より強い」などとして、長期的な防災・救済の重要性を見落とした。甚だしきに至っては、災害対応の中心である中央防災委員会が1958年に撤廃された。1966年、中国に文化大革命（1966—1976年）が勃発した。1969年には内務部も廃止され、内務部の災害管理機能は様々な省庁に分散されてしまった（ChenGang, 2016)。

以上の経緯を見れば、建国初期、中国政府の災害救援方針の中で、公的な「補佐救済」は最後の救済手段とされていたことが分かる。しかも、ここで言う救済は中国政府による救済だけであり、決して国際災害援助は含まれなかった。実は、1949年から1978年までの時期、中国は国際災害援助を排斥する立場をとっている。東西二大陣営の対立、イデオロギーなどの影響で、帝国主義侵略といじめを嘗め尽くした中国は、長期にわたり国際人道支援の受け入れを敵視していた（韓, 2010、劉少奇, 2005、董必武, 1950)。

1976年7月28日、中国河北省唐山市で強い地震が発生した。震災後、世界各国は、中国を支援する意欲を表明した。7月30日、宮沢喜一外相の提言に基づき、日本政府は中国に救援物資を提供することを決めた。宮沢外相は、「中国政府側に物資を受け取る準備が整ったら、すぐに救援物資を送る」と述べた。当日、中国外交部は、日本政府の支援を正式に拒否し、日本大使に「中国は日本を含む外国の災害援助を一切受け入れない」と通知した。人民日報の社説は、中国政府が国際災害援助を拒否した理由を明確に示していた。社説は「自立更生で災害救援活動を行うことは、わが国の社会主義体制の大きな優位性を示している」と述べた（銭剛，2010）。

（二）次は改革開放以後の国際緊急援助の受け入れをめぐる政治構造である。1978年に第11期の第3回共産党中央委員会全体会議が開催された後、中国では政治経済体制の改革、対外開放が徐々に推し進められた。それ以来、国際災害援助の受け入れに対する中国政府の姿勢も次第に開かれていった。

災害援助の受入れに関係する省庁は、主に民政部、対外経済連絡部、対外経済貿易部、外交部である[3]。1980年10月、対外経済連絡部、民政部、外交部は共同で『国連の救災機関からの援助受け入れに関する指示』を国務院に報告した。報告の中で、「発展途上国は被災時に国連機関に救済を要請するのが一般化している。災害救援は国家の政治と関係なく、各国国民の間の相互支援に属している。そのため、今後、自然災害が発生した際、我が国も直ちに救災機関に災害の情報を提供することができ、場合によっては、救援要請をも出すことができる」と言及され、国務院はこの指示を認めた。1981年8月、対外経済連絡部、民政部、外交部は共同で、『四川省洪水に関する国際救援問題の対応要請』を国務院に報告した（民政部政策研究室1984）。

1987年5月6日、大興安嶺森林区で、森林火災が発生した。深刻な被害情況に対応するため、中華人民共和国民政部、対外経済貿易部、外交部は協力して国際災害援助要請の方針を提案した（中華人民共和国民政部，1993）。国務院がこの提案を許可したため、国際災害援助の受け入れ政策が改めて調整された。1988年8月3日に民政部、対外経済貿易部、外交部はともに、『国際災害救済援助の受け入れに対する態度表明』という報告を国務院に提出した（民政部救災救済司，2005）。国務院は9月8日にこの報告を許可し、以後は国際災害援助全般を民政部に任せると規定した（民政部法規弁公室，2001）。2003年までに、民政部などの関係省庁が国際災害救援の受け入れに関する重要な規定を打ち出した。

2002年11月16日、世界で初めての重症急性呼吸器症候群（SARS）の症例が中国の広東省佛山市で発生した。当初は、中国政府の伝染性に対する理解不足や情報隠しなどの原因により、対策の導入が遅れる結果となった。SARSの危機は、緊急対策における中国政府の欠点を露呈した。当時、政府による緊急事態の管理については、組織的かつ完全な法的根拠がなく、効果的で統一された対応と調整メカニズムが欠けていた。そのため、危機に直面して、一部の政府機関は直ちに決定を下すことができなかった。SARSによってもたらされたショックにより、中国政府はその後、災害緊急政策の調整と変更に取り組み、2005年4月、すべての災害関連省庁が含まれる中国国家減災委員会が設置された。この委員会は国務院が主導する各省庁間の調整機関である。

5-2-2 四川大震災後における災害援助の受け入れ決定

日本の国際救助隊は、過去の国際救援活動において重要な役割を果たしている非常に専門的な救助隊である。しかし、四川大震災後の直後、中国政府は日本の救助隊を受け入れなかった。人的支援を直ちに受け入れなかった中国政府の対応について、一部のメディアや学者が疑問を表明した。例えば、北京の学者は、「これほど大規模な震災に直面したにもかかわらず、政府当局者は、伝統的な考えや保守的な習慣に縛られ、初めての外国の専門救助隊の受入れを認められない」と指摘した（于沢遠，2008）。いくつかの保守的なメディアは、中国政府が人的支援を受け入れなかったのは、外部から災害地域の荒廃ぶりを見られたり、災害地域の原子力施設の状況が漏えいしたりするのを懸念したためだと推測した（Xin Fei，2008）。

本稿では、前節で述べた国際緊急援助の受け入れをめぐる中国の政治構造を踏まえて、政策決定の過程でタイムリーな人的援助を受けられなかった理由は、関連省庁が当初合意に至らなかったためであると考察している。

中国における政策決定は「合意形成」を必要とするという特徴があり、関係者全員が納得できる妥協に達するために膨大な討論や交渉が行われる（岡部，2011）。四川大震災後の国際災害支援に関して言えば、民政部と地震局は、当時、地震で被災地域への道路が閉鎖され、国際救援隊が災害地域に出入りすることは困難であると考えていた。著者のインタビューに対して、民政部の関係者は「地震の直後、現場の状況は複雑で混乱していたため、最も必要なのは救援の技術よりも救助者の数だった。国際救助隊の高度な技術と豊かな経験は、初期の状況が安定した後、より良い役割を果たすことができる」と述べている[4]。また、赤十字の関係者は、「国際人的支援の受入れは外交、航空管理、情報通信管理、医療と健康、国境検疫、運輸およびその他の部門に関連している。中国には人的支援の受入れに関する規定がない」と語っている[5]。こうしたことから、国際救助隊の受け入れに影響を及ぼす要素の一つは、規則の欠如であると判明した。

しかし、柳淳が指摘したように、「被災国が自国で対応できる場合でも、国際社会からの善意を無下に断ると、度量と透明性がないと見られるだろう」(柳淳, 2014)。従って、外交部は国際人的支援を積極的に受け入るべきであると考えた。当時の国際背景を考慮すると、外交部の立場は理解しやすい。

四川大震災前の2008年4月27日に、ミャンマーのベンガル湾でサイクロン・ナルギスが発生した。災害発生後、国際機関や各国政府はミャンマーに物資・資金・人的援助を申し出た。ミャンマー政府は自国の災害救援能力が限定的であるにもかかわらず、国際社会から寄せられた国際緊急援助を拒否した。ミャンマー政府は、当時、タイムリーな国際緊急援助を受入れなかったため、国連をはじめとする国際社会から強く批判された。このミャンマーの教訓を踏まえると、中国が国際人的援助を適時に受け入れなければ、国際社会から非難されただろう。さらに、四川大震災直前のチベット事件のため、当時の中国は国際社会から人権をめぐる批判を受けていた。国際人的援助を受け入れることで、チベット事件によって引き起こされた不利な外交的雰囲気を逆転できるかもしれない、と考えた。

また、外交部は当時の日中関係を踏まえ、日本の国際人的支援の受入れについて適時に対処すべきであると考えていた。具体的に言えば、2008年5月7日から10日まで、日中平和友好条約締結30周年という重要な節目に、胡錦濤国家主席が日本を訪問し、5月7日に「『戦略的互恵関係』の包括的推進に関する日中共同声明」を発表した。このような状況で、中国政府が日本国際救助隊を断固として拒絶すれば、日中関係の改善に役立たないだろう。このように、国際人的支援の受入れについては、民政部などの省庁と外交部の立場が同じではないことが分かる。

国際人的支援の受入れが決定されたのは、中国の最高権力レベルの介入が始まってからであった。中国建国以来、中国共産党は唯一の与党として、中国社会の中で「中核的地位」を確保し、「指導的役割」を果たしてきた(小島, 1999)。中国共産党の最高権力機関は党の全国代表大会(党大会)である。党大会は五年ごとに開催されることになっている。閉会期間中、党の中央委員会や中央政治局と中央政治局常務委員会を中心とする党の中央機関は、年に一、二回の総会を招集することになっている。これらの中央機関の中で、一番重要な中枢的役割を担うのは中央政治局常務委員会である。この常務委員会は総書記、首相などの最高指導者たちによって構成されている。例えば、2003年から2008年までの歴史時期で、「胡錦濤は政治局常務委員会の長であり、いかなる重要決定も胡錦濤の支持が必要である」（岡部、辻康2011）。2008年5月14日、中国最高指導部は地震発生後、2度目の政治局常務委員会を招集し、この会議で国際援助隊の受け入れを承認した。この決定は当時の最高指導部の対日重視の姿勢を示していた。

6. 今後の課題

以上、本稿では国際緊急援助の理論と日本の国際緊急援助の体制を紹介し、四川大震災後の日本の国際緊急援助活動を概説した。また、政府と民間レベルから、四川大震災後における日中の地震外交の実態を説明した。2008年5月12日の四川大震災後、日本政府は積極的に救助活動を組織した。日本政府の救助活動は、政府レベルと民間レベルの両方で日中関係の発展を促進した。その後、本稿はメディアの影響と政策決定の視点から地震外交を分析した。

以上の分析を踏まえ、本稿は災害外交を行うための三つの提言を示しておきたい。まず、両国は国際災害援助の受入れ体制を改善すべきである。具体的に言えば、国際緊急援助は「緊急性」を有するため、援助の迅速化が不可欠である。両国は、整備された体制を持っていないと、すぐに国際緊急援助を受入れることができない。外国捜索犬や救助隊の入国に関連した検査・検疫、外国救助隊の受け入れの基準や外国救助隊の調整方法などに関する具体的な規定を制定すべきである。

次に、両国のメディアは災害援助の報道において特定のルールを守るべきである。即ち、災害救援の人道的性質を示すために、メディアは可能な限り政治色抜きで報道すべきである。また、政府が有効な広報を活用できないと、両国の国民は正しく緊急援助の人道的な性質を理解することができない。そのため、両国のメディアは、両国の災害救援協力をめぐる報道の範囲を拡大し、両国の国民に日中協力の状況を完全に認識させるようにすべきである。

最後は、日中両国は、相互の災害協力に加え、第三国での災害救援協力メカニズムの構築を探るべきである。国際緊急援助は国家や民族を超えて、「災害」という人類共通の悲劇の救済に当たるものである。今日、全世界において大規模な自然災害が頻発しており、またこれまで以上に人類の相互依存も強まっている。そのような中で、中日両国の国際救援における協力は非常に大きな力となり得るのである。

2018年10月の安倍首相訪中は成功であった。安倍首相は「競争から協調へ、日中関係を新たな時代へと押し上げていきたい」などと述べ、関係発展に向けた新たな三つの原則を確認した。また、開発分野や気候変動など地球規模の課題での協力に向けた調整を関係部局間で進めることでも合意した。こうした中、どのような災害援助の協力を通じて、両国国民の友好と信頼を促進できるのか、そして、どうすれば災害のような「ローポリティクス」領域[6]における協力と相互依存を通じて両国の信頼と協力の深化を促進できるのか、更に検討する必要がある。それが今後の重要な研究課題であると考える。

参考文献

ChenGang,The Politics of Disaster Management in China:Institutions,Interest Groups,and Social Participation.Palgrave Macmillan press.2016.

General Assembly.Strengthening of the Coordination of Humanitarian Emergency Assistance of the United Nations Doc. A/RES/46/182.1991,Dec19.

Xin Fei,Why Does the Chinese Regime Refuse International Rescue Teams.theepochtimes.2008. https://www.theepochtimes.com/why-does-the-chinese-regime-refuse-international-rescue-teams_1730922.html

アジア大洋州局中国課「中国四川省を震源とする地震の発生に対する福田総理発胡錦濤国家主席及び温家宝総理宛見 舞いの伝達」政府広報、2008年5月12日 http://www.kantei.go.jp/jp/hukudaspeech/2008/05/12message.html

岡田実『日中関係とODA—対中ODAをめぐる政治外交史入門』日本僑報社、2008年

岡部達味監修・辻康吾訳『中国の新しい対外政策—誰がどのように決めているのか』岩波書店、2011年（原著はLinda Jakobson and Dean Knox,New Foreign Policy Actors in China,SIPRI Policy Pater No.26, 2010.）

小島朋之『現代中国の政治—その理論と実践』慶応義塾大学出版社、1999年

国際協力機構「国際緊急援助隊 発足の経緯と沿革」 http://www.jica.go.jp/jdr/history.html

国際協力機構「国際緊急援助隊（JDR）設立 20 周年 被災者に寄り添う緊急援助」 http://www.jica.go.jp/publication/monthly/0709/04.html（最終閲覧日：2018年 9月30日）

国際協力機構「中国西部大地震」2008年 https://www.jica.go.jp/jdr/activities/case_jdr/2008_01.html

財部誠一「四川大地震 救援隊がもたらした対日感情の変化」『Harvey Road Weekly』 No585、2008年、pp.1 ～ 2

サーチナ「四川大地震：日本医療チームが帰国」2008年 http://news.searchina.ne.jp/disp.cgi?y=2008&d=0603&f=national_0603_002.shtml

中内康夫「国際緊急援助隊の沿革と今日の課題」『立法と調査』323、2011年、pp.3 ～ 13

柳淳「災害外交の確立と実践—国益を国際公益に昇華する」『外交』24号、2014年、pp.160～171

和田彰男『国際緊急援助最前線』国際協力出版社、1998年

陳君「日本救援隊令中国人民感動」『中国新聞週刊』2008年6月16日、pp.55 ～ 57

董必武「新中国的救済福利事業—1950年4月26日在中国人民救済代表会議的報告」『人民日報』、1950年5月5日

葛軍「特殊使命和外国救援隊在災区」『世界知識』2008年、pp.49 ～ 50

林暁光「日本救援隊：走進四川災区」『世界知識』2008年第11 期、pp.31 ～ 34

劉少奇『建国以来劉少奇文稿』中央文献出版社

劉賛「日本医療隊為中日友好作出貢献」『人民日報』、2008年6月4日

民政部政策研究室『民政部工作文件汇编』民政部政策研究室、1984年

民政部法規弁公室『中華人民共和国民政工作文件汇編（1949－1999）』中国法制出版社、2001年
民政部救災救済司『救災救済工作文件汇編』民政部救災救済司、2005年
銭剛『唐山大地震』当代中国出版社、2010年
人民日報「胡錦濤主席会見日本国際緊急援助隊和国際医療隊」、2008年7月8日
人民日報「外国救援隊令陪同外交官落涙」人民日報海外版、2008年6月3日
栄燕・林立平「外交部：中方感謝日本救援隊的人道主義」『新華毎日電訊』、2008年
孫成民『四川地震全記録』四川人民出版社、2010年
徐楊祎「日本国際医療救援隊回訪四川震区」『西部時報』、2012年6月19日
于沢遠「1949年以来首次　中国同意日本台湾派救助隊前往災区」『聯合早報』、2008年5月16日
中国在日大使館「崔天凱大使が空港で医療チームを迎えた」2008年　http://jp.chineseembassy.org/chn/dszl/dszyhd/t461176.htm
中国日報「世論調査顕示：中日関係明顕改善　首脳会談富有成効」、2008年9月08日　http://www.chinadaily.com.cn/hqgj/2008-09/08/content_7008063.htm
中華人民共和国内務部農村福利司『建国以来災情和救災工作史料』法律出版社、1958年
中華人民共和国民政部『中華人民共和国民政法規汇編』華夏出版社、1993年

付表：日本の国際緊急援助に関する中国新聞網と産経新聞の関連報道
（2008.05.13～2008.05.20）

日　付	中国新聞網	産経新聞
2008.05.13	日米ドイツなどの首脳　中国側に哀悼の意を表明／日本の各界　被災地への寄付　まさかの友は真の友	五輪目前に激震　国際支援要請か「協調」回復のきっかけに　四川省地震
2008.05.14	日本　被災地の衛星画像を提供／日本の明仁天皇は、中国の震災の被害者に深い哀悼の意を表し	四川大地震で都が見舞金／四川大地震　露仏と国連、支援を表明／四川大地震　日本、緊急援助5億円
2008.05.15	中国　日本人的支援の受入れを同意／初めての日本国際救助隊／四川大地震で日本の各界が見舞金	四川大地震　被災「72時間」…進まぬ救助　命のリミット刻々
2008.05.16	日本の日本国際救助隊　被災地に到着　救援展開／在日華僑、在日友好人　四川被災地に寄付	四川大地震　各国支援を「歓迎」中国、国際協調アピール／四川大地震　日本の援助隊、一転受け入れ　国際協調アピール
2008.05.17		欧米メディアが見た中国の対応　ミャンマー対比で株上昇　辛口批評も／欧米メディア　災害報道　ミャンマーを酷評、中国は称賛
2008.05.19	日本の日本国際救助隊　被災者を捜索／日本の救助隊のメンバーは、休憩中に救助の問題を考える／日本人は四川地震に強い関心を持ち、積極的に寄付に参加／日本人の子供たち 四川地震被災地に寄付／外国救助隊　被災地で黙祷	大地震1週間　天安門広場に半旗　中国全土「哀悼」
2008.05.20	日本救助隊60時間の大救援／日本の医療チーム　中国四川省の被災地に出発／日本の参議院議長　四川大地震は「世界の痛み」／日本の捜索救助チーム　帰国	

1 人が困った時に差し迫って必要な物を援助すること。

2 1991年、国連総会において緊急・人道支援に係る総会決議46/182 が採択された。この決議では、緊急・人道支援の原則である人道性・中立性・公平性の3原則、被災国政府の主権尊重、要請主義等の原則等が確認された。(UNGAR1991 General Assembly Resolution 46/182)

3 対外経済連絡委員会は1970年8月6日に正式に対外経済連絡部に変更された。1982年3月、第5回全国人民代表大会常任委員会第22回会合で対外貿易部、対外経済連絡部、国家輸出入管理委員会、国家外商投資管理委員会が合併して対外経済貿易部となった。1993年、対外経済貿易部は対外貿易経済合作部に改名された。2003年、対外経済貿易部は商務部に編入された。

4 調査結果、2016年9月、山東省民政部救災処

5 調査結果、2017年3月、山東省赤十字

6 ハイポリティックス (high politics) は軍事や領土などの国家の存亡に直結する高度な政治問題を意味する。これに対して、ローポリティックス (low politics) は経済や災害などの問題を対象とする低度な政治の領域を指す。

優秀賞

中日モバイル決済の比較研究

南開大学外国語学院日本言語文学科２年
劉崢

一、はじめに

最近、次のようないくつかのニュースが私の関心を引いた。即ち、「日本の小売店は中国顧客のモバイル決済に応じるためにアリペイ及びWeChatPayを導入する」、「中国のモバイル決済は日本をパニックに陥れ、日本のネットユーザーを驚かせている」、「ある華僑が仕事で中国に戻った際、時の移り変わりが早回りした感じがした」等のニュースである。

中国人として中国の「新しい四大発明」の一つであるモバイル決済を誇りに思うと同時に、私は一連の疑問を抱いた。日本にはモバイル決済がないのだろうか。中国のモバイル決済は本当に日本より進んでいるのだろうか。現在のモバイル決済システムは本当に完璧なのか。これからどのように発展していくのか。上記の疑問を抱きつつ、本論文では主に比較研究の方法を用いて、これらの問いについて解明していきたいと思う。

モバイル決済は、ユーザーがスマートフォンやタブレットなどのモバイル端末で購入する商品或いはサービスの対価を支払う行為である。すなわち、電子マネーと移動通信事業の提携・協力による産物である[1]。現在、一般的に、モバイル決済はその取引の距離に応じて近接型決済と遠隔決済に分けられる。近接型決済とは、ユーザーが移動端末を利用し、近距離通信技術で情報を交換して支払いを完成させることである[2]。現在、近距離無線通信技術（Near Field Communication, NFC）は、国際社会で主流となっている技術である。

遠隔決済はオンライン支払いとも呼ばれている。ユーザーは移動通信設備を利用して通信会社のネットにアクセスし、オーダーを発注することによって支払う方法であり[3]、現在最も流行しているのは、QRコード支払いと指紋認証支払いである。

現在、日本で比較的流行しているモバイル決済手段はFeliCaである。これは、SONY株式会社から提供されているNFCに似た技術であり、近接型決済に属する。したがって、前述の「日本の支払い方法は遅れている」という言い方のより正確な表現としては、「日本の遠隔決済は遅れているが、近接型決済は必ずしも遅れているとは言えない」となろう。次に、筆者は日中両国のモバイル決済の発展の歴史を辿りながら、ここ十数年の間に何が起こったのかを究明していきたい。

二、日中モバイル決済[4]の発展の歴史及び原因究明

私たちは、日中両国のモバイル決済の発展の歴史を概ね2段階に分けることができる。第1段階は1990年代から2010年まで、第2段階は2011年から現在までである。

1999年2月、日本最大の電気通信事業者であるNTTドコモは、インターネット接続サービスである「iモード」を世に送り出した。これは、間もなく到来するモバイル決済時代の伏線となった。NFC技術の絶え間ない進歩に伴い、2004年7月、NTTドコモはSONY株式会社と共同で、「iモードFeliCa」という名の「おサイフケータイ」のコンセプトを打ち出し、ここから日本におけるモバイル決済の新しい時代が切り開かれた。ショッピング、交通費の支払い、チケット、コーポレートカード、身分証明、オンライン金融などの分野で応用されている。そして、その後2年間で、日本のその他二大電気通信事業者であるKDDIとソフトバンクもそれぞれFeliCaの陣営に下った。

その後も、通信産業分野のトップに立つNTTドコモは拡張の歩みを止めず、日本国内でのモバイル決済市場を拡大する一方で、一連の合併と買収を開始した。先ず、2005年4月に三井住友クレジットカード株式会社に資金を投入し、双方の協力でIDデビットカードモバイル決済業務を展開した。続いて2006年3月、NTTドコモは日本で二番目に大きいコンビニエンスストアであるローソンの2%の株式購入を行うことにより、NTTドコモのユーザーはローソンの店舗でモバイル決済が可能となった。

その結果、2007年までに日本全国の「おサイフケータイ」ユーザーは6000万人と、日本の総人口の約半分に達した。これらユーザーの約4分の1は、非接触ICカード技術を使用している[5]。その一方、日本市場を席巻したFeliCa陣営は、業務を海外へと拡張し始め、ノキア主導のNFC陣営とモバイル決済の海外市場を奪い合った結果、バンコク、深圳、ニューデリー、ハ

ワイ等の市場において一定のシェアを占めるようになった。

ところで、この時期の中国モバイル決済の状況を振り返ると、驚くべき事実が判明する。中国のモバイル決済は日本とほぼ同時期に始まったが、その後の発展の速度は意外にも非常に遅いのである。

2004年、中国銀聯はモバイルと銀行カードを結びつける試みを開始した。それと同時に、中国移動通信を代表とする移動体通信事業者も近接型決済の研究に取り組むようになった。その結果、2005年までにモバイル決済ユーザーは1560万人に達し、産業規模は3.4億元に達した[6]。その後、モバイル決済の特許を巡り、中国銀聯の出した13.56 MHzの基準と、中国移動主導の2.4 GHz基準との間に激しい競争が繰り広げられた。これは金融と通信という二つの巨大産業チェーン同士の衝突であり、また中央銀行と工業・信息化部の二大監督部門の駆け引きでもあった。加えて、第三者支払いプラットフォームの参戦により、中国の近接型決済は暫くの間、大きな混乱を呈す局面に陥った。

上述の通り、1999年から2010年までの日中間のモバイル決済は、日中双方とも着手は早かったが、日本の発展は急速に中国を超えて、世界をリードしていたと言えよう。日本の状況は、具体的には次のようにまとめられる。

(1) 日本のモバイル決済産業チェーンでは、電気通信事業者が常に主導的地位を占めており、銀行、携帯電話機メーカー、商取引業者は電気通信事業者に統合され、電気通信事業者を通じてモバイル決済業務を行った。このような産業チェーンの上下一体化により、全ての事業者が力を合わせ、モバイル決済の発展に寄与することが可能となった。

(2) 日本政府のIT振興戦略と、政策による支援の存在も指摘できよう。日本政府は21世紀に入り、三つの情報技術の発展推進戦略を作成している。その中の一つである「e-Japan戦略」は、情報産業のインフラ建設を中心に、インターネットのハードウェアの発展を促進しただけでなく、高速度且つ低価格の安定的なネットワークアクセスは、モバイル決済産業に堅固な基盤を提供した。2006年に発足した「ICT戦略」(ICT=Information Communications Technology、情報通信技術）は、情報技術と通信技術を新たな情報通信技術に融合し、国家全体の観点から、今後本格的に到来するインターネット社会へのガイドラインを提供した。

(3) 日本政府は、モバイル決済に対して積極的且つ開放的な態度を示し、モバイル決済を合法化するための関連法規を制定し、市場の参入と市場秩序に対して厳しい管理を行った。

(4)日本の経済発展は、日本における携帯電話の普及を促進し、2006年までに全国の携帯電話加入者数は9227.21万人に達した。これは当時の日本の総人口1.27億人に比し、極めて高い普及率である。[7]

以上から、日本は既に21世紀の初め頃には、モバイル決済が発達していた国であり、言われるようにモバイル決済が存在しない国ではないことが判るだろう。しかしながら日本において、発展の第2段階で何が起きたのだろうか。なぜ日本は現在のように、モバイル決済が主流とは言えない状況に陥ったのだろうか。

第一の理由として、産業チェーンの支配的存在であった、電気通信事業者のNTTドコモの地位が脅かされた点が挙げられるだろう。KDDIとソフトバンクは、Appleの携帯電話の販売サポートを開始しており、Appleを始めとした携帯電話メーカーが、運営業者との交渉において大きな発言力を持つようになった。そして、モバイルインターネットアプリケーションの迅速な発展に伴い、事業者はその移動通信ツール[8]を外部に開放しなければならなくなった。

第二に、日本は第1段階で海外とは異なる技術を導入したため、「ガラパゴス化[9]」というモバイル決済上の独特な市場を形成した。そのため、日本市場を保護し、通信産業事業者と携帯電話メーカーに大きな利益をもたらした一方、産業チェーンの主導者の視野が日本市場に留まることにより、革新能力の不足、並びに外来の競合相手と対抗する際の準備不足という事態を引き起こした。

第三に、近年の日本の政治は不安定であり、首相の更迭が頻繁に行われ、政策の不連続性により、その後のIT振興戦略は十分に実施されなかった。

第四に、日本は自然災害が頻発し、地震や台風などにより電気通信網がしばしば切断されることから、モバイル決済よりも、現金が最も確実な支払手段であると考えられた。

さて、この第2の段階において中国では何が起きたのだろうか。先ず挙げられるのは、近接型決済の発展である。2012年末までに中国銀聯と中国移動は、中国銀聯の13.56MHzをモバイル決済の基準とすることに合意した。これは、近接型決済において、金融機関、移動体通信事業者、一部の携帯電話メーカーとの連携により発展する段階に差し掛かったことを示している。

一方、遠隔決済も、アリペイとWeChatPayを始めとする第三者を通じて台頭する。2011年にアリペイは、携帯電話を通じてQRコードで支払いを行うプランを発表したが、これによって遠隔決済が正式にモバイル決済の舞台に登場することとなった。

その後、モバイル決済は爆発的なスピードで下記の経緯を経て全国的に普及した。先ず、シェアリングエコノミーに伴って誕生したUberが、コード支払いの普及を促進させた。その後、もう一つのブームが2014年に流行したWeChatPayの「ラッキーマネー」である。すなわち、携帯電話の利用者は、周辺に現れたQRコードをスキャンすれば、お金を受け取れるイベントである。これらのイベントは、第三者支払プラットフォームが市場を拡大するための普及工作のようなものであった。

しかし、第三者支払いプラットフォームによるこれらの方策は、従来のNFCによる近接型決済を苦境に陥れた。この状況に対応するため、中国銀聯は「チャイナ・ユニオンペイ・クイック・パス（China UnionPay Quick Pass)」を発表し、国内外の多くの携帯電話メーカーと提携するようになった。これにより、インターネットの大手企業と第三者支払いプラットフォームによる遠隔決済と、銀行や移動体通信事業者と携帯電話メーカーによる近接型決済のバランスがほど良く維持されることになった。

このように、第二段階においては、中国は少し回り道をしたものの、結局日本を追い越すことができた。このような現象の背景にあるものとして、中日両国には次の事由が存在すると考えられる。

(1)中国は、日本のモバイル決済の発展の第1段階からその成功の経験を学び取るとともに、不足部分を認識し、それを補うために、インターネットサービスの環境改善、情報通信インフラ建設、スマートフォンの普及などの面で努力し、スマホ決済到来に供えて準備を整えた。又、中国のインターネット大手企業は強烈なイノベーション精神を持ち合わせており、人々の心を掌握するQRコードを活用してのモバイル決済を推進した。そして、定期的に行われる「ラッキーマネー」イベントもスマホ決済の普及に一役買った。更に、それに伴う中国銀聯と移動体通信事業者の支払いシステムの進化も、中国のモバイル決済の発展を加速した。

(2)21世紀初期のモバイル決済はまだ発展の初歩的段階にあり、当時は現金支払いの補助的役割を果たすに過ぎなかった。その後、日本は、モバイル決済の位置づけを刷新することなく、登録手続きが複雑であるFeliCaを更新することもなかったため、モバイル決済市場は萎縮していった。これに加え、日本の高齢化は、モバイル決済が日本社会にうまく適合しない主な要因の一つと言えよう。したがって、日本は現金を主とし、クレジットカードとfelicaを従とする支払システムを形成した。このような既存の支払いシステムも、現在の日本におけるモバイル決済の発展に障害となっていると言えるだろう。

三、中日モバイル決済の現状と分析

二つの段階を経て発展してきた中日のモバイル決済は、現在どのような状況に置かれているのだろうか。iiMedia Researchによると、2017年の中国におけるモバイル決済の規模は202.9兆元に達し、前年比成長率は28.7%となった。一方、2018年6月までに、中国の携帯電話の利用者は7.88億人になり、2018年上半期には3509万人の新しい利用者が増え、2017年比4.7%の増加率となった。

このような状況下、アリペイとWeChatPayはそれぞれ海外市場へと進出し始めた。中国人観光客が世界中に広がるにつれ、スマホ決済も外国で行えるようになった。テンセントは2018年7月19日、日本の富士急ハイランドにおいてWeChatPayによる支払いを全面的に導入すると発表した。また、アリババ集団は同年7月23日、日本市場にアリペイを導入し、中国人観光客の九州への誘致を目的に、JR九州と戦略的提携を結んだと発表した[10]。

日本電子決済研究所によれば、山本国際コンサルタンツとカード・ウェーブが、2015年から2020年までの日本国内におけるモバイル決済サービスの市場規模の動向予測を発表しており、それによると、2020年には日本国内のモバイル決済の規模が約82兆円になる見込みとのことである。日本の経済産業省が2017年末に発表した『キャッシュレス研究の方向性』のデータによると、世界各国と比較し、日本社会のキャッシュレス決済比率は19%に過ぎず、中国の55%よりはるかに低い（図表1）。

図表1　キャッシュレス決済比率の各国比較（2015年）　単位：%

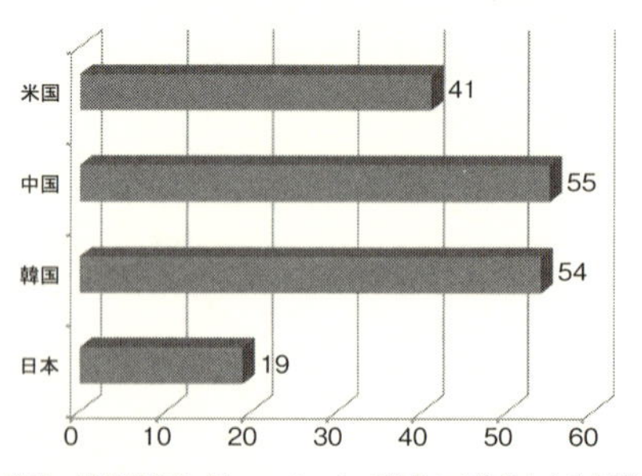

出所：経済産業省「キャッシュレス研究の方向性」より転載。

日本政府は、2025年までにキャッシュレス決済比率を40%に引き上げ、長期的な目標を80%に設定する計画を立てた。そのため、2017年7月3日、日本の経済産業省は「日本キャッシュレス化推進協会」を設立した。本協会は産業界、学術界、政府のメンバーにより構成され、日本の二次元コード基準を統一することについて検討を開始している。

時を同じくして、日本の三大銀行も、2020年の東京オリンピック開催までに新型電子マネー「Jコイン」を発行すると発表した。「Jコイン」は円と連動して自由に両替でき、ユーザーは携帯電話で直接支払うことが出来るうえ、手数料も不要だという。これらの明るいニュースを背景に、多くの資本が市場を先取りし始め、FeliCa、Apple Payを代表とする近接型決済以外にも、日本の第三者支払いソフト、例えばLINE Payは中国のWeChatPay、アリペイの模倣をして発展を遂げようとしている。

しかし現在、日本も中国と同様の問題に直面している。即ち、近接型決済と遠隔決済との優劣争いである。図表2は、筆者による近接型決済と遠隔決済の長所と短所を取りまとめたものである。

図表2の如く、中日両国のモバイル決済の現状から、双方のモバイル決済は依然として問題が多いことがわかる。モバイル決済が日本で発展するための最大の難点は技術と政策ではなく、ユーザーのモバイル決済という新しい支払い方法に対する心理的抵抗によるものだろう。高齢化が進む日本社会において、既存の決済システムを如何に改善し、膨大な人口分布を持つ中高年層を、どのようにモバイル決済の道へと導けるかが大きな課題となっている。

図表2　近接型決済と遠隔決済の長所と短所

	近接型決済 （例：日本のFeliCa）	遠隔決済 （例：中国のアリペイ）
ユーザー	特定のアプリを開く必要はなく、支払いがより便利	アプリを開くのに10-15秒の時間が必要とされている
	利用料は銀行から直接引き落としされ、より安全	第三者企業により個人情報が管理されるため、安全性が低い
	主に支払いの分野で使われる	金融、クレジットカードなど様々な分野をカバーする巨大なシステムである
企業	ハードウエアの普及に資金が必要	QRコードの普及に関わるコストはほぼ皆無
	登録手続き等が複雑	登録が簡単で、使いやすい
	クレジットカードと同様の高い手数料が必要	企業側が手数料を負担
政府	政府がサポートを行い、関連の政策、法律等も整備されている	政府の黙認により、徐々に軌道に乗った経緯がある
	モバイル決済をサポートする企業間で協力し、海外向け進出を後押し	民営企業を移動体通信事業者、銀行などの国有企業とスマホ決済の分野で競争させ、両者のバランスを維持

一方、中国が直面している主な問題は、政府の監視役としての不十分さと法的制度の未整備である。政府側は企業による強い革新的な意識に追いつけず、モバイル決済分野においては個人情報の漏洩などの安全問題が多く発生しているのが現状である。又、近接型決済と遠隔決済のバランスをどのように取っていくのか、そして、モバイル決済における産業間の主導権争い問題をどのように解決していくのか等の課題も残っている。

以上の各種問題に対して、中日両国はそれぞれ異なる方法を取るべきであろうと筆者は考える。日本は中国のWeChatPayとアリペイを参考にして「ラッキーマネー」などのイベントを開催するなど、強力なプロモーションにより多くのユーザーを獲得する努力を続けると同時に、その宣伝普及に力を入れるべきであろう。例えば、各店舗においてもモバイル決済のパンフレットを印刷・配布し、顧客に対してモバイル決済を推奨することや、有名な俳優を起用し、ドラマやコマーシャルによる宣伝を通じて人々の生活の中にモバイル決済を浸透させていくことなどである。

他方、中国政府は日本の第1段階における経験を学習し、モバイル決済関連の法律を制定すべきであろう。管理監督の主体を明確にし、金融に対する監督を強化すると同時に、司法に対しても監督を行うことで、モバイル決済の安全性を高め公正な市場環境を提供していく。そして、企業としては安全問題を最も重視し、そのための技術開発を加速し、支払いのプロセスをより短くする努力を行うこと、又、セキュリティソフトウェア企業と連携し、安全なシステムを構築することなどが必要になってくる。そして、一連の措置の中で最も重要と考えられるのは、効率的な損害賠償のメカニズムの構築を通じ、モバイル決済業者が協力し、共通のブラックリストを作成すること、並びに政府においては損害賠償条例を作成することである[11]。

現在の近接型決済と遠隔決済の競争においては、政府と企業の双方は、先ず共同で海外市場の開拓に力を入れ、市場規模を拡大することを考えるべきだろう。又、国内市場においては、WeChatPayとアリペイの遠隔決済を比較的小額の支払いに、そして中国銀聯等の近接型決済を高額の支払いに充てるよう誘導するなど、決済市場における棲み分けができるよう検討すべきであろう。

四、モバイル決済の今後の発展について

将来的に、モバイル決済はどのように発展していくのだろうか。筆者が考えているのは、近接型決済と遠隔決済の対立が消滅した後の双方の融合についてである。確かに、現在のモバイル決済は急速に進んでいる。しかしモバイル決済は明らかに経済が発展している地域に集中している。経済発展の遅い地域では、簡単で低コストの遠隔決済の技術により資源の有効配分を促進し、現地の経済の発展を促すことが必要である。将来的には、経済の発達した都市においては近接型決済が主導権を握り、経済発展が比較的遅れている都市においては遠隔決済が主流を占めるだろう。

又、両者の融合は、モバイル決済産業やその他の産業間とも併存が可能である。アリペイはすでに金融、クレジット、保険などをモバイル決済と融合させることに成功させている。しかし、これは産業融合の最終形ではないと筆者は思っている。なぜなら、モバイル決済にとって最も重要なのはデータであるからだ。ユーザーの消費情報とデータが様々なプラットフォームで共有されることで、オンライン上での支払い行為と人々の普段の生活との融合・一体化が期待されよう。

もう一つのキーワードは変革である。すなわちモバイル決済方式の変革である。人間の支払いの歴史を見ると、ユーザーの支払いにおける慣習はその時々で変遷を遂げているが、変化の背後にある原理は一度も変わっていない。現金払いは不便であるため、キャッシュカードによる支払いがそれに取って代わった。その後、使用方法が複雑な銀行のクレジットカード等が、今度はより便利なQRコードによる支払いに取って代わられる、などである。

では、これから一歩進んだ先の世界はどうなるだろうか。現在、既に使用され始めている音波、指紋認証支払いは、次世代の生物認識支払いの先駆けとなろう。個人の生物学的特徴を利用した支払い方法は、近い将来スマホ決済に取って代わられることも想定される。最終的には、理想的な3A支払い、即ち「Anytime Anywhere Anyhow」となる可能性もあるだろう。

最後のキーワードは独立である。これは、各国のスマホ決済の相互独立と自由を保つことである。住民の消費情報、個人情報などの関連情報は、国家にとって非常に重要であり、侵害すべきものではない。特に日本は個人のプライバシーを大変重視する国でもある。海外のモバイル決済企業は、他国に進出する際、必ずしも全ての顧客を対象にしなくても良いのではないか。その中の一部の顧客、例えば、現地で旅行する自国民を消費ターゲットにするのも良いかもしれない。

五、モバイル決済と中日関係

現在、スマホ決済が良い媒体となり、中日両国のより良い交流を促進し、良好な方向へと導く役割も果たしている。中日平和友好条約締結40周年を迎え、2018年10月には安倍晋三首相の中国訪問が実現した。このような特別な時期に、スマホ決済は民間企業の交流を促進するだけでなく、中日両国の技術や経験交流を強化し、お互いに長所を取り入れ、短所を補うこともできる。

例えば、2018年9月、日本の株式会社Origamiは中国銀聯と提携し、総額66.6億円の資金調達を実施した。同社の中国からの資金受け入れはこれが初めてだという[12]。このような動きの中で、スマホ決済は中日経済の発展に大きな役割を果たす。

2017年に訪日した中国の観光客は637万を超え、外国人観光客の中で最多だという[13]。毎年非常に多くの外国人観光客が日本で消費し、日本経済の発展をある程度牽引しているが、スマホ決済は消費環境をより改善し、消費を刺激して経済成長を促進する効果を持っている。

又、中国側にとっても、スマホ決済は日本人を中国に魅きつけるツールの一つになり得る。例えば、中国のWeChatPayとアリペイを見て、日本人の中には中国を訪問し、実際にスマホ決済を体験してみたいと思う人も出てくるだろう。スマホ決済は、このように中日両国の民間交流のきっかけを作り、これからの両国の経済発展に貢献していくと考えられる。

参考文献

中国支付清算协会『移動支付理论与实务』中国金融出版社、2015年

丛砚都市『移動金融：室企画名』清华大学出版社、2016年

中国支付清算协会『网络和移動支付创新与实践』中国金融出版社、2016年

李洪心、马刚『电子支付与结算（第二版）』电子工业出版社、2015年

马梅、朱晓明、周金黄、家友、陈宇『支付革命：互联网时代的第三方支付』中信出版社、2014年

人民邮电『〈福布斯〉：日本手机支付应用广泛』、2008年10月21日／第018版

日本銀行決済機構局『モバイル決済の現状と課題』、2017年6月

李丹琳、马学礼『日本IT立国战略的推进与成效分析』日本問題研究、2017年第2期

胡方、曹情『日本电子商务发展现状与特点分析』日本問題研究、2016年第4期

陈元志『日本移動通讯产业商业模式的内在机制与孤岛效应』科技管理研究、2014年第18期

姚瑶『日籍华人上海体验先进支付 外派两年回国产生倒退感受』21世紀経済報道、2018年7月30日第012版

庄毅佳『五大优势支撑日本移動支付』中国计算机报、2006年11月20日第C04版

彭健『移動支付“最好的時代”』上海信息化、2017年03期

iiMedia Research『中国移動NFC支付行業研究報告』、2018年

日本経済新聞「Origami、総額66.6億円のシリーズC投資ラウンドを発表―開発・ビジネス人材強化と事業領域拡大」、2018年9月20日 https://r.nikkei.com/article/DGXLRSP491102_R20C18A9000000?s=3

観光庁『平成29年度（2017年度）訪日プロモーション方針』、2017年8月16日 http://www.mlit.go.jp/kankocho/page03_000045.html

翟冬冬『移動支付领域数据之争：或成全球趋势 中国已领跑』信息与电脑、2017年第20期・『移動支付十年变迁』潮商、2017年第04期

あべし 日本における電子決済の現状と、普及への期待［Z］Money Motto（マネーモット）2016-10-27 https://news.hoken-mammoth.jp/e-money/

多田羅政和 日本の電子決済市場はどこまで広がるか［Z］電子決済カード国際情報局、2016年2月15日

刘庆潇、王婷『中日移動支付現状对比及其浅析』信息通信、2017年第8期

---

1 中国支付清算協会『移动支付理论与实务』中国金融出版社、2015年、p.1 ~ p3
2 中国支付清算協会『网络和移动支付创新与实践』中国金融出版社、2016年、p.3
3 中国支付清算協会『网络和移动支付创新与实践』中国金融出版社、2016年、p.3
4 第1段階において、日本は中国よりモバイル決済が進んでいたため、この部分では、日本から中国へ、という順番で論じていく。
5 王军选『移动商务支付』对外经济贸易大学出版社，2012年
6 中国支付清算協会『移动支付理论与实务』中国金融出版社、2015年、p.45
7 庄毅佳『五大优势支撑日本移动支付』中国计算机报、2006年11月20日第C04版
8 陈元志『日本移动通讯产业商业模式的内在机制与孤岛效应』科技管理研究、2014年第18期
9 ガラパゴス諸島の生物進化のように、周囲とは懸け離れた、独自の進化をすること。
10 姚瑶『日籍华人上海体验先进支付 外派两年回国产生倒退感受』21世紀経済報道、2018年7月30日第012版
11 彭健『移动支付“最好的时代”』上海信息化、2017年03期、p.29
12 日本経済新聞「Origami、総額66.6億円のシリーズC投資ラウンドを発表―開発・ビジネス人材強化と事業領域拡大」、2018年9月20日 https://r.nikkei.com/article/DGXLRSP491102_R20C18A9000000?s=3
13 観光庁「平成29年度（2017年度）訪日プロモーション方針」、2017年8月16日 http://www.mlit.go.jp/kankocho/page03_000045.html

アメーバ経営の中国導入の考察

明治大学経営学部3年　代表 **山宮朋美**
荻原菜都子、中村悠河、阿部アンドレ、黄嘉欣

一、はじめに

2008年、世界金融危機の発生により、中国企業は大きな影響を受け、外部環境が悪化し、業界内部の競争が激化した。従業員に対する要求レベルも上昇し、企業は従来の手法による経営が難しくなった。当時の中国で話題になったのが、稲盛和夫が執筆した『アメーバ経営』である。2009年に中国語に翻訳、出版されると、多くの読者から広範な支持を集め、発行部数は70万部にも達した。

アメーバ経営は、京セラを創業した稲盛和夫が、企業を経営していく中で、実体験から編み出した経営手法である。アメーバ経営を行っている京セラは、1959年の創業以来一度も赤字を出していない。これまでさまざまな企業に導入され、近年では、アメーバ経営を通じて、日本航空（JAL）を再生させることもできた。稲盛和夫の成功経験は中国にも広まり、近年では、京セラのアメーバ経営は、非常に多くの中国企業から、経営における様々な問題を解決する手法として関心を集めてきた。そして現在、全員参加経営を実現し、高収益をもたらすシステムとして、アメーバ経営は多くの中国企業に導入されつつある。

本レポートは、アメーバ経営の中国導入について考察する。まず、アメーバ経営という手法を定義し、そのメカニズムを探る。次にアメーバ経営を構成する要素とその目的を明らかにし、考察の対象となる企業を中国における民営企業、日系企業、外資系企業に分け、アメーバ経営の導入状況について分析する。最後にまとめとして、事例分析に対する独自の考察とアメーバ経営の中国導入に関するこれからの課題について議論する。

二、アメーバ経営とは

アメーバ経営は、組織を小集団に分け、市場に直結させた独立採算制により運営する。それを通じて経営者意識を持ったリーダーを社内に育成すると同時に、全従業員が経営に参画することで「全員参加経営」を実現するという独自の経営管理手法である。[1]

アメーバ経営の生みの親、稲盛和夫にとって経営の目的とは、「すべての社員の幸せを追求することである」。また、「全従業員の物心両面の幸福を追求すると同時に、人類、社会の進歩発展に貢献する」とも語っている。これは稲盛和夫の揺るぎない信念であり、この経営理念を実現するため作り出したのが、アメーバ経営である。[2]

アメーバ経営では、会社を小さな組織に分け、それぞれを「アメーバ」と呼ぶ独立採算部門にしていく。ひとつひとつのアメーバは、稲盛和夫が経営の基本原則と考えた「売上最大、経費最小」を全員で実践する。アメーバごとにリーダーを配置し、そのリーダーは自分のアメーバの目標をメンバーと共に立て、その達成を目指す。メンバーもそれぞれの持ち場・立場で目標達成に向けて努力し、個人の能力を最大限に発揮していく。その結果、社員は仕事を通じて自身の成長を実感し、目標達成を仲間と喜び合う。

アメーバ経営は、社員ひとりひとりが経営者と思いを共有し、同じ目標を目指す経営システムである。経営者ひとりでなく、経営者を含む全社員で自分たちの物心両面の幸福を追求する。このためには経営哲学、すなわちフィロソフィを浸透させることが何よりも欠かせない。

アメーバ経営は、それぞれの現場で「売上最大、経費最小」という経営の原理原則に則り、すべての社員によって運営される。アメーバ経営が目指す目的は、市場に直結した部門別採算制度、経営者意識を持つ人材の育成、全員参加経営の実現という3点である。

2-1　市場に直結した部門別採算制度の確立

稲盛和夫は経営の原理原則は「売上最大、経費最小」にほかならないと考えた。そこでアメーバ経営では、アメーバごとに売り上げから人件費を除く経費を差し引き、仕事を行った時間で割り、各工程の時間当たり採算（付加価値）を算出した「時間当り採算表」を作成する。これは会計の知識を持たない社員でも、経営の実態が分かるようにした、家計簿のようにシンプルな採算表である。これにより、どこが収益を上げ、どこが上げていないのか、異なる生産部門の経営状況を共通の尺度で測ることができる。

アメーバ間で行われる社内売買は、市場価格をもとに値決めがなされる。それによって刻々と変化する市場価格が各アメーバに伝わっていく。各アメーバが市場の変化に迅速に対応することで、会社全体の成長発展を促すことを目的とする。そのため、必要に応じて組織を分割したり、新設したりすることができる柔軟な仕組みとなっている。

図表1　時間当たり採算を表した式

出所：筆者作成

2-2　経営者意識を持つ人材の育成

会社が大きくなるに従い、経営者が会社のすべてを見ていくことは次第に困難になる。会社を部門ごとに分け、管理を経営者以外に任せるようにしても、限界が生じてくる。このように経営者や各部門の責任者が全体を管理することが不可能となった時でも、会社を小さなユニットに分けて独立採算にしておけば、そのリーダーが自分のユニットの状況を正しく把握できる。最低限の会計知識があればリーダーを務めることができるように、シンプルな「時間当たり採算」という収支計算表で、各アメーバの経営成績を表しておくのである。

時間当たりという公平な基準の下で評価するため、各リーダーは自部門の時間当たり採算を少しでも向上させようと努力する。また、小さな組織であっても、少人数であるがゆえに、若くて経験のないリーダーでも自部門の状況を正しく把握し、組織運営を容易に行うことができる。特別高い管理能力や専門知識を持たなくても、自部門の運営を的確に行うことができ、経営者と同じように活躍できる。それだけでなく、小さなユニットを任されることで、経営者意識が生まれ、経営者にふさわしい人材を育成できるのだ。

2-3　全員参加経営の実現

「時間当たり採算表」は、会計の素養がなくても容易に理解できる。したがってアメーバを任されたリーダーだけでなく、パート社員を含むすべての社員に包み隠さず知らせて、理解してもらうことが可能になる。

そうすることによって、現場の全社員は、それぞれの仕事内容に責任を持ち、月次の売り上げと経費に関する詳細な計画を全員で考えていき、その達成を目指すようになる。そして従業員ひとりひとりが、やりがいや働きがいを感じ、主役の一人として経営に関わることができる。

三、仮説

本考察では、アメーバ経営を導入するために、思想面とシステム面の二つが重要であると考えた。

まず思想面では、経営理念の確立、フィロソフィをベースとした意識改革などがある。システム面とは、アメーバ経営の特に採算制度を指し、これは独立採算の状況などをチェックするための技術的手法である。本稿では、思想面とシステム面を基に、中国企業への導入が適しているかを考察していく。

アメーバ経営は京セラという日本企業の組織で編み出されてきたため、人事管理や労使関係のあり方を含めた様々な日本の常識をベースに成り立っていると言える。そのため、日本と中国の労働のあり方を比較しておく必要がある。以下の表は、労働に関する日本と中国の特徴をまとめたものである。

このように日本と中国の間では、労働に関して多くの差異が存在する。特に帰属意識、労使関係、人材育成において大きく異なっており、中国でアメーバ経営を実施するとなれば、経営理念やフィロソフィの浸透、経営者意識を持った人材育成に影響を与えることは確かである。そこで本研究では、中国企業でのアメーバ経営導入は困難であり、導入しても、成功する企業は少ないとする仮説を立てた。

図表2　労働に関する日中比較表

項　目	日　本	中国
雇用	終身雇用	契約雇用
賃金	職能・役割給。成果主義もあるが、能力主義が一般的	業績主義、成果主義
帰属意識	企業への帰属意識は比較的に高い	個人主義の考え方が主流
労使関係	集団的、協調的な労使関係	個別的、服従的な労使関係
自己管理能力	高い	比較的低い
人材育成	企業に合う人材育成の徹底	未発達

出所：筆者作成

四、実証研究

ここでは、先ほど説明したアメーバ経営を4つの要素に分解した。①企業理念の浸透、②部門別採算制度、③経営者意識を持つ人材の育成、④ガラス張り経営である。この四つの要素をもとに、中国民営企業1社、日系企業1社、中国外資系企業1社の計3社を比較してみる。

4-1 中国民営企業

まず1社目は、アメーバ経営を導入している中国の民営企業、河北普陽株式会社（以下、「普陽」と略称する）を見ていく。この企業には2018年6月に実際に訪問し、実情について話を聞いた。

普陽は1972年に設立され、現在では世界70の国や地域と取引している鉄鋼会社である。従来、普陽は組織上層部が意思決定をし、その実行を下部組織に指示するトップダウンの経営方式であったが、今後さらに発展するためには、先進的な管理手法が不可欠だと考えていた。その当時、京セラとKDDIを経営し、JALを再建させた稲盛和夫のスピーチをビデオで見たことで、京セラの社是である「敬天愛人」[3]、「利他の心」、「全員が経営者になる」という理念（京セラ公式）に共感した。普陽は、2015年にアメーバ経営の導入を決めた。アメーバ経営の導入によって、会社経営は効率的になり、売上の上昇につながったことが話を聞いて分かった。

それでは実際に、どのようなアメーバ経営の導入をしたのかについて、要素別に分析する。

まず企業理念の浸透である。結論からいうと、普陽では企業理念の浸透はなお発達段階にあり、末端の従業員にまでは思想の統一はなされていなかった。そもそも、仮説の「労働に関する日中比較表」で既述したように、日本と中国では雇用・賃金制度などが異なるため、日本のアメーバ経営を完全に模倣することは困難である。

労働意欲を駆り立てる要因として、日本では他者からの承認や達成感などの精神的な報酬が可能だが、中国では成果に応じた報奨金などの金銭的な報酬でないと難しい。つまり、中国では個人主義により、稲盛の「利他の心」は浸透しなかった。また、日本ではいったん入社すれば、その後何十年にわたりその会社で働くことが一般的だが、中国では転職が一般的であるため、人材をつなぎ止めるには、何を得たかが目に見える金銭的報酬が重要な要素となるのである。

そこで普陽は、各アメーバの成果に応じた報奨金の支給を実施した。これは日本のアメーバ経営にはない独自の制度である。普陽は発達途上にある思想面を、報奨金制度を導入することで補い、中国の雇用形態に適合したアメーバ経営を行っていることが分かった。

次に、部門別採算制度、情報の共有といったシステムに関する要素を分析する。普陽では、工場で鉄を製造する部門を一級、生産の管理を行う部門を二級、販売を行う部門を三級として、アメーバを段階別に分けていた。

部門別に独立で採算を行い、アメーバごとに月次の売上や経費を細かく算出し、従業員で共有する。データを共有することで一人一人が状況を把握し、「売上最大、経費最小」の意識を持つことを目指している。一部ではあるが、京セラのように毎日の売上や経費を計算した報告書の提出を実現している部門もあった。データをアメーバごとに細かく分析することで、無駄な経費を省き、生産と運用をより円滑に進めることができる。

また、この部門別採算制度は、各アメーバのリーダーが経営者のようにその部門の採算を管理するため、経営者意識を持った人材の育成につながっている。そのため問題が発生した時に、リーダーの判断ミスを回避することも可能になる。

以上から、普陽では思想面の浸透こそ、なおその途上にあるが、システム上の三つの要素は十分に満たしていたと考えることができる。

4-2　日系企業

次に、中国に進出している日系企業に焦点を当てる。今回は企業訪問した杭州松下電器を例に挙げて分析する。

松下電器は1978年、「中国の発展に貢献する」を掲げ、日本企業で最初に中国で事業を始めた。2018年には創業100周年、中国事業開始40周年の記念すべき年を迎えている。

松下電器は主に四つの事業部に分かれている。主に家電を扱うアプライアンス社、照明や配線などを扱うエコソリューションズ社、映像ソリューションズを扱うコネクティッドソリューションズ社、半導体などを扱うオートモーティブ&インダストリアルシステムズ社の4社である。今回訪問した杭州松下電器はアプライアンス社である。

松下電器の経営分析を行う。まずは企業の理念や思想浸透の状況など思想面に焦点を当てた。この手の分野は日系企業が得意とするものだ。まず、松下電器には経営の神様、松下幸之助の企業理念が今でも引き継がれていた。「企業は社会の器である。したがって、企業は社会とともに発展していかなければならない」[4]という言葉の下、社会貢献を目標とした経営を進めていた。

次にシステム面について検証する。まずは部門別採算制度について述べていく。松下電器はトップと現場の距離が近くなるように、徹底的な分権化を行い、社内カンパニー制度をとり、各事業部で独立採算を行ってきたが、各部門別という細かいグループごとの独立採算は行っていなかった。また、事業部ごとの成績は総経理からマネージャーにまでは開示されていたが、従業員にまでは開示されていない。だが松下電器は作業の成績を現場に貼り付ける松下文化を引き継いでおり、従業員もそれを通じてモチベーション向上に努めていた。

次に人材育成をみてみよう。松下電器は、日中双方から様々な考えを持った人が集まったことを踏まえ、力の方向性をたばねるベクトル合わせに焦点を当てている。また、人材育成に向けポジションごとの研修プログラムを組んでいる。

以上の点から日系企業にはその会社の独自の方法、理念が浸透しており、アメーバ経営の導入が期待される要素は少ないと感じた。

4-3　高斯智能科技（杭州）

最後に中国の外資系企業である高斯智能科技（杭州）を分析する。高斯智能科技（杭州）は、中国・杭州で切断設備とダイヤモンドツールを生産するオーストリアからの外資系企業である。2013年に設立された比較的新しい会社であり、杭州支社の従業員数は180人である。2017年10月、高斯智能科技（杭州）を含め、中国でわずか3社しかないOSA認証[5]を取得することにより、欧州市場に参入することが可能になり、注文を倍増することができた。

高斯智能科技（杭州）の最高経営者は、アメーバ経営を基に会社の経営方針を定めた。しかし受注規模が激増するのに伴い、生産能力の問題にまず直面したため、アメーバ経営をうまく実践する余裕がなくなってしまった。経営者は会社の状況を今後、綿密に分析した上で、アメーバ経営の一部を導入して行こうと考えている。

アメーバ経営の導入をとりあえず見送った高斯智能科技だが、アメーバ経営を構成するそれぞれの要素の観点から、同社の現状を分析する。

企業理念の浸透としては、総経理が日本的経営を学び、会社の理念は確立されていた。だがそれを従業員にまで浸透させるまでには至っていないという。

会社の業務は主に二部門。一つは切断設備、もう一つはダイヤモンドツールである。この二つの事業部は独立採算を採用しているが、その中でアメーバとなる各部門別に分けて会計処理をしたり、時間あたり採算をはじき出したりするわけではなかった。また、現状を詳細に社内に伝えることもしておらず、情報を共有するガラス張り経営の水準にも達していない。

また、大学生の現場離れや労働力の減少といった社会情勢を受け、内部昇進などを通じた人材育成の重要性を感じてはいるものの、今のところはなお、経営者意識を持たせることにつながる人材育成は行っていないという。

以上から高斯智能科技はなお成長途上の企業であり、アメーバ経営の観点から見れば、不足した点が多く見られた。実証研究の結果をわかりやすく表にまとめると、図表3のようになる。

図表3 アメーバ経営の要素別に見た達成度

	企業理念の浸透	部門別採算制度	人材教育	情報の共有
普陽	△	◎	◎	◎
松下電器	◎	△	○	○
高斯智能科技	△	△	△	△

出所：筆者作成

五、考察

5-1 中国民営企業

河北普陽株式会社は、アメーバ経営を導入した企業の成功例と言えるだろう。実際に京セラのアメーバ経営を学んだコンサルティング会社に依頼して、導入したものだという。導入の理由としては、経営理念の一致、自発的取り組みの発生、現場のモチベーション向上への期待が挙げられる。

導入して間もなく、利益が拡大した。アメーバ経営がシステムとして機能し始めたからである。部門別採算制度、ガラス張り経営などでは、大きな問題も起きず、逆に効率の良い経営の実態把握を可能にし、それが売り上げ増につながった。

半面、問題となったのは企業理念の浸透であった。アメーバ経営は、企業のトップである経営者から現場の従業員までが共通の価値観を持ち、同じ方向を向くことが大前提である。この点が十分に満たされていないため、導入した狙いの一つである現場でのモチベーション向上は、なお大幅な改善には至っていない。

その理由は、事例研究で説明した通りである。そうした問題が存在するにもかかわらず、アメーバ経営を導入し続けることができた要因は、「中国的アメーバ経営」への転換であった。京セラのアメーバ経営を模倣し、そのまま導入するのではなく、そこで発生した問題や企業の状況に合わせて、アメーバ経営を変えて行く。このように、「日本的アメーバ経営」を「中国的アメーバ経営」に転換していくことが、アメーバ経営を中国企業に根付かせる一つの方法となる。中国の民営企業では、中国的アメーバ経営への転換が有効となる。

5-2 日系企業

日系企業は、中国企業に比べて理念の浸透が重要視されており、末端の従業員までその理念は浸透している。理念はその企業の中枢をなすものであり、他の企業の理念（アメーバ経営の理念）を導入することは困難であろう。

しかし、理念が統一されていて、従業員のベクトル合わせが実現している日系企業には、アメーバ経営のシステムの一部を導入することも有効ではないかと考えた。例えば、日系企業には社内カンパニー制を取り、事業部別採算を行っている企業が多くある。そうした企業は、事業部内部をさらに細分化し、分けられた部門ごとに採算を行う形でシステムの一部を導入すれば、売上最大、経費最小を目指していくことができる。

アメーバ経営のシステムは、短期的に見るとコストを要するため、導入をためらう企業が多い。しかし、日々の活動の中でどの部門が成長力に欠け、どこに力を入れていけば伸びるかなどを目に見える形で把握することが可能になり、今後の活動への方針を決める上で、大いに役立つであろう。以上の点から、日系企業にはアメーバ経営のシステムの一部を導入することが有効であると考える。

5-3 高斯智能科技（杭州）

高斯智能科技の経営者は、自らの企業に合わせた，アメーバ経営による生産システムを検討したことがある。しかし現時点では、顧客からの注文の急増が続いており、いかに生産力を高め、市場のニーズに応えるかを解決するかが、最重要な任務と戦略になっている。そのため、アメーバ経営の導入に必要な時間と力を欠く結果となり、基本的手法の一つである、毎日詳しく記録し、計算することは困難になった。

現在、高斯は自前の経営分析システムを持つ。週間ごとに生産目標の達成状況を記録し、月間ごとに、ダイヤモンドツールと切断設備の二部門の損益状況について分析を行っている。管理者はそれを通じて経営状況を把握することができるが、アメーバ経営ほどタイムリーで精密ではない。そのため、今後は会社のニーズを踏まえ、発展の状況に応じて、部門別の労働時間の状況を明確にするなどして、適時アメーバ経営を導入していくという。

では高斯智能科技が今後アメーバ経営を導入するに当たり、課題となる点はいかなる要素であろうか。今回の検証の結果を踏まえた、私たちの結論としては、普陽と同様、課題は企業理念や思想の統一にあると考える。この点に関しては、普陽の報奨金制度を導入して共通の価値観を基盤とすることで、解決につながると考える。また、日系企業はその持ち場の成績を現場に張り出していたり、企業理念を作業場や会社の各所に掲げたりするなどしていたが、高斯智能科技にはそうした点は見られなかった。こうしたシステムを同時に導入することも、従業員への企業理念の浸透やモチベーション向上に効果を上げるであろう。

4社の事例を通して、いかに優れた管理システムであっても、会社の戦略に適合しなければ意味を成さないことが分かった。どのようにアメーバの経営を導入し、どのタイミングで導入するかについて、経営者が適切な判断をしてこそ、アメーバ経営の手法が会社の成長と発展を助けることを可能にする。

六、終わりに

アメーバ経営を完全に中国企業に移入することは難しい。これが研究の結果である。他人の成功をコピーすることはできないのである。アメーバ経営はある企業から生まれた一つの経営手法であり、それを他企業が完璧に導入することは不可能に近い。しかし、アメーバ経営を4つの要素に分けて分析することで、アメーバ経営と企業に重なり合う部分が出てくる。言い換えると、今回分析した企業は、部分的ではあるがアメーバ経営の要素を取り入れていると言える。

アメーバ経営を完全に統一された経営手法と見なすのではなく、4つの要素から成り立っていると考えれば、他の企業にも応用が効く余地が拡大する。例えば、四つの要素を企業の状況によって部分的に導入することや、問題解決のために、四つの要素のうち幾つかを取り入れることも可能である。このように、アメーバ経営を導入するにあたって、フルセットで導入するのではなく、企業の状況に合わせて部分的な導入を進めることで、アメーバ経営の有効性を企業に反映させることができる。

また河北普陽株式会社のように、京セラが生み出した「日本式アメーバ経営」と全く同様な手法を展開するのではなく、アメーバ経営の現地化を進め、企業の具体的な問題に応じて、独自の「中国式アメーバ経営」を生み出してくことが、成功するための方法となる。中国企業は、自らに適合したアメーバ経営を見つけ出し、選択する必要がある。注意しなければならないのは、アメーバ経営の個別的な手法を学ぶだけでなく、アメーバ経営を成り立たせる条件と思想を理解しなければならないことだ。

「高麗人参を食べても、誰でも病気を治せるわけではない」といわれる。アメーバ経営を単に導入するだけで、売上が好転し、経営が改善されるわけではない。企業に合ったアメーバ経営を生み出し、取り入れて行くべきである。

参考文献

竇少杰『中国企業の人的資源管理』中央経済社、2013年

周宝玲『日系企業が中国で成功する為に』晃洋書房、2007年

伊勢雅臣『世界が称賛する日本の経営』扶桑社、2017年

紺野登・目的工学研究所『利益や売上げばかり考える人はなぜ失敗してしまうのか』ダイヤモンド社、2013年

湯谷昇羊『立石一真「できません」と云うな』ダイヤモンド社、2008年

稲盛和夫・京セラコミュニケーションシステム『稲盛和夫の実践アメーバ経営　全社員が自ら採算を作る』日本経済新聞社、2017年

WEBサイト

京セラホームページ　https://www.kyocera.co.jp（2018年10月8日アクセス）

稲盛和夫OFFICIAL SITE　https://www.kyocera.co.jp/inamori/（2018年10月8日アクセス）

京セラ公式ホームページ「社是・経営理念」 https://www.kyocera.co.jp/company/philosophy/index.html（2018年10月8日アクセス）

河北普陽株式会社公式ホームページ　http://www.pygt.cn/china/About.asp?ClassIDone=303&ClassIDtwo=348（2018年10月8日アクセス）

Panasonic公式ホームページ　https://www.panasonic.com/jp/home.html（2018年10月8日アクセス）

1　稲盛和夫OFFICIAL SITE「アメーバ経営とは」https://www.kyocera.co.jp/inamori/amoeba/amoeba/amoeba01.html　(2018/10/09アクセス)

2　稲盛和夫・京セラコミュニケーションシステム『稲盛和夫の実践アメーバ経営　全社員が自ら採算を作る』日本経済新聞社、2017年、p.3～4

3　「常に公明正大、謙虚な心で仕事に当たり、天を敬い人を愛し、仕事を愛し社会を愛し、国を愛する心」。出典：京セラ公式ホームページ「社是·経営理念」 https://www.kyocera.co.jp/company/philosophy/index.html

4　紺野登・目的工学研究所『利益や売上げばかり考える人はなぜ失敗してしまうのか』、p.32。出典：京セラ公式ホームページ「社是・経営理念」 https://www.kyocera.co.jp/company/philosophy/index.html

5　Okkuu Companyという会社が、就業規則公開企業の就業規則遵守状況を客観的に評価し、定期的に監査を行い、一定の基準を満たした企業へ発行している認証規格のこと。

中国の日本ブームにおける セルフメディアの有様と役割

～2014年から2017年にかけて～

南京大学外国語学部日本語科
博士課程前期2年
李嫣然

一、研究の動機

1978年に中日平和友好条約が締結されてから、2018年で40年となるこの節目において、かつてぎくしゃくしていた両国関係は良い局面を迎えている。2018年年5月に李克強首相は日本を公式訪問するとともに、朝日新聞に『日中平和友好事業の再出航を』を寄稿し、中日関係の改善に意欲を示した。また9月には、習近平国家主席が安倍晋三首相と笑顔で握手を交わし、首脳会談を行った。そして10月には安倍首相が中国を公式訪問した。

しかしながら、それらは無論、両国関係の良い局面の証拠ではあるが、ただ政府間の動きにとどまっているだけと言わざるを得ない。この政府間の動きに対して、民間の動きこそ、今回の中日関係の良い局面の現れなのではないかと、筆者には思われる。では所謂「民間の動き」とは何かと言うと、それは近年における中国の空前の日本ブームであると言いたい。また、この日本ブームの現れとしては以下の三点があげられる。

・訪日中国人の急増（2014年から）
・中国人観光客の「爆買い」(2015年)
・ネット上の「日本」に関する話題の頻度の膨大さ（2015年から）

日本政府観光局（JNTO）の統計によると、2013年の訪日外国人客数のうち、中国人客数は約131万4000人であり、前年比伸び率は－7.8%まで低下している。統計の対象となる39カ国・地域（無国籍も含む）では最下位だった。ところが2014年には一転して同83.3%増となり、さらに2015年では同107.3%まで急増し、客数も韓国を上回って最上位となっている。[1]

また、在日中国人留学生の人数も2012、2013年の減少傾向から2014年には一転して前年比15.3%増にまで増えた。その後も2015年（0.3%減少）を除いて、年々増加する傾向となっている。[2]

この訪日中国人の急増は、消費にも大きな影響を与えている。2015年2月の旧正月に、中国人観光客36万人が日本を訪れ、様々な商品を大量に買い込むと、そこから「爆買い」という言葉が生まれ、2015年のユーキャン新語・流行語大賞にも選出された。

JNTO作成の「外国人消費動向調査・四半期速報値」によると、2017年の中国人観光客の一人当たり旅行支出総額は各国中最大で、各四半期ともに平均額を大幅に上回っている。また構成比をみると、買い物代が全体の50%を上回る唯一の国となっている。さらに費目別購入率から見ると、人気のトップ3は常に化粧品・香水、医薬品・健康グッズ・トイレタリー、菓子類[3]であることが分かる。また購入目的も自分用にとどまらず、他人から購入を頼まれた人も少なくない。

2016年から、ネットでも日本に関する話題が人気を呼んだ。話題の内容は、一般の外国人が関心を寄せている日本の観光地や名産品にとどまらず、日本国内の様々な出来事にまで及んでいる。その代表的な例は、北海道の「利用者一人の駅」という話題である。北海道の旧白滝駅が唯一の利用者である女子高生の原田華奈さんの通学のために、廃駅を3年間も先送りにした話である。2016年3月、駅の最終営業日には、中国のサイトが現地から生放送し、その視聴者数は40万人に上った。多くの人は、たった一人の高校生のために、駅が3年間も残されてきたことに驚き、駅側の心遣いに称賛の声をあげた。[4]

現在、国と国の間の情報伝達は、メディアが主力であることは言うまでもない。近年の中国における日本ブームでも同様である。しかし昔と比べ、この日本ブームでは「メディア」の形が大きく変わっていることに気づいた。というのは、伝統的メディアの代わりに、新興メディアとしての「セルフメディア」が台頭し、情報伝達を担うようになっているのだ。

では、今回の「日本ブーム」において、情報伝達の手段としてのセルフメディアの現状はどのようなものであろうか。またそれが、どのような役割を果たしているのか。筆者はそうした問題に深い興味を持つようになり、本論で分析していくことにした。

二、情報伝達の主役であるセルフメディア

2000年前後、情報伝達はテレビ、新聞、ニュースといった伝統的なマスメディアによって提供されていて、日本に関する情報も同様であった。筆者自身も幼い頃、日本に関する情報は、多くがテレビ（例えば「新聞30分」「今日亜洲」「旅游日本」など）や新聞などを通じて得た記憶がある。ところが、近年の日本ブームでは、それが大きく変わり、新興のセルフメディアが情報伝達の主役となっている。

いわゆる「セルフメディア」とは何であろうか。文面に示されているように、「セルフメディア」は「セルフ性」が特徴であり、ソーシャルウェブを利用して自ら情報を発信することを指している。中国の場合、セルフメディアのアプリは主として「微博」（「ミクロブログ」の意で、中国版のツイッターとも言われている）、「Wechat」（中国シェア№１のメッセンジャーアプリ）、「知乎」（中国最大のＱ＆Ａサイト）などがあげられる。今回の日本ブームでは、それらが活用されており、ブームを巻き起こす主力となっている。

三、中国の日本ブームにおける
セルフメディア活用の現状と効果

近年中国で日本ブームを巻き起こしたセルフメディアは、どのように活用されているのか。それを「公式の面」と「個人の面」に分け、述べていく。

3-1　活用の現状

「公式の面」というのは、政府や会社などが団体として、公式にセルフメディアを利用して情報を発信することである。現在、セルフメディアで日本に関する情報を公式に伝達する団体は数多く存在しているが、その先駆けとなった一例が朝日新聞社だ。同社はセルフメディを巧妙に活用することにより、日本に関する情報の伝達のみならず、中国で大きな反響を呼び、現在もその影響が続いているといった効果を収めている。

きっかけは「微博」への投稿である。2012年12月27日に、朝日新聞社の公式アカウントが中国版のツイッターである微博で、「我们又双叒叕要换首相了（日本はまた新しい首相がまもなく就任する）」と書き込んだ。日本の総理大臣の交代を伝える一般のニュースであるが、中国で注目を集め、大きな反響を呼んだ。それは何故であろうか。ポイントは「又双叒叕」という表

現にある。

頭文字の「又」は中国語では日本語と同じ、「また」の意であるが、次の文字である「双」は「ダブル」を意味している。さらに、三番目の文字である「叒」と最後の文字である「叕」は、中国人がほとんど目にしたことがなく、発音も意味も分からない難字である。

意味が通じなく、訳がわからない四文字の組み合わせではあるが、一見すると、「又又又又又又又又又又」とも読むことができる。「又」の十文字の組み合わせにより、当時の日本における度重なる総理大臣の交代（2006年9月に安倍晋三、2007年9月に福田康夫、2008年9月に麻生太郎、2009年9月に鳩山由紀夫、2010年6月に菅直人、2011年9月に野田佳彦、2012年12月に安倍晋三）を巧妙に描いている。

漢字の活用とユーモアの口調は中国で大きな反響を呼び、「中国人よりも中国語がうまい」、「漢字の面白さを改めて実感した」などの声がネットで上がった。一方で、そうした表現により、もともと日本の出来事にあまり関心のなかった中国人の興味をひき起こし、首相交代の情報を幅広く伝達した。それだけでなく、中国人の日本メディアに対する画一的なイメージをも変えた。また、この「又双叒叕」という真新しい表現は中国語にも影響を与え、流行語として現在も幅広く使われている。

このように、朝日新聞社はセルフメディア活用の先駆けとして大きな成果を収め、それに続いて、在中国日本大使館、共同通信社、日本政府観光局及び各県も相次いで「微博」を使い、日本に関する情報をセルフメディアの形で発信するようになってきた。情報は政治、経済、観光、飲食、日本語など多分野に及んでいる。文字の説明に加えて、写真が数枚添付され、日本の出来事を生き生きと伝えているため、数多くのフォロワー（2018年10月の時点で共同通信社は290万2594人、在中国日本大使館は83万7559人、日本政府観光局は38万6184人）を集め、その大勢のフォロワーがまた情報の伝達に力を入れているという好循環になっている。

上記のように、セルフメディアは公式に活用され、情報伝達を担っていると同時に、日本ブームの拡大にも寄与していることは明白である。とは言え、在中国日本大使館や共同通信社など、日本の公式団体に関心がある人はどちらかと言えば少数派であるし、またそれらの団体も「公式」としての立場に制限されていることもあり、情報の分野と伝達の方式（言葉遣いなど）に不自由な面がある。

それに対し、個人が利用するセルフメディアは自由度が高く、伝達の方式も多種多様なので、多くの人の興味をそそり、注目を集めており、今回の日本ブームにとってはかけがえのない存在となっている。

では、個人が利用するセルフメディアはどれほどの力を持ち、どのように力を発揮しているのか。「個人の面」での「微博」、「Wechat」、「知乎」というセルフメディアの三つの主流アプリの実例を挙げながら、自身の体験と実感にも触れて分析していく。

【微博】中国版のツイッターとも呼ばれる「微博」は2009年から運営され、2017年末時点でのユーザー数は3.76億人[5]に上る。中国最大のウェブソーシャルアプリとなっており、多くの人、とりわけ若者に愛用されている。

この「微博」には、ネットで人気を集める「スーパー話題」というコラムがある。コラムの下では、人気となっている話題をめぐって、投稿、討論することができる。日本も「スーパー話題」の一つとなっており、2018年時点で、「日本」という話題の閲覧数は8.3億件、討論数は82.2万件に及んでいる。何が投稿され、討論されているか、それを人気の順に観光、飲食、買い物、出来事、文化の五種類に分けてみることができる。

従来から日本観光を紹介するメディアの多くは、富士山、箱根温泉、大阪、京都、北海道など、日本に行ったことのない人でも挙げることのできる有名な土地を中心としている。それに対し「微博」で紹介された日本観光は、これまであまり外国人観光客に知られていなかった日本風情に溢れるところに目が向けられている。

その中の代表的な例は岐阜県の白川郷である。2015年に、白川郷を紹介する投稿が「微博」で炎上し、数千回転載された。投稿は、屋根が雪に覆われ、明かりが灯る合掌造りの写真をつけて、優美な言葉を綴って、白川郷の冬の光景を文学的な口調で紹介した。「まるで童話の世界だ」、「ぜひ行きたい」という声が相次ぎ、雪なら北海道というステレオタイプの考え方を変え、日本観光への新たな興味をそそった。

筆者自身もある会食の席で、友人が「日本の白川郷に行きたい」と話したので、「岐阜県のあの白川郷なの？」と聞いたら、「なんであなたも知っているの？」と不思議そうに聞かれたことがある。すると、もう一人が「微博の投稿だよ。みんな知っているでしょ」と返事した。その投稿の紹介をきっかけに、実際に白川郷に行った友人もいる。無論、白川郷だけではなく、群馬県の谷川岳や新潟県の越後湯沢温泉、香川県の小豆島、それから吉野山の金峯山寺、さらに軽井沢の商店街まで、従来中国の観光客に注目されていなかった観光地を紹介する投稿が相次いだ。

もう一つ特別なのは、紹介の形である。従来は、テレビ番組や雑誌などの伝統メディアが、傍観者の立場に立ち、説明口調で観光地を紹介するのが主流であった。ところが「微博」では、日本観光の紹介を専門とするアカウントを個人が作り、アカウントの持ち主が自ら観光地に赴き、どのように交通機関を利用すればよいか、どんな名物があるかなどを、写真と文字で自分の体験・経験を紹介している。近年は「微博ライブ」という新機能を利用し、自分が説明しながら、旅行先の風景と体験をその場から即時にフォロワーたちに伝えるアカウント（ユーザー）も多い。

さらに、何よりもすばらしいのは、「打卡」という機能があることだ。「打卡」は中国語ではもともと出勤時にIDカードを差し込む動作を意味していたが、現在はネットで人気になった観光地やレストランをことごとく巡ることを指している。「微博」を利用して、旅行中に投稿すると同時に、自分の居場所を示すことができ、観光地の「打卡」が完成される。

飲食についても同様である。アカウントの持ち主（ユーザー）が自ら美食を捜し、有名店や老舗にとどまらず、街の片隅にある地元ゆかりのお店をも写真をつけてアピールし、所在地と看板料理を紹介している。

買い物はもともと、日本の化粧品や医薬品を紹介するのが主流で、2014年ころから「雪肌精」（化粧品）、「蒸気でホットアイマスク」（アイマスク）、「サンテFX」（目薬）、「sk-Ⅱ」（化粧品）などが大ヒットを巻き起こした。また、「微博」で「日本　代理購入（ソーシャルバイヤー）」というキーワードでアカウントを検索すると、合計243個もある。そのうちフォロワー数が5万人以上のものは63個あり、一番多いのは81万ものフォロワーを有している。アカウントのホームページに商品の写真などが添付され、「微博」のチャット機能を利用するとアカウントの持ち主に連絡し、一定の手数料を払うだけで、日本に行かなくても日本製の商品を手に入れることができる。

さらに2016年ころになると、「微博」で紹介されている商品は化粧品と医薬品だけにとどまらず、日用品まで広がった。最近では、スマホケースの専門店であるCOLLABORN TOKYOや文房具専門店の伊東屋など、特色と魅力にあふれる専門店を紹介する投稿も多くなり、人気を集めている。

出来事については、日本人研究者のノーベル賞受賞や選挙など、一般のテレビや新聞でも報道されていることは無論、紹介されているが、転載回数とコメント数、及び「いいね」数から見ると、日本人の身近にある出来事を紹介する方がもっと多い。先に述べた北海道の旧白滝駅もその一例で、より最近の例を挙げれば、2017年9月に甲子園に出場した鹿児島県神村学園の金城倖於選手が陽気に笑っている写真が話題を呼んだ。その写真の少年らしさと、「青春」の魅力に溢れる甲子園での高校野球を絶賛した投稿は転載数が1万を突破し、約2500本のコメントと8200個の「いいね」を集めた。

そのほか、日本のツイッターでの人気投稿を翻訳して「微博」で紹介することを中心とする人気アカウントの「小野妹子学吐槽（小野妹子がツッコミを学ぶ)」は、1766万ものフォロワーを集めている。日本のツイッターユーザー―が投稿した身近にある面白い出来事を紹介する内容もあるし、ツイッターで多くの転載と「いいね」を集めた日本の若者が、日常生活に対するツッコミをスクリーンショットの写真と中国語訳付きの形で紹介する投稿も多い。それが微博で数千回転載され、「いいね」されたことから、中国の若者が日本の若者の日常生活や考え方を知りたいという強い気持ちを見てとれる。

図表1「小野妹子学吐槽」さんのホームページ

最後に文化についての投稿では、歌舞伎など日本文化のシンボルを紹介する記録映画（例えば『The Secret World Of Geishas』）が、人気を集めている一方で、より身近で些細な事柄にも注目が集まっている。最近の例を挙げると、日本製品のデザインに現れる心遣いと配慮を語る投稿のコメント欄に称賛の声が相次いだ。また、日本人の愛用する色まで紹介する投稿もあり、しかも千回以上転載されている。近年では、無印良品に代表される「簡素」という美意識が微博で大ヒットになり、ネットユーザたちに「セックスレス風」とか「禁欲系」と名付けられた。

このように、最近の日本ブームにおいて微博は先駆的かつ莫大な役割を果たしていることが分かる。では「Wechat」の場合はどうであろうか。

【Wechat】中国シェア№1のメッセンジャーアプリ[6]であるWechatは、2011年1月に公開されたが、シェアNO.1になったのは2013年のことで、人気になった時点は微博に比べると遅れている。メッセンジャーアプリではあるが、2012年8月から「公衆アカウント」サービスが提供されている。申請すれば、個人も団体もアカウントを取得することができ、そのアカウントで文章を書いて発信することができる。この公衆アカウントを利用して、旅行好きの人が旅行記を書いたり、IT関係者がIT産業の先行きを分析したりして、内容は音楽、映画、ファッションの紹介、評論など、幅広い分野に渡っている。2017年末時点で、活躍している「公衆アカウント」数は350万件に達しており、フォロワー数は7.97億件にも及んでいる[7]。言うまでもなく、日本に関する話題を中心とするアカウントも数多くある。

この「公衆アカウント」と「微博」の違いだが、まず「公衆アカウント」を探す主な方法の一つは、フォロワーが検索欄にキーワードを入力して、関連の公衆アカウントを見つける。例えば日本留学のことを知りたい場合は、検索欄に「日本留学」を打ち、「検索」ボタンをクリックすると、日本留学に関する公衆アカウントが出てくる。すなわち、公衆アカウントを利用して、特定の範囲に絞って情報を手に入れることができる。実際、日本という話題を中心とする公衆アカウントは数多く存在しており、筆者の検索結果によると、「日本留学」に関する公衆アカウントだけで225個もあった（2018年10月時点）。

図表２ 「日本留学」に関する公衆アカウント

また、この公衆アカウントから発信された情報は、チャットと同様に通知される。フォロワーが「Wechat」の画面を広げて公衆アカウントからの通知を見ると、思わずクリックして読んでしまう。一日当たりの登録者数が9億人余りの「Wechat」で情報を発信することは、情報伝達の絶好の手段であろう。

【知乎】最後に取り上げたいのは、「知乎」（中国語では「知っているか」という意味）である。「知乎」とは2010年12月に公開されたQ＆Aアプリで、もともと新規アカウントの作成に制限があったが、2013年３月の制限解禁をきっかけに急速に普及し、現在は1.6億人ものユーザーを有する中国最大のQ＆Aアプリになっている[8]。大学生、プロダクトマネジャー、システムエンジニア、技師、デザイナー、教師、ヒューマンリソース、弁護士、医者など学歴の高い利用者が多く[9]、「中産階級の大本営」とも言われている。

また「知乎」は実名制であり、各ユーザーのホームページに自分の職業、出身校などが書かれている。さらに、各回答の下には「いいね」のみならず、

「反対」のボタンも設置されており、読者が違う意見を持っていたりする場合は、ボタンを押してコメント欄で異論を唱えることができる。そのため、上記の「微博」と「Wechat」に比べ、「知乎」での投稿は、より客観的で真実性がある。

「知乎」での投稿は話題ごとに分類されており、また各話題のコラムには、関連の質問が集められ、ユーザーたちは回答したり質問したりすることができる。また、特定の話題コラムで、専門的かつ良質な回答を数多く行った貢献度の高いユーザーは「優秀回答者」として表彰される。質問者たちは「優秀回答者」のフォロワーになったり、その「優秀回答者」を指名して回答をお願いすることができる。「知乎」ではこれを「邀请回答」と呼んでいる。

図表３「知乎」の「日本」という話題のホームページ

「日本」も話題の一つで、2018年10月の時点で111万7992人がピックアップしており、ピックアップ数は同じ先進国の「アメリカ」(21万9550人)、「イギリス」(7万4863人)、「フランス」(4万0245人)、「オーストラリア」(3万8787人)、「カナダ」(3万5401人）の数倍に達しているのみならず、同じ東アジアにある「韓国」(74万9055人）をも大幅に上回っている。

では、「日本」という話題の下で、何が討論されているのか。筆者はピックアップ人数の上位10位（2018年10月時点）に入る質問とその回答数をまとめた。

(1)日本の化粧品は何がいい？（14万5940人、670個）
(2)日本はどれほど発展しているのか？（10万2019人、2769個）
(3)日本観光なら、個人手配と旅行会社はどっちの方が安い？（4万7117人、495個）
(4)日本はどこが悪いのか？（4万4632人、1259個）
(5)日本はどこがいいのか？（3万9662人、1276個）
(6)味わいのある日本の俳句は？（3万2615人、538個）
(7)現代の日本人はどれほど他人に迷惑をかけないのか？（2万7417人、1146個）
(8)日本人女性と恋愛するってどんな感じ？（2万4723人、421個）

(9)「低欲望社会」とは？日本は何故「低欲望社会」に入っているのか？（2万3974人、607個）

(10)バブル期の日本はどんな光景だったのか？どれほど繁栄していたのか？（2万1398人、54個）

これらの質問のうち、「買い物」と「観光」に関する話題は(1)と(3)しかなく、残りの八つの質問は日本の経済、社会、文化など、幅広い分野に渡っている。さらに回答者たちがどのように回答しているかというと、抽象的なマクロデーターを分析するのではなく、自分自身の体験に基づき、写真をつけながら回答している人が多い。

2番目に多い(2)の「日本はどれほど発展しているか」の例を取り上げてみよう。「いいね」の一番多い（2万8305個）回答は、次のようなものだった。「2015年の夏、旅行先の日本の某田舎で道に迷ってしまったが、知らない日本人のおじさんがマイカーでホテルまで送ってくれ、帰り際には『良い旅を。天津[10]、頑張れ』と中国語で書いてある紙を渡してくれた」と自分の体験を語り、「歴史上対立している国の災害に対する態度こそ、『発展』の現れなのだ」とコメントした。

「いいね」数が2番目（2万6233個）の回答では、自分が買い物をしたドラックストアの店員さんが、視力障害のお客さんに対し、いかにおもてなしと心遣いをしていたかという体験を語っている。

その他に「いいね」数が1万を上回っている回答を挙げると、NHK記録映画の制作から見た日本人の綿密さと慎み深さ、真面目な態度、それから国際的視野を称賛する内容や、日本でごみの分類と防災対策を経験した体験談、日本人の環境保護意識とルールを守る意識を紹介する内容などがある。そのほか、千個以上の「いいね」を集めている回答には、日本人の礼儀正しさと親切心、細かいところまでの心遣いを中心とする内容が多い。また、「日本はどこがいいのか」という質問の下には、上記の内容のほか、自分の体験した日本の福利厚生、制度の整備などを称賛する内容も少なくない。

もう一つ興味深いことに、上記の人気トップ10に入る質問は日本を称賛するものばかりではなく、「日本はどこが悪いのか」と日本の欠点を知ろうとする質問もある。回答には自身の体験を踏まえ、「戦争に対する反省の不足」、「活力の乏しさ」、「マナールールにこだわり過ぎ」、「外国人に対する差別」、「女性の地位の低さ」などと批判するものが多い。

これらの例から、筆者は中国人から関心が寄せられている分野を以下のようにまとめた。

（ⅰ）日本観光・飲食
（ⅱ）日本製品
（ⅲ）日本経済・文化・社会の現状
（ⅳ）日本人の身近にある日常の出来事

このように、セルフメディアでの中国人の関心は多岐にわたっている。次にセルフメディアの活用によって、どのような効果が出ているのかを考えてみたい。

3-2 活用の効果

まず、セルフメディアを活用して、日本観光と飲食、また日本製品を多様にアピールすることは、訪日中国人の増加につながっている。ここで「微博」の「打卡」機能の例を挙げてみよう。

「打卡」が完成されると、アカウントの持ち主は切手収集愛好家が前から欲しかった切符をようやく手に入れられたような満足感を得ると同様に、フォロワーたちの「わたしもあそこに行きたい」という「打卡」の意欲をも刺激する。またそのフォロワーたちが「打卡」を成し遂げると、さらにより多くの人の意欲を刺激するという好循環になっている。

2016年12月に、映画『君の名は。』が中国で公開された後、主人公二人がすれ違った須賀神社へ「打卡」に行くブームが起きた。また、日本に行かなくても日本製品を手に入れられることを可能にする「代理購入」は、「爆買い」の一端を担っており、「日本ブーム」を一層加速させてきた。

また、文化・社会などについての紹介や説明は、日本と日本人への理解を一層深め、これにより「もっと知りたい」と日本に対する興味をそそった。前述の「小野妹子学吐槽」もその例の一つであり、「知乎」の「日本はどれほど発展しているのか？」、「日本人はどれほど他人に迷惑をかけないのか？」などの討論を通じて、日本のソフトパワーのすばらしさを実感できる。さらに、無印良品が代表する「簡素」という美意識は、近年中国で服装や内装のファッショントレンドになっており、中国人、とりわけ若者の美意識にまで影響を与えている。

さらに、「Wechat」や「知乎」を利用して、日本に関する情報を自分の興味がある分野に絞り、専門的かつ良質な情報を手に入れることができる。例えば「Wechat」で「日本留学」に関する公衆アカウントを探したり、「知乎」で日本観光の経験談を教えてもらったりするのは便利であり、これがまた日本観光・買い物そして留学を促している。

とりわけ公衆アカウントを通じて、「微博」や「知乎」をあまり使用しない中高年層でも、日本に関する情報などを手に入れられる。すなわち、「微博」「Wechat」そして「知乎」という三つのセルフメディアのアプリは、情報伝達の対象が若年層から中高年層まで幅広くわたっており、最近の「空前の日本ブーム」を一段と後押ししている。

しかし、何よりも重要な効果は、今回の中国における「日本ブーム」が四年間も続き、現在に至っても下火傾向にないことだと思われる。

前述のように、「微博」と「Wechat」、そして「知乎」などで紹介されている日本に関する情報は、旅行・観光・飲食にせよ、製品にせよ、また他の面にせよ、従来と違って今まであまり注目されていなかった「日本らしさ」のある、些細なことが中心となっている。

従来、日本は観光と言えば富士山、飲食と言えばお寿司、また文化と言えば歌舞伎と、外国人としてはこういうステレオタイプな考えを持っている人が多かった。しかし、本当の日本は決して、「富士山」、「お寿司」、「歌舞伎」だけで語りきれるものではない。「微博」と「Wechat」、「知乎」に現れている「日本の隅々まで浸透して、情報を得ようとする傾向」は、多角的な視点を提供し、多様な日本を知らせてくれている。

そして、話し手だけが発信できるという従来の伝統メディアに対し、「微博」と「Wechat」、「知乎」などのセルフメディアは読み手の側でも発信でき、コメントしたり異論を唱えたりすることができる。とりわけ「知乎」には、日本を称賛するばかりではなく、また批判するばかりでもなく、「長所」と「短所」の両方ともにバランスよく討論されている。すなわち、セルフメディアは真実の日本を語ってくれている。

この「多様な日本」と「真実の日本」を語ることにより、中国人とりわけ若者は、もはや外国人としての「好奇心」の目で「表の日本」を見るのではなく、普通の人間として、より「深層的かつ日常的な日本」を見る、知る、体験する傾向になっている。これこそ、日本の本当の魅力を感じさせ、今回の「日本ブーム」をこれほど長引かせ、さらに延長させていく効果を出しているのである。

このような効果を出しているセルフメディアは近年の「日本ブーム」を巻き起こし拡大させる上で、かけがえのない役割を果たしている。では、何故このような「日本ブーム」は、伝統メディアが主流の時代には起きなかったのか。それは、セルフメディアには伝統メディアでは果たせない役割があるためだと思われる。

四、伝統的メディアと比べたセルフメディアのメリット

伝統的メディアと比べると、新興メディアとして大活躍しているセルフメディアには様々なメリットがある。五つの長所にまとめながら、説明していく。

4-1 客観性と信憑性が高い

伝統メディアは、新聞やテレビニュース・番組にせよ、雑誌にせよ、必然的に特定の立場に位置づけられているのは明らかである。とりわけ国営メディアは国民を導く役割を担っているので、外国に関する情報を100％客観的に紹介することはほぼ不可能であり、中日両国の場合はなおさらである。

しかし、セルフメディアは個人が利用しており、その立場がより自由で、またセルフメディアで紹介されている情報はアカウントの持ち主が自分自身で体験したことが多く、真実性がある。さらに、話し手しか発信できない伝統メディアに対し、セルフメディアでは読み手でも発信でき、コメントしたり問いただしたりすることができるため、信憑性が高いと言えるだろう。

4-2 影響力が強くて大きい

主に中高年層を情報伝達の対象としているテレビニュース、新聞などの伝統メディアに対して、数億人単位の利用者を有している「微博」「知乎」などのセルフメディアは、数多くの若者をも情報伝達の受信者にしている。そして、「微博」や「知乎」をあまり使わない中高年層に対しては、「Wechat」の公衆アカウントが情報伝達を担っている。すなわち、セルフメディアを通じて、情報の受信者は若年層から中高年層にも広がっている。

加えて、「転載」機能により、情報に関する投稿や文章は１万回以上も転載されることもあり（例えば上記の「甲子園」の例）、閲覧数が10万を上回る（「Wechat」の公衆アカウントに発表される文章は閲覧数が表示されている）こともしばしばである。このため、情報を各年齢層に幅広く伝達することが可能になっている。情報がセルフメディアでヒットすれば、すぐに皆の共通の話題になる（例えば上記の「白川郷」の例）。これほど大きな影響力は、伝統メディアでは実現できないであろう。

4-3 即時性が高い

無論、事件などが発生した場合、伝統メディアは速報や生中継を通じて情

報を伝達することはできるが、速報は文字しかなく、生中継は準備などで時間差が生じる。しかし、セルフメディアはライブ機能などを利用することにより、現場にいる人に即時に現場の状況を詳しく紹介できる。

4-4　多種多様な機能がある

第3章で紹介したように、「微博」や「Wechat」、「知乎」などのセルフメディアには、ライブ、「打卡」、転載、質問への招待など多様な機能が備わっており、情報伝達のみならず、読み手の「自分で体験したい」という意欲をも刺激している。また、公衆アカウントの検索機能により、受動的に受信するのではなく、特定分野の情報を能動的に手に入れることもできるようになっている。伝統メディアは、これほど多様な機能を持っていない。

4-5　内容・表現は自由度が高い

前述のように、セルフメディアで紹介されている日本に関する情報は多分野に渡り、日常の出来事にまで触れている。また表現や言葉遣いも伝統メディアと比べ自由度が高く、おどけた口調や流行語の活用で読み手に親しまれやすいため、情報伝達の助けになっている。この点について、先に紹介した「又双叒叕」は好例の一つである。

以上を踏まえて、筆者は伝統メディアと比べたセルフメディアのメリットを以下の表にまとめた（「＋」は「程度が相対的に高い」、「－」は「程度が相対的に低い」、「×」は「機能そのものがない」という意）。

図表4　セルフメディアのメリット

メリット	セルフメディア	伝統的メディア
客観性と信憑性	＋	－
影響力	＋	－
即時性	＋	－
多様な機能	＋	×
内容・表現の自由度	＋	－

五、われわれ中国人への示唆

このように、「微博」、Wechat」、「知乎」などのセルフメディアは、伝統的メディアでは果たせないメリットを持ち、「多様な日本」と「真実の日本」を語ってくれ、中国での空前の「日本ブーム」を巻き起こし、拡大させ、中日関係の改善に寄与していることが分かる。

日本に関する情報がセルフメディアで爆発的に増加していく中、情報の受信者として、われわれ中国人は自分の判断力を保つことが必要である。さもないと、ネット情報に流されてしまい、伝統的メディア時代の「反日一辺倒」という極端から「親日一辺倒」という極端に走る危険もあり、セルフメディアの優位性そのものが失われる。また、これは中日関係の発展にも有害無益であろう。

一方、われわれ中国人は情報の受信者でありながら、情報の発信者でもあるため、自分の体験を踏まえ、客観的に発信することも極めて重要である。さらに、国としては、わざわざ人の注目を集めるようなタイトルと内容を捏造して、フォロワーや閲覧数を増やそうとする行為を取り締まることも不可欠である。

無論、関係改善は片側が動くだけでは足りない。「日本ブーム」でこれほど大きな成果を収めたセルフメディアは、中日関係改善の新たな方法となっている。日本にもTwitterやFacebook、Instagram、そして2チャンネルなど、セルフメディアが数多く存在している。それをより活用して、公式の面でも、個人の面でも、中日関係の良い局面を作り出すのに役立ててはどうだろうか。

参考文献

日本政府観光局『統計データ（訪日外国人・出国日本人）』
日本学生支援機構『外国人留学生在籍状況調査』
国土交通省観光庁『外国人消費動向調査』
ふるまい　よしこ『中国メディア戦争』NHK出版新書、2016年

用例リンク

又双叒叕 https://baike.baidu.com/item/%E5%8F%88%E5%8F%8C%E5%8F%92%E5%8F%95%E4%BD%93/1535369?fr=aladdin
白川郷 https://s.weibo.com/weibo?q=%E7%99%BD%E5%B7%9D%E4%B9%A1&Refer=article_weibo
スマホケース専門店のCOLLABORN TOKYO https://weibo.com/chenTK?from=feed&loc=avatar&is_hot=1
甲子園 https://weibo.com/u/6289480296?profile_ftype=1&is_all=1&is_search=1&key_word=甲子园#_0
『The Secret World Of Geishas』 https://weibo.com/jlpzj?profile_ftype=1&is_all=1&is_search=1&key_word=The Secret World Of Geishas#_0
日本人の愛用する色 https://weibo.com/571331191?from=feed&loc=avatar&is_all=1&is_search=1&key_word=打卡色#_0
「日本はどれほど発展しているのか」 https://www.zhihu.com/question/37120133/answer/71351219
「日本はどこが悪いのか」 https://www.zhihu.com/question/29827098/answer/441718693

1　日本政府観光局（JNTO）『統計データ（訪日外客数）2012年～2017年分』 https://www.jnto.go.jp/jpn/statistics/visitor_trends/

2　日本学生支援機構（JASSO）『外国人留学生在籍状況調査　平成22年～平成29年分』 https://www.jasso.go.jp/about/statistics/intl_student_e/index.html
3　国土交通省観光庁 『外国人消費動向調査　2015年1月～12月分』 http://www.mlit.go.jp/kankocho/siryou/toukei/syouhityousa.html
4　『中国メディア戦争』NHK出版新書、2016年、p.12
5　新浪微博数据中心：『2017微博数据发展报告』 http://data.weibo.com/report/reportDetai
6　メッセンジャーアプリとは、リアルタイムでのメッセージのやり取りや、無料IP電話などの機能を提供するアプリケーションの総称。主にスマートフォン向けのサービスのこと。
7　搜狐：『2017年微信数据报告』 https://www.sohu.com/a/206004517_160850
8　第五届知乎盐club新知青年大会
9　大数据报告：『知乎百万用户分析』 http://www.woshipm.com/data-analysis/731593.html
10　当時、中国天津市で爆発事故が発生し、多くの死傷者と被害が出ていた。

王一亭の日本交友からみた日中関係と今後への模索

～水野梅曉・長尾雨山・山本竟山を中心に～

関西大学東アジア文化研究科
博士課程前期2年
邱吉

はじめに

中国の秦漢の時代に、日中両国の先人の往来は始まった。特に隋唐時代では、両国間の経済文化の発展が盛んであった。清の鎖国令と徳川幕府の鎖国令が敷かれても、長崎の窓口を通じて、日中両国の交流は維持された。明治維新が成立し、『日清修好条規』が締結されたため、日本人は頻繁に上海を訪れるようになった。開港後の上海はアジアの経済の中心と対日貿易の窓口として、日中文化交流をリードしていった。また日本の「明治革命」をモデルとした「清末新政」[1]の展開と、それに伴う日中文化交流の蜜月期の到来という当時の時代背景のため、20世紀初頭の揚子江流域は日中交流ブームを迎えた[2]。

当時、上海を拠点とし、日清汽船の買弁（取引媒介者)、慈善事業者、能書家として活躍した王一亭は、長い日本との関わりの中で、画家や文人に及ぶ幅広い人脈を持ち、日中関係改善の契機を捉えた「民間大使」の役割を果した。図1に映る政治家、実業家、仏教徒、芸術家などから王一亭の人脈の一端をたどることができる。

本稿は、王一亭と水野梅曉、長尾雨山、山本竟山の三氏との交友を中心に、書画、写真などの資料に依拠し、文人交友ネットワークの視点から日中文人交友における日中関係を検証する。そして、これらの文人交遊が、日中文化交流にどのような示唆を与えたかを考察する。

一、王一亭の略歴

王一亭（1867～1938）は、名を震、字を一亭と言い、浙江省呉興の出身であった。梅花館主、海雲楼主と号し、通称を白龍山人と呼ばれていた。実業家で、日清汽船の買弁（取引媒介者）を行うなど、渋澤栄一（1840～1931）のような経済界の大物であった。

書画への造詣も深く、呉昌碩（1844～1927）と師友となって親交を深め、画家としても優れた業績を残した。人物、花鳥、山水を得意としたが、晩年作でよく見られる観音や道釈画[3]から、いかに仏教を篤く信仰していたかが窺える。上海孤児院を創立し、上海慈善団体連合救済会、豫園書画善会や海上題襟館金石書画会の要職を兼ね、1922年、中国仏教会の会長を務めた。さらに一亭は来日の回数も多く、長尾雨山をはじめ、山本竟山、水野梅暁、北川蝠亭、横山大観、重光葵などの日本文人と親交を結んだ。関東大震災の折には、一亭は上海での救援活動の中心人物になった。

図1　王一亭、水野梅暁、頭山満、床次竹二郎ほか集合写真

注：前列左より床次竹二郎、頭山満、王一亭。頭山の後ろが水野梅暁、その右が白岩龍平。
出所：広中一成編著『鳥居観音所蔵 水野梅暁写真集』所収、社会評論社、2016年3月25日。

1931年、日本の逓信官僚・吉野圭三（1884～1943）は、「王一亭は画家及び書家として中国当代一流であるが、同時に富豪で、人格者で、日中親善のため大いに尽力している国士である。日本人との交際が非常に広く、近代日中交流には、なくてならない一人だ」と評している[4]。一亭の交友図（図2）から、近代日中関係を代表する人物の一端が示されている。

図2　王一亭の交友図

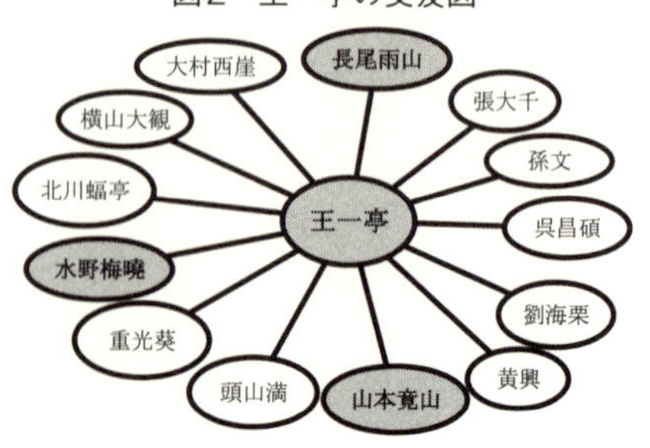

二、水野梅暁との交友

水野梅暁（1877～1949）は、広島県深安郡福山町に生まれ、幼名は善吉

であった。13歳で出家し、哲学館（現東洋大学）や京都の臨済宗高桐院で学んだ。明治34年（1901）、上海に渡り、中国での活動を開始し、仏教者だけに止まらない広範な人脈を築きあげた。そのなかには、湖南の著名な文人の王闓運や葉徳輝、湖南省出身で孫文と共に、中国革命の中心的人物となった黄興などがいた。太虚や王一亭といった有力な仏教者とも親交があった。

仏教者であり、またジャーナリストでもある水野の活動の根幹には、仏教を通じた日中提携という目標があった[5]。中華民国成立後、東方通信社調査部長に就任し、『支那時事』を主宰した。1921年には、雑誌『支那時報』（支那時報社）を創刊した。著書に『孫文の提唱せる三民主義の梗概』（1927年、東亜研究会）、『満州文化を語る』（1935年、支那時報社）、『日本仏教徒訪華要録』（1928年、日本仏教連合会）などがある。水野は中国での布教や日中仏教徒の交流に尽力した。1923年、関東大震災の折に、王一亭と共に中国留学生送還や「慰霊鐘」の寄贈に尽力した。

一亭と水野との交友が、いつ頃からあったのかは、これまでの研究では明らかになっていないが、鳥居文庫に所蔵される水野梅暁の写真史料から推測すれば、両氏は1923年9月1日に起こった関東大震災における一連の活動を通じ、旧知の間柄となったと考えられる。

関東大震災が発生した際、一亭は、当時の上海の代表的な新聞紙である『申報』に『救済日本大災召集会議通告』を掲載した。9月6日、上海商務総会が会議を開き、「中国協済日災義賑会」（図3）を組織した[6]。一亭は、同情の意を表すと共に、日本への支援を強く呼びかけていた。

図3　中国協済日災義賑会（癸亥秋九月）

注：前列左より４人目が水野、2列目中央が王一亭。

出所：広中一成編著『鳥居観音所蔵 水野梅暁写真集』所収、社会評論社、2016年3月25日。

一亭は副会長として活動の先頭に立ち、義援金を集め、9月12日には米・麦などの救援物資を乗せた招商局の汽船「新銘号」が神戸港に到着した[7]。一亭などは「仏教普済日災会」を組織する。中国仏教会は峨眉山、九華山、五台山、普陀山で「水陸普利道場」と称する法要を営んだ。このほか、杭州西湖の招賢寺及び上海の玉仏寺では、昼夜不絶の熱心な念仏法要が営まれた。このような自然災害に対する国際的援助は、歴史的和解への第一歩になると考えられる。

一方、震災当時、中国にあっては日本人に対する様々な流言蜚語が飛び交った。新聞記事によれば、水野は悪化する対日感情を鎮静化させるため、自ら進んで船に同乗し、400名余りの中国人留学生を前後３回にわたって上海まで送りとどけた[8]。また水野は、東亜仏教大会の連絡委員として、日中仏教交流を図るため、王一亭らの呼びかけに積極的に応じた。

1925年11月、中国仏教代表団は日本を訪問し、日中仏教界の交流、仏教の学術的研究などを目的に、東京・芝の増上寺で東亜仏教大会を開いた。大会の委員長、渡邊海旭（1872～1933）は、「王一亭は我が国における社会事業に尽瘁し、渋澤栄一子爵にも比すべき人である。更に仏教に熱心で仏教の教養にも精進している人格者であるため、座長に推薦する」と述べた。一亭は座長として「中華仏教会社会事業概観」という報告を行なった[9]。また、東亜仏教大会に参加した日中代表団一行は、日中友好の象徴でもあった関東大震災追悼の「幽冥鐘」（図4）を参拝し、死者の霊を弔った。

図4　幽冥鐘前の水野と王一亭

出所：広中一成編著『鳥居観音所蔵 水野梅暁写真集』所収、社会評論社、2016年3月25日。

図5　東京・横網町公園に安置された「幽冥鐘」

出所：筆者撮影

この「幽冥鐘」は、中国仏教徒を代表して中華民国普済日災義援会によって寄贈され、高さ1.69メートル、口径1.21メートル、重さ1.56トンである。鐘には「中華民国癸亥冬月、呉興王震敬書」という王一亭の書が刻まれており、梵鐘の落成式で水野は鐘の由来などについて解説を行った。水野と一亭は、梵鐘寄贈に際し、日中の間で種々の折衝に携わり、梵鐘寄贈の中心人物であった。

さらに、翌1926年には、水野は通訳かつ対外交渉主任として日本仏教団を率いて訪中し、一亭は上海駅まで出迎え、日本仏教団歓迎プログラムを用意した。また、一亭は「梓園」で歓迎会（図6、図7）を開催し、歓迎挨拶をした。[10]

図6 王一亭邸における記念写真

図7 王一亭主催の歓迎会

出所：水野梅曉『日本仏教徒訪華要録』所収、日本仏教連合会、1928年。

以上から、この関東大震災と王一亭らの救済活動は日中関係にとって大きな意味を持ったことがわかる。「幽冥鐘」の寄贈や日華仏教徒の相互訪問がさらに日中関係の改善を後押しし、更に、水野と一亭による「民間大使」としての役割が日中の関係改善の絶好の機会となった。

三、長尾雨山との交遊

長尾雨山（1864～1942）は、明治期の漢学者・書家・画家・篆刻家である。名を甲、字を子生といい、雨山、石隠、无悶道人、睡道人などと号した。通称は槇太郎。明治36年（1903年）12月、上海に渡り、商務印書館に12年間勤務していた。商務印書館では、主に教科書編纂にあたり、日本のノウハウを中国に伝え、『最新国文教科書』（1904年、商務印書館）などを校訂した。大正3年（1914年）12月、上海在住12年で帰国し、京都に寄寓、平安書道会副会長などを務め、日本では在野の学究として尊敬を集めていた。[11]また、詩書画印四絶を持って「中国最後の文人」と称せられる呉昌碩の紹介で、西泠印社同人にもなった。上海在住の間に、王一亭、呉昌碩らと親交を深め、文人墨客としばしば詩者を結んで唱和していた。

王一亭と長尾雨山の交遊の原点は、おそらく1909年9月23日、上海静安寺路の張園で開催された「中国金石書画第二次賽会」[12]だと推測される。1909年9月20日の『申報』は次のように報道している。

此次賽會在張園內。十九日、會員在事務所議事、准於廿三日開會。聞盛杏、蓀宮保、龐萊臣、京卿、蔡伯浩、王子展、程聽彝、嚴子均、諸觀察、俱選最精良之眞品送會陳列。云章程如左……會員鄭蘇堪、王一亭、長尾雨山、佐佐木蘇江、鈴木季竹、李平書、王子展、何詩孫、程聽彝、汪淵若、李靜之、哈少甫、嚴子均、陸廉夫、高邕之、張紱卿、朱硯濤、程松卿、沈溟泉[13]。

（筆者訳：今回の賽会は張園にて開催される予定である。19日に、金石書画会のメンバーは事務所で会議を開き、23日に、賽会を開催することを決定した。聞盛杏、蓀宮保、龐萊臣、京卿、蔡伯浩、王子展、程聽彝、嚴子均などは優れた本物を出展する。……会員は鄭蘇堪、王一亭、長尾雨山、佐佐木蘇江、鈴木季竹、李平書、王子展、何詩孫、程聽彝、汪淵若、李静之、哈少甫、嚴子均、陸廉夫、高邕之、張紱卿、朱硯濤、程松卿、沈溟泉である）

『申報』にいう「賽会」とは、1919年9月23日に張園にて開催された「中国金石書画第二次賽会」のことである。当時、一亭と雨山は、中心的な協力関係にあり、「賽会」初期のネットワークの中心メンバーとして企画を創案し、旺盛な展覧活動を展開した。「賽会」を機会に、一亭と雨山との交遊が始まったと考えられる。

さて、筆者は京都国立博物館で調査した時、知人の学芸員から教示をもらい、雨山の揮毫した「中華王一亭畫東坡抱硯図」（図8）という条幅を発見した。また、大阪市立美術館にて、王一亭の「東坡抱硯図」（図9）を見る機会を得た。では、この二点の作品にはどのような関連性があるのだ

図8　長尾雨山題字款識

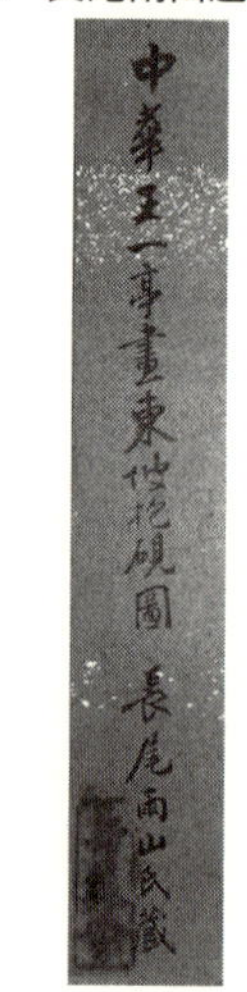

出所：京都国立博物館。

図8釈文：中華王一亭畫東坡抱硯図、長尾雨山氏蔵、壽蘇会。

図9　王一亭の東坡抱硯図

出所：大阪市立美術館。

図9釈文：澄泥研発麝煤光、春帖子詞書数行。端友千秋才卓卓、当人一碣樹堂堂。綠筠灑脱題新句、蓮炬帰來惹御香。海上即今恆雨雪、想携笠屐到扶桑。己未12月19日、白龍山人王震。朱文方印：王震 一亭

ろうか。「東坡抱硯図」は一体どのようなものであろうか。さらに研究した結果、雨山は帰国した後、敬慕する宋の蘇東坡を記念する壽蘇会を開催し、王一亭から画を寄せられたことが分かった。

雨山は帰国した後、敬慕する宋の蘇東坡を記念する壽蘇会を開催している。大正時代から昭和時代にかけて、6度の壽蘇会[14]が行われた。「東坡抱硯図」の題字から見れば、「己未十二月十九日」は雨山が開催した「大正乙未壽蘇会」の日付である。「大正乙未壽蘇会」は4度目であり、主催者は長尾雨山である。大正9年（1920年）2月8日（己未12月19日）、蘇東坡の誕辰、第4回目の壽蘇會が、前3回同様、圓山公園の春雲楼（左阿弥）で開かれた。

参加者は、京都から柴田節堂、江上瓊山、山本竟山、高野竹隠、上田甕、朽木研堂、内藤湖南、鈴木豹軒、奥村竹亭、大阪から磯野秋渚、松本香洲、永田聽泉の諸氏である。協賛者は、遠く上海の呉昌碩、呉臧堪（昌碩の次男）から詩を、王一亭からは画を、錢塘の八千卷樓主人之から「蘇文忠公笠緊硯拓本」を、それぞれ雨山に寄贈させた。大正乙未壽蘇会の始末は、長尾雨山が『乙未壽蘇録』という冊子にまとめて印刷したが、題字は雨山、題画は王一亭から寄せられた東坡抱硯図、そのほか雨山の序、呉昌碩の詩文などを収録している[15]。「大正乙未壽蘇会」を機に、一亭は雨山のパトロンとなった。

また、雨山は図録『一亭近画』（1922年、株式会社高島屋呉服美術部）のために、次の序文（図10）を書いた。

図10　長尾雨山の序文

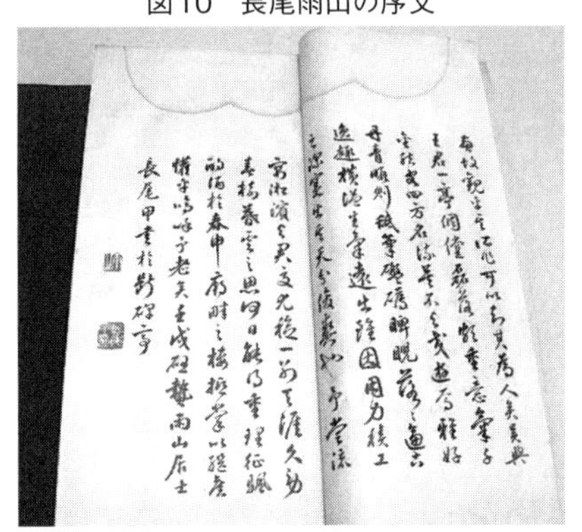

出所：高島屋資料館蔵

図10 釈文：（前略）画故觀乎其所作、可以知其為人矣。吳興王君一亭倜儻磊落、頗重意気。乾金弦挽、四方名流矣、不與交遊焉。雅好丹青、暇則砥筆、磅礴睥睨、落落逼古、逸趣横溢、生気遠出、雖因用力、積工之深、実出要天分、俊爽也。予当流京淞濱與君交尤稔、一別天涯久、動春楼暮雲之思。何日能得重理徵騷、酌酒於春申廊畔之楼、控掌以継旧歓乎、嗚呼、予老矣。壬戌啓蟄、雨山居士。長尾甲書於断碑亭。

（筆者訳：絵画を通し、人柄を知る。呉興の王一亭は言葉、挙止が才気にあふれ洒脱である。書丹を好み、暇がある時、書法をやる。字は迫力に満ち、生き生きと書いている。力強く書いているが、基礎を深く学んでいるため、実に突出した才能を示した。上海で王一亭と交遊し、別れは天涯孤独し、懐かしく想っている。いつか黄浦江の川沿いで酒を酌み交わせるだろうか。1922年3月、雨山居士、長尾雨山、断碑亭で序文を書く）

雨山主催の壽蘇会に、一亭はパトロンであり、また一亭のために書いた序文からみれば、雨山は漢文で序を書き、卓越した学識を備えた上で、一亭とはかけがえのない友人であることを示している。近代日中芸術交流において、雨山は重要な役割を果たしたといえるだろう。

四、山本竟山との交誼

山本竟山（1863～1934）、名を由定・繇定、号を竟山、聾鳳といい、近代日本の書家である。文久3年（1863年）岐阜県に生まれ、幼い頃、書を嗜み、神谷簡齋の元で書法を学んだ。また、陳曼壽に篆書と鉄筆を学び、後日下部鳴鶴に師事した。明治35年（1902年）に中国へ渡航し、書法・金石大家として知られる楊守敬に書法を尋ね、碑帖・書法・金石篆刻などを蒐集した。1902年から1930年にかけて、竟山は計7回も中国に遊学し、王一亭、呉昌碩、羅振玉などの文人墨客とネットワークを組んで、近代の日中書画交流を促進した。また、泰東書道院・日本美術協会・東方書道会・関西書道会などの顧問を務め、著書に『竟山学古』（1931年、雄山閣）、『臨蘭亭二種』（1934年、井上清月堂）などが挙げられる。

王一亭と山本竟山との交誼の原点は、おそらく1921年4月26日、哈少夫が開いた竟山の招待宴会がきっかけだと考えられる。竟山の「第六回目遊支日記」[16]によれば、次のような記述がある。

「四月廿六日、午后二時、哈氏ノ使馬車ヲ以迎ニ来ル。三時半、淞園ニ到ル。偶々 王一亭、趙士鴻、王念慈等ニ逢フ。（この下に缺字あり）ニ於テ趙、王、金、予ト四人ヲ哈氏ノ招宴ニ応フ。夜、史匋廬来訪、十一時帰ル。

〔名刺〕王震一亭、浙江呉興

王屺念慈、呉県、住珊家園一百三十三号

史清原　頼東字匋廬、江蘇溧陽

四月廿九日、午后二時、六三園ニ小酌。園主所蔵幅。沈石田四幅対。仝雪中山水巻。缶廬写生冊、李流芳蘭竹巻、董香光字巻。仝 山水卜詩合巻。呉小仙山水巻、董思白草書幅、傅山指画菊。（この下、李鍾珏の名刺を添附したるため数字不明）府董艸書趙光。（同じく数字不明）来会者、王一亭父子、哈少夫。

〔名刺〕李鍾珏 平書、上海」

上述の日記によれば、1921年4月26日、午後2時に哈少夫は馬車で竟山を出迎え、3時半に淞園に着いた。偶然に、王一亭、趙士鴻、王念慈などに逢った。哈少夫は王一亭、趙士鴻などを誘い、竟山の招待宴会を開いた。一亭は竟山に名刺（図11）を渡しており、これが一亭と竟山との交友の始まりだろうと考えられる。また、1921年4月29日、午後2時に六三園にて酒を酌み交わし、書画芸術をめぐって切磋琢磨した。来会者は、王一亭父子、哈少夫、李鍾玨などである。また、京都国立博物館に竟山ゆかりの品である「王一亭画玉繍図條幅」（図12）が所蔵されている。この「玉繍図」（図13）は、海上派の気風を伝える良質なものであり、一亭が紫陽花を描いた「玉繍図」には、竟山は「王一亭画玉繍図條幅、竟山鑗定題簽」と署した。

この「玉繍図」に一亭は酣暢の水墨で紫陽花を揮毫した。花と緑の葉はお互いに点在しており、パッチワークとコントラストを成している。水墨の洗練された力を十分に生かして、シンプルだが極めて美しい紫陽花の様々な特徴を発揮した。特に上の小枝には、緑色の葉が三つあり、咲き誇っている。この作品の描いた時間は辛酉小春[17]（1921年11月ころ）、題簽は竟山である。

図11　竟山に渡した名刺

出所：関西大学博物館『山本竟山の書と学問』所収、遊文舎、2018年。

図12 王一亭画玉繍図條幅

出所：京都国立博物館。

図12釈文：王一亭画玉繍図條幅、竟山鑗定題簽。

図13　玉繍図

出所：京都国立博物館。

図13 釈文：虢姨騎馬去朝天、淡掃娥眉真可憐。不識馬頭球両串、也如枝上粉団団。於辛酉小春録畫藤老人句。白龍山人、王震、書。朱文方印：王震一亭

図14　山本竟山肖像

出所：関西大学博物館『山本竟山の書と学問』所収、遊文舎、2018年。

図14 釈文：為君一作行看子。道気温如接太邱。書法即令通六芸。縦横鬱勃探源流。竟山先生有道。辛酉暮春王震。今朝何幸識豊姿。我亦新聾罔耳時。南北風教都不管。三聾相遇最相宜。 洗鉢題。十年不見好豊姿。聾耳誰云不入時。聴水聴風聴到老。不聞世事最便宜。山本先生患重聴。予亦云然。天涯知己有如是耶。一亭画成。老缶塗之。時 辛酉三月 同飲六三園中。

創作の期間によると、この「紫陽花」は、「山本竟山肖像」（図14）より約半年後に完成したものである。竟山の日記によれば、第6回目の中国渡航期間は1921年4月10日から同年7月15日に至るまでである。ここから推測すれば、この「紫陽花」はおそらく竟山帰国後、一亭から竟山に郵送したもの、或いは友人を頼んで竟山に転送したものであろう。

さらに1921年、竟山が王一亭、呉昌碩と上海の六三園で再会し、記念として三人は「山本竟山肖像」を制作しており、竟山という人物の風格がしっかり刻み込まれている。断固とした力強くて簡潔な筆さばきは、極めて質の高い肖像画となっている。

この肖像画は主に王一亭が描いているが、大胆で力強い墨線を効果的に用いた竟山の座した姿は、画面上部の強靭な筆墨の書（呉昌碩と王震）を伴って、文人画としての肖像画の佳品となっている。巻物を左手に持ち、口をしっかりと結んで前方を凝視する竟山の顔貌は、大人の風格を印象づけている。画面上半部に見られる王震の賛には、竟山が道家の学者のように温かい人柄であると墨書され、その幅の広い教養と真理の探究において抜きん出ていると書かれている。竟山は大柄な人で、恰幅のよい堂々とした姿であったという。この肖像画では、ただ単に上部を写すだけではなく、「人格を表す」という東アジアの肖像画の伝統が見事に絵画化されているといってよい[18]。

竟山の孫弟子にあたる大橋成行氏の紹介文によれば、3人とも耳が遠く不自由になってきているが、仕事の雑音を聞かなくて済む由を喜び、しかしそれでも水を聴き、風を聴き、老の到るのを聴ける。天涯の知己とはかくのごとくあるものだと認め合っている。遠く国を離れても親しさを認め合っているのである[19]。この作品は、3人のかけがえのない親友関係が窺える作品であろう。

五、芸術を通じた日中友好への模索

王一亭とその交友ネットワークから見れば、文人交遊は20世紀初頭の日中美術交流の主な形である。長尾雨山、王一亭らの日中文人の残した書画作品は、20世紀初頭における日中美術交流の繁栄の証であり、日中友好のまぎれもない基礎であり、両国文化のソフトパワーでもある。つまり、これらの作品は貴重な美術文化遺産だけではなく、日中両国共同の文化遺伝子にもなっている。実際、これらの書画を手に取ってみると、気韻の清雅さに心を動かされる。日中の国境を跨がる文人墨客のおもむきが伝わってくるのである。以上を踏まえ、芸術を通じた日中友好への模索にあたって、「人の交流」、「物の交流」、そして「精神的交流」の3点が必要になると思われる。

まず「日中国交正常化45周年」をきっかけに、先人の残した友誼の伝統を、若い世代が継いでいく。例えば、日本国際交流基金は日中両国の友好協力関係の更なる深化と発展を目指し、両国国民友好交流の活動拠点として、中国の杭州、昆明、成都、ハルビンなどの都市で「ふれあいの場」を開設した。筆者は2016年に「ふれあいの場学生代表訪日研修」に参加し、そこで出会った日本人との交流を現在も続けている。その経験から、日中友好関係における「人の交流」の力を自ら体感した。日中両国政府の共同声明に「相互に善隣友好関係を発展させることは、両国国民の利益に合致することであり、アジアにおける緊張関係と世界の平和貢献するものである。そして両国間の関係を一層発展させ、人的往来を拡大することが重要である」と示されているように、「人の交流」を通じて、お互いに信頼関係を築き、結びつきを強める必要があるだろう。

次に、定期的美術イベントや美術展覧会を開催することで、「物の交流」の発展を促す。例えば、2018年1～3月、台東区立書道博物館、東京国立博物館、台東区立朝倉彫塑館の連携企画「呉昌碩とその時代—苦鉄没後90年—」では、呉昌碩にスポットをあて、若き模索時代から最晩年までの作品、計170点以上の書・画・印・硯・拓本を公開し、日中の近代書画美術研究などにも新たなアプローチをもたらす展覧会として国内外の研究者に注目された。これはまさに両国の書画芸術をめぐる交流の絶好なチャンスであるといっても過言ではない。つまり、これらのイベントは、「物の交流」の結びつきを強めるのではないだろうかと考えられる。

最後に、「物」を通して「人の交流」を実現し、そして共感が生まれる。つまり、「精神的交流」が生まれる。芸術作品の伝えた「真・善・美」を生かし、若い世代の心を動かす「芸術の力」で、日中友好と相互理解の両方を進めることができると確信している。

参考文献

荘兪・長尾雨山編『最新国文教科書』商務印書館、1904年
『申報』第13200号、上海申報館、1909年11月2日（火曜日）
水野梅暁『支那時報』支那時報社、1921年
『一亭近画』株式会社高島屋呉服美術部、1922年
『申報』第18150号、上海申報館、1923年9月6日第1版
『申報』第18156号、上海申報館、1923年9月12日第1版
峯玄光編『東亜佛教大会紀要』佛教連合会、1926年
水野梅暁『孫文の提唱せる三民主義の梗概』東亜研究会、1927年

水野梅暁「日本仏教徒訪華要録」日本仏教連合会、1928年
山本竟山『竟山学古』雄山閣、1931年
吉野圭三『滞支漫録』、1931年11月25日
東京震災記念事業協会事業報告『被服廠跡』、1932年
山本竟山『臨蘭亭二種』井上清月堂、1934年
水野梅暁『満州文化を語る』支那時報社、1935年
長尾正和「京都の壽蘇会」『書論』第5号、1974年
陶徳民『大正癸丑蘭亭会への懐古と継承』関西大学出版部、2013年
松村茂樹「長尾雨山が上海で参加した詩会について」『日本中国学会報』、2014年10月11日
杉村邦彦「山本竟山遊支日記」『書道文化』第11号、2015年3月16日
広中一成編著『鳥居観音所蔵 水野梅暁写真集』社会評論社、2016年
中谷伸生「山本竟山を取り巻く絵画的イメージ」、『山本竟山の書と学問』関西大学東西学術研究所、2018年4月1日
陶徳民「山本竟山の中国デビューと清末の金石学」、『山本竟山の書と学問』関西大学東西学術研究所、2018年4月1日

1　1898年の「戊戌維新」（百日維新ともいう）から、1911年の辛亥革命までの十数年間に行われた改革事業の全般を指す術語である。
2　陶徳民「山本竟山の中国デビューと清末の金石学」『山本竟山の書と学問』関西大学東西学術研究所、2018年4月1日、p.10
3　道教と仏教に関する人物画の総称。
4　吉野圭三『滞支漫録』、1931年11月25日、p.92
5　広中一成編著『鳥居観音所蔵 水野梅暁写真集』社会評論社、2016年、p.12
6　『申報』第18150号、上海申報館、1923年9月6日第1版
7　『申報』第18156号、上海申報館、1923年9月12日第1版
8　東京震災記念事業協会事業報告『被服廠跡』、1932年
9　峯玄光編『東亜佛教大会紀要』佛教連合会、1926年、p.475
10　水野梅暁『日本仏教徒訪華要録』日本仏教連合会、1928年、p.97。挨拶の原文は次のようである。予は日本佛教團諸師の来光を欣幸とするものである。惟ふに諸師は、多日の旅行にて嘸かし疲労せられたるなるべければ、今日は自宅に落付かれたる心持にて、充分に打寛がれたし、故に此外には何等の挨拶もせす、只諸師と素餐を共にするを得たるを感謝するのである。
11　松村茂樹「長尾雨山が上海で参加した詩会について」『日本中国学会報』、2014年10月11日
12　1909年2月、初回「中国金石書畫賽会」は上海愚園で開催され、初期の発起人は長尾雨山、佐々木蘇江、鈴木孤竹などの日本人が、鄭孝胥、李平書、張康甫、何詩孫など共に企画。王一亭は初回「中国金石書畫賽会」に参加しなかった。
13　『申報』第13200号、上海申報館、1909年9月20日（曜日）、p.19
14　6度の壽蘇会は次のようにまとめておく。大正乙卯壽蘇会（1916）、大正丙辰壽蘇会（1917）、大正丁巳壽蘇会（1918）、大正乙未壽蘇会（1920）、大正庚申壽蘇会（1921）、昭和丙子壽蘇会（1937）。
15　長尾正和「京都の壽蘇会」『書論』第5号、1974年、p.49
16　杉村邦彦「山本竟山遊支日記」『書道文化』第十一号、2015年3月16日、p.110
17　小春は、漢籍で旧暦10月の異称である。このころの気候と陽気が春に似ているため、小春と呼ばれるようになった。新暦では、凡そ11月ごろ。
18　中谷伸生「山本竟山を取り巻く絵画的イメージ」『山本竟山の書と学問』関西大学東西学術研究所、2018年4月1日、p.14
19　陶徳民『大正癸丑蘭亭会への懐古と継承』関西大学出版部、2013年、p.114

日本の文化財保護に関する一考察及び中国への啓発

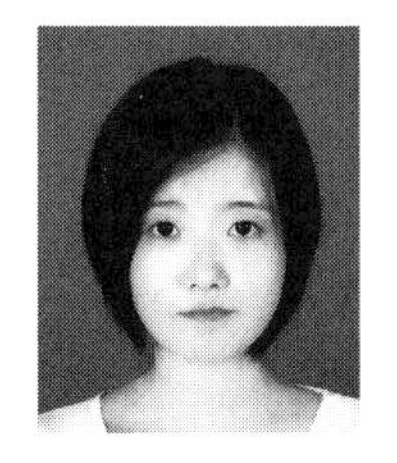

遼寧師範大学外国語学部日本語科
博士課程前期1年
張姝蕊

はじめに

先日、インターネットで「日本が中国から盗んだ洛陽城が、いまだに美しく保存されている」と題する記事を読んだ。この記事によると、1500年の歴史を持つ古都・洛陽は、中国では戦火や工業化などのため、今や面影がほとんど残っていないが、日本の京都には完全な形で保存されているという。平安時代に洛陽を模して造られた平安京は、現在では京都と名前を変えたものの、いたるところに「洛陽」を見ることができると書いている。そして最後に、「1000年の時を経ても京都はきれいに保存されていて、古代中華文明をたどることができるということを、我々は喜ぶべきなのか、それとも悲しむべきなのか」と結んでいる。

これに対し、中国のネットユーザーから、「人類の文明に貢献している日本に感謝すべきだろう。そうでなければ我々の祖先のものはすべて失われているところだった」「中国のものはみんな無くなってしまったよ。どの駅で降りてもみんな同じ光景だ」「日本人は中華文明こそ貴重な宝であり、精神的な財産であることを知っている。でも俺たちはそれをすべて壊してしまった」「自分たちが重視しなかったことを人のせいにしているのか？」など、さまざまなコメントが寄せられた。

これらのコメントは私に深い考察を促した。中国と日本は昔から一衣帯水の隣国である。中国文化は日本文化に大きな影響を与えた。昔の日本もそれによって変化し、進歩したのである。しかし、今は中国より日本のほうが、更に文化財の保護を重視しているように思われる。本文は、日本の文化財保護体系から着手し、日本の文化財保護の理念や措置などを分析した。また、いくつかの代表的なケースを通じて、文化財保護における日本の長所を考察し、中国への啓発を検討してみた。

一、日本における文化財保護の概況

日本語で「文化財」という言葉は、人類の文化的活動によって生み出された有形・無形の文化的所産のこと。「文化遺産」とほぼ同義である[1]。文化財は日本人が作り出した言葉である。あまり一般的に用いられなかったが、1950年（昭和25）に『文化財保護法』が制定公布されてから次第に用いられるようになった。その後の社会情勢などに適合させるため、1975年、この法律に大改正がなされ、文化財という語の意味する内容を分類し定義づけた。

日本における文化財保護には、主に三つの特徴がある。

まずは立法の面。日本の文化財保護の立法は19世紀の明治初期に始まる。『古器旧物保存方』が公布されてから130年間、日本の文化財保護は様々な紆余曲折を経ながら発展してきた。特に『文化財保護法（1950）』が制定されて以来、文化財保護の立法は体系的に整備された。1975年に大改正された『文化財保護法』は、文化財を「歴史，文化の正しい理解のために欠くことのできない」貴重な国民的財産と定義し、6種類（有形文化財、無形文化財、民俗文化財、名勝、天然記念物、伝統的建造物群）に分類している。

この法律は、その後、1996年と2004年に再改正され、「文化財登録制度」を取り入れ、資金制度や保護プロセスについて詳しく規定した。保護対象に資金を保障することは、日本の法律の重要な内容である。このように、日本では、文化財保護に関する法律や法規が整備され、それぞれの歴史文化遺産について保護体系が定められ、法律の枠組みが完備されている。その上、法律文書の内容の専門性も高い。

次は行政管理の面。日本政府による文化遺産の保護制度は、主に文部科学省および文化庁が所管している。制度の原型は明治時代に創設され、時代の情勢を反映した改正を経て今日に至っている[2]。それぞれの文化遺産ごとに主管部門が明確に定められ、各部門は自分の職責の範囲内で仕事を監督したり、協力したりする。このようにすることで、異なる部門が互いに管理を押し付け合い、責任が不明確になるリスクを避けることができる。

最後は財政制度の面。国と地方政府は保護資金の最も主要な財源であり、金額も大きく、年々増える傾向にある。国家投資や地方投資に加え、社会団体、慈善団体、個人の投資もある。財源と立法制度が結びついているため、政策を制定する際、様々な方式で資金を確保できる。

二、日本の特色ある文化財保護措置

日本には有名な文化財が多く、日本ならではの保護措置もたくさんあるが、紙幅の関係で、本文は三つの代表的なケースを通じて、文化財保護における日本の特徴を検討してみる。

2-1 地域の特性に合わせて保護する――奈良市

日本の文化財保護は、専門的な調査を前提とし、周囲の空間と環境の実際に応じて実施されている。文化財の重要度によって、いくつかの等級に分け、それぞれの保護手段を取る。奈良のような重要度が高い文化遺産の場合は、地区全体を文化財として保護する。

奈良は日本最古の大規模都市である。奈良は日本の歴史や文化、精神の起源であり、日本国民に「精神の故郷」とされている。日本で最も古く、最も重要な文化遺産が百カ所もある。人口の増加に伴い都市建設が急速に進んできたが、これが奈良の文物保護を危うくすることはない。それどころか、周囲の環境を文化遺産に適合させようとしている。

奈良は日本文化の発祥地として、仏寺、仏像、神社、彫刻、絵画などの重要な文化財が集中し、「社寺の都」の誉れが高い。奈良の歴史文化は世界的にもよく知られ、1998年には「古都奈良の歴史遺跡」として世界文化遺産リストに登録された。それを構成するのは、東大寺、興福寺、春日大社、元興寺、薬師寺、唐招提寺、春日山原始林、平城宮遺跡の8資産である。

東大寺は、743年に聖武天皇の勅願により、全国の国分寺の総本山として建立された。平安末期と戦国時代には戦火で焼かれ、ほとんどは江戸時代に再建された。再建時に金堂の幅は三分の二に縮小されたが、依然として世界最大の木造建築である。金堂内に祀られている本尊の盧舎那仏は、高さが15メートルで、世界第二の大仏である。東大寺は奈良のシンボルとなっている。

春日大社は、768年に称徳天皇の勅令により、藤原氏の氏神を祀る神社として創建された。春日山の原始林は若草山の奥に広がり、奈良時代には東大寺の領地として、平安時代には春日大社の神域として保護されてきた。1100年間にわたって原始の姿を伝えてきた山として、国の特別天然記念物に指定されている。

古都奈良の姿を保つために、日本は文化的な街並みの保護に力を入れている。1966年に公布された『古都保存法』は、古代建築の破壊や認可を得ていない建物の建築を禁じると規定している。奈良の地下鉄駅から大通りに沿って進むと、時空のトンネルを通り抜けるように、数平方キロの「春日山原始林」に入る。ここには林が生い茂り、芝生が広く、東大寺、法隆寺、春日大社などの歴史遺産が点在する。鹿は神の遣いとして保護され、林や寺の周囲に三々五々生息し、のんびりと草を食べたり、観光客と遊んだりしている。すなわち、東大寺や法隆寺や春日大社などの文化遺産を囲む「春日山原始林」全体が保護の対象となっている。このような保護方法は、中国の参考になると思われる。

2-2　建物の高さを控える——京都市

日本においては古都の保存が非常に重視されている。1966年には『古都保存法』が制定され、古都の内にある歴史的風土の保存法を規定した。法律に定められた「古都」とは、「国の過去の政治、文化などの中心として、歴史上重要な地位を持つ京都市、奈良市、鎌倉市、そして政令によって指定された他の市町村」のことである。

京都市は、日本の歴史上の重要な都として1200年余りの歴史を持ち、古都の傑出した代表である。京都市の歴史文化遺産は非常に豊富で、各時代に蓄積されてきた文化財や伝統文化が良好な状態で保存されている。数えきれないほどの歴史文化の調和が見られ、高い研究価値がある。

京都市の美しい景観は、都市の重要な特色というだけでなく、日本全体の貴重な宝でもある。京都市は歴史文化と自然景観の保護を非常に重視しており、歴史遺産や自然と調和する景観を作り出すことが、政府と市民の共通認識となっている。しかし、目覚ましく発展する現代社会において、古都の原始の姿を守ることは決して容易ではない。建物の高さやデザインを厳しく規制しなければ、歴史文化と景観が損なわれる恐れがある。

そこで京都では、建物の高さを、主に三つの段階に分けて規制している[3]。

■第一段階：土地の用途に応じた高さ制限（1919年から1970年まで）

1919年に制定された『都市建築法』は、建物の高さが居住地区では65尺（20メートル）、居住地区以外では100尺（31メートル）を超えてはならないと規定した。1950年に制定された『建築基準法』は、この高さ制限を受け継ぎ、用地の性質に応じた高さ制限を全国で実施した。

■第二段階：土地利用計画に応じた高さ制限（1970年から2007年まで）

1970年『建築基準法』の改訂に伴って、土地の用途に応じた高さ制限が廃止され、『都市計画法』に基づいて地区ごとの高さ制限を実施し始めた。1970年代の京都市は、高低層住宅の混雑状況を改善し、低層住宅の良好な居住環境を保障するため、低層住宅専属の10メートル区を増設した。1973年には、居住環境と伝統都市の景観を守るために、土地利用計画を見直し、10メートル・20メートル・31メートル・45メートルの四等級六種類の高さ制限を地区ごとに定めた。こうした地区は都市用地の半分以上に及んだ。1996年には、用地の区分が細やかになり、麓と都市の間に15メートルの地区を増設した。

■第三段階：総合的な高さ制限システム（2007年から今まで）

京都市は、都市景観保護のために多くの努力をしたが、美しい景観は消える一方だった。そこで2007年、京都市は『新風景政策』を発布し、全市の高さ制限の制度を更新した。45メートルの等級を削除して、10メートル・12メートル・15メートル・20メートル・25メートル・31メートルの6等級16種類の地区を設定し、市街地の約3割で制限高度を下げ、より厳しい制限を設けた。また京都市は、風致地区向けの制限高度、都市計画による制限高度、低層居住専用地域向けの制限高度などを整備し、高さ制限の内容をさらに細分化した。さらに京都市は、眺望空間保全区域を設定して美しい眺めと借景を守り、総合的な高さ制限システムを形成した。

2-3 歴史建築を活用する――旧万世橋駅

文化財には歴史の記憶が刻まれているため、その本来の機能を維持することが、文物を利用するうえで一番良い方式と思われる。日本の歴史建築は基本的に保護と同時に合理的に利用されている。日本では1960年代以降の高度経済成長によって伝統的な町並みや農村風景が変貌したが、近年では産業や観光の振興を目的とした「文化遺産の活用」に、より重点が向けられている。

例えば、旧万世橋駅は東京で最も長い歴史を持つ鉄道駅のひとつである。それがいま「マーチエキュート神田万世橋」という商業施設に改造され、活用されている。神田という地名は東京都千代田区の北東部を占める地域を指す。もとは東京市35区のひとつで、神田駿河台・神田神保町・一ッ橋・岩本町・外神田の辺りである。大学・書店・出版社が多い。もともとレンガで築いたアーチ構造の駅舎が、今は商業空間として使われ、店や飲食店が入居している。

旧万世橋駅は1912年にオープンした。それから数十年後に駅舎は捨てられたが、軌道は残され、いまもそのまま使われている。この旧駅舎の南には新しい公共広場が開けており、その北側を神田川が流れている。街を眺めると、長い木板を敷き詰めた小道が商店の入り口につながっていて、人々に水辺の雰囲気を楽しむ機会を与えている。駅の空間を活用するため、デザイナーは軌道の間に細長い形をした喫茶店を設計した。かつて列車のホームにつながっていた階段は、今2本の軌道の間にあるカフェに通じる階段になっている。喫茶店のガラス壁とバルコニーのおかげで活気に富んだ空間が生まれ、客たちは周辺の街並みも楽しめる[4]。

このように、現存する建築物を充実させ、本来の味を残すために、建築家はできるだけ新しい材料の使用を控えた。また、すべての電気照明に間接処理を行い、電線などの機械設備を商店の床の下に隠した。そのほか、内部空間の開放性を保証するため、すべての家具は2.1メートルの高さ制限で設計されている。

三、文化財保護における日本から中国への啓発

3-1　法律を不足から完備へ

日本では1950年（昭和25年）文化財保護法が成立し、8月29日に施行された。この法律はそれまでにあった『国宝保存法』『史蹟名勝天然紀念物保存法』『重要美術品保存法』の3法を統合し、かつ無形文化財、民俗資料、埋蔵文化財を新たに保護対象に加え、「文化財」という新しい概念のもとに包摂するという、文化遺産保護制度の総合立法であった。これにより、有形文化財、無形文化財、記念物、埋蔵文化財という文化財の類型が定義された。日本において文化財保護事業の細分化が見られる。

政府だけでなく、日本の地方自治体・民間財団も立法の促進に貢献した。20世紀1960年代の末、近代化の波が日本の古都にも広がり、多くの文化遺産が破壊された。奈良、京都、鎌倉などの状況は開発による文化破壊の深刻さを認識させ、文化財の保護を求める運動が全国各地で広く展開された。市民運動の結果、議員による提案や立法を通じて『古都保存法』が制定された。

さらに、古都と同じように、60年代の日本では、全国各地の歴史的な街並や歴史的な村の変化が顕著になってきた。観光地や人口過疎地の歴史的景観を整備するため、地方自治体が条例を制定して歴史的な街並みの保護工事

を推進した。例えば『金沢市伝統環境保護条例』（1968）、『倉敷市伝統美観保存条例』（1968）、『柳川市伝統美観保護条例』（1971）、『盛岡市自然環境及び歴史的環境保全条例』（1971）などである。1975年に改正された『文化財保護法』の中に盛り込まれた「伝統建造物群保護地区制度」は、地方住民と地方自治体の努力の成果である。

また、第二章で述べたとおり、日本の特色ある文化財保護措置は、すべて厳密な法律に基づいて行われたのである。この点を考えると、優れた保護措置はまず整備された法律の根拠を必要としている。しかし、中国は今でも文化財保護に関する法律が『文物保護法』の一件しかない。この法律だけでは、到底中国の文化財を完全にカバーすることができず、法律や法規の欠陥こそ破壊者が見逃される要因ではないかとされている。

3-2 主体を政府から公衆へ

日本の文化財の保護手段は多様で、主に3種類に分かれている。

第一の種類は政府の保護である。一般的に重要な文化財の場合は、完全に政府が金を出し、政府が管理する。その上、国家級の「重要な伝統的建造物群」を設立し、伝統文化遺産の保護を強化している。文化遺産の保護が国家事業としてより重要視され、全国に広がっている。

第二の種類は民間団体の保護である。歴史的な街並みの保護がその一例である。20世紀1960年代には、日本全国の市民運動が組織化された。各地の組織は、妻籠、有松、今井町と連携して「町並み保存連盟」を設立し、その後、「全国町並み保存連盟」になった。1978年から、毎年各地の住民と共に「町並みゼミ」を開催し、この活動を通じて、歴史的な街並みの環境を保護し、より良い生活を構築し、より美しい町を構築するための効果的な方法を探っている。そして、それほど重要ではない文化財や民間財団に属する文化財についても、団体がお金を出して管理している。

第三の種類は個人による保護である。政府の援助と支持のもとで、個人が文化遺産の保護管理を行う。しかし、制度上の制約もある。例えば建築物の姿を勝手に変えることは認められず、政府は修復や保護技術の支援を提供している。

こうした多様な管理方法のおかげで、政府は人力や物資や資金の大部分を重要な文化遺産に振り向けることができる。そのうえ、この事業に人々を参加させ、文化財保護の力を最大限に動員できる。

国民は文化の真の創造と伝承者であるが、今までわが国（中国）の歴史文化遺産の保護は、政府と専門家によって推進されており、国民の参加は少ないと言えよう。文化財の保護政策の制定や管理は往々にして政府と専門家の特許で、大衆の参加が少なく、特に文化財の利用者の参加が不足している。各地方の保護法規には、民衆の参加を促すような措置がほとんどない。民衆に言及した法規はあるが、大部分は法規違反の処罰を定める内容だ。今後どうやって民衆の積極性を引き出すかは、政府が考えるべきことと思われる。

3-3　観念を利益重視のみから総合的な発展へ

前述したとおり、日本は文化財の経済的効果より文化的な価値を重視する。言うまでもないが、経済的効果のみを重視すると、つまり一方的に金銭収入を重視すれば、文物自体の保護を無視する傾向が出てくるに違いない。そうなると、文化財の保護にマイナスの影響を与える。

例えば、西安古城壁の知名度が高まるに伴って、訪れる観光客は増える一方だ。しかし、保護制度は整っていないし、観光客の意識もまちまちで、壁への落書きや壁の崩壊現象が発生することもしばしばある。それだけでなく、周囲の地価が上昇したため違法建築も続出し、古い城壁の遺跡がひどく破壊された。こうした現象は、我が国では珍しくないと言えよう。

一言で言えば、文化財保護の過程で遭遇する問題は、経済や体制上の欠陥だけが原因ではなく、深く考えると観念と価値観の問題でもあろう。だから、持続可能な保護法と保護の観念を確立することが、まさに問題解決の鍵ではないかと思われる。

現在、わが国で最も必要なのは、文化遺産を正しく位置づけ、社会と経済発展に対する戦略的意義を明確にし、持続可能な文化遺産の概念を確立することである。文化財の保護は経済、社会と文化など様々な積極的な要素の保護である。都市の環境自体が変化する中で、文化財保護は歴史の精華を守り、それを現代の環境と需要に適合させるべきである。

四、おわりに

以上、三つのケースを通じて、文化財保護における日本の特徴と長所について簡単に論じてみた。そして、奈良市、京都市、旧万世橋駅を例に、中国の参考になり得る日本の経験を考察してみた。日本の経験から、文化財の保護が社会性と専門性を兼ね備えた事業であることが分かる。日本の文化財保護は進んでいて、システムも完備している。文化遺産の保護は、すでに政府の日常的な機能になっているうえに、住民の身近な利益にも密接に関係している。これは日本の伝統的な文化財保護体系の中で最も主要な特徴であり、最も優れた点でもあると考えられる。

日本は最も現代的な国であり、最も伝統的な国でもある。ここ数年は中国も文化財保護を現実的に考え、多くの仕事をし、著しい成果を挙げた。しかし、各級政府はさらに投入を強化する必要がある。世論の監督を受け、国民を自覚的に文化財の保護に関与させるべきである。社会文明は新陳代謝を必要としているが、その更新の過程で歴史文化を捨ててはいけない。歴史文化を継承発展させ、近代化を追求することは、人々の合理的な願いである。文化遺産保護において重要なのは、社会全体がその価値をよく理解し、国民が自ら進んで文化財を守ることではないかと思われる。

参考文献

小林順至『文化財保護について:神奈川県の文化財保護の現状に関連して』「ひと」塾会報誌、2016年

近江俊秀『埋蔵文化財保護行政におけるデジタル技術の導入について』遺跡学研究：日本遺跡学会誌、2017年

新見康子『東寺宝物館の陳列と展示:宝物と文化財保護制度』博物館学年報、2017年

小野聡『都市開発における埋蔵文化財保護制度:影響評価の視点から』日本不動産学会誌、2016年

朱绍侯『中国古代史』福建人民出版社、2010年

张松、薛里莹『关于位于古都的历史风土保存的特别措施法』中国名城、2009年

陈雯静『日本对于城市历史文化遗产的保护』武陵学刊、2011年

陆建松『中国文化遗产保护管理的政策思考』文化学刊、2011年

彭跃辉『努力构建文化遗产保护体系』中国文物科学研究、2012年

刘爱河『英国文化遗产保护成功经验借鉴与启示』中国文物科学研究、2012年

阮仪三『中国历史城市遗产的保护与合理利用』住宅科技期刊、2004年

梅联华『对城市化进程中文化遗产保护的思考』山东社会科学、2011年

刘玉芝『从奈良和京都的历史遗迹看日本的文化遗产保护』海外印象、2014年

1　フリー百科事典ウィキペディア（Wikipedia）　http://ja.wikipedia.org/wiki/文化財

2　フリー百科事典ウィキペディア（Wikipedia）　https://ja.wikipedia.org/wiki/文化財保護制度

3　杨箐丛、薛里莹『日本古都保护的高度控制方法——以京都为例』华中建筑、2015年

4　http://bbs.zhulong.com/101010_group_201811/detail10125471

日中関係と介護サービス

同済大学外国語学部日本語学科３年
呉沁霖

はじめに

深刻な高齢化問題に直面しているのは、一衣帯水の隣国同士の中日両国である。

高齢化は、ただ高齢者人口の増加という数の問題のみならず、その高齢者たちが高齢になったとはいえ、人間であるがゆえに、人間らしい尊厳のある生活を求めているという質の問題をも引き起こしている。

高齢化及び高度高齢化という人類史上未曾有の社会問題が、東アジアの二大国の中国と日本を直撃している。

それは、46年前に国交正常化してから、両国の協力関係に投げかける新しい課題であり、また、同じ課題を抱える両国は、その解決を目指して、新しい協力関係を生み出せるだろうか。

その新しい分野の協力関係を創出する可能性を探るのが、本稿の考察の目的である。

本稿は、まず両国の介護サービスの歴史を顧み、歴史の流れで積み上げた理念と実践を抽出したうえで、現状分析を行い、その結果を踏まえて、解決すべき課題と協力すべき内容の提案を試みる。

一、歴史から見る日中介護サービス

介護サービスの観念は、古くから「養老」という意識に深くかかわっているものである。『大辞源』によると、「養老」とは、「老人を大切にすること。老人をいたわること」である。日本と中国の歴史を振り返ると、古くから「老人をいたわる」伝統がある。最初は子供が自身の親と家族の中の老人を養うという自発的な、小さな範囲に制限された行動だったが、介護サービスはそれを超えて、社会分業の一つとして、社会全体に存在する高齢者に提供するサービスに発展している。しかし、形はともかく、いずれも孝を含む「仁」の思想と深く関わっている。

「仁」は中国思想では道徳の最高基準と見なされ、中国の歴史を貫いた重要な概念で、儒家思想の核心である。「仁」は主に「他人に対する親愛の情、優しさ」を意味している。古代日中交流の際、制度や技術と共に、「仁」の思想も中国から日本へ伝来した。清和天皇が歴代天皇として初めて名前にこの「仁」を用い、皇室の重要な徳目の一つとみなされてきた。

儒家の「亞聖」孟子は「四端説」で、「惻隠の心は仁の端」と説明した。惻隠の心とは同情心のことである。「吾が老を老として、以て人の老に及ぼす」と孟子は説いた。これは介護サービスの思想の原点だろう。

「仁」の思想を基とし、古代中国の歴代王朝は老人を優遇し、いろいろな介護施設を設立し、国家の力で身寄りのない老人の基本生活を保障した。南北朝時代には、介護施設がすでに存在していた。497年に、北魏の皇帝孝文帝が下令して、介護施設を設立して、病弱な高齢者を泊まらせたうえに、無料で薬品や服などを提供した。唐の時代、長安と洛陽で「悲田院」という高齢者を救済する施設が設立された。宋の時代、都である開封の東と西に「福田院」を設立し、年配の「乞食」を収容し、食べ物やお金を提供した。それから発展し、徽宗が皇帝だった時代の北宋は、老人救済収容施設が最も充実した時期だった。救済施設の規模が大きくなると同時に、全国各地まで拡大した。

一方、日本では、飛鳥時代に聖徳太子は、四天王寺に「四箇院」を設立し、その中の「悲田院」は、身寄りのない高齢者や身体の不自由な高齢者を収容する役割を持っていた。現代でいう「老人ホーム」のような介護サービスが日中両国の歴史に存在し、高齢者を大切にする思想は両国の人々の間に深く根付いていた。

このように、中日両国は、古くから、養老の理念の下で、介護が行われていた。

二、日中高齢化の現状

現代社会における介護サービスの発展は高齢者人口の増加と大きな関係がある。日本では1950年代、65歳以上は総人口の5％以下だったが、その20年後には7％を超え、高齢社会に踏み入った。中国の場合は、2000年11月末の第五回人口センサスによれば、65歳以上の人口は8811万人で、総人口の6.96％になっており、やはり高齢社会に入ったといえる。平和な時代背景や医療条件の改善などにより、日中とも寿命が伸び、高齢者が増えつつある。以下の二つの図から、日中両国の高齢人口が増加していることが分かる。

図1から分かるように、中国の高齢人口は2002年には0.93億人だったが、2016年には1.5億人以上になった。約60％の増加である。高齢者の人口が増えただけでなく、増加の速度も速い。中国は2002年から2016年の間、（2004、2005年、2007年を除き）高齢者の増加速度が3％以上となっている。一番速い2010年は5.19％だった。この15年間、高齢者の増加は総人口の増加より速い。2000年から2017年にかけて世界の60歳以上の高齢者人口比率が約3％増加したが、中国は約7％であった。

日本の高齢化の開始は1970年代で、中国より30年早い。図2によると、1970年代に高齢者は約750万人だったが、2010年は約3000万人になって、約4倍に増えた。2016年の10月の時点で、高齢化率はすでに27％を超えた。

図1　中国高齢者数と全人口に占める割合（2002～2016年）

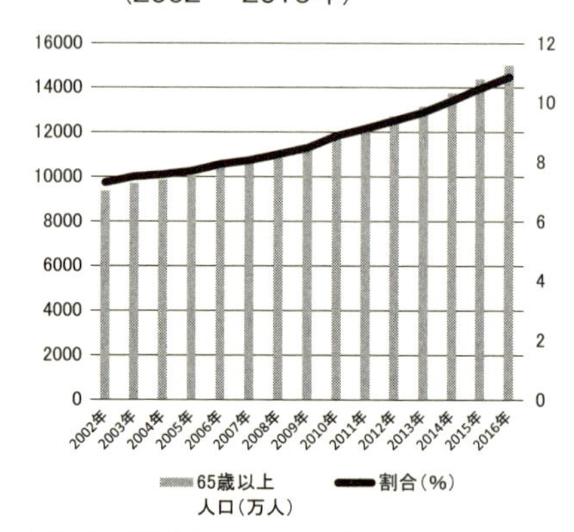

出所：中国国家統計局のデータから作成。

図2　日本高齢者数と全人口に占める割合（1950～2017年）

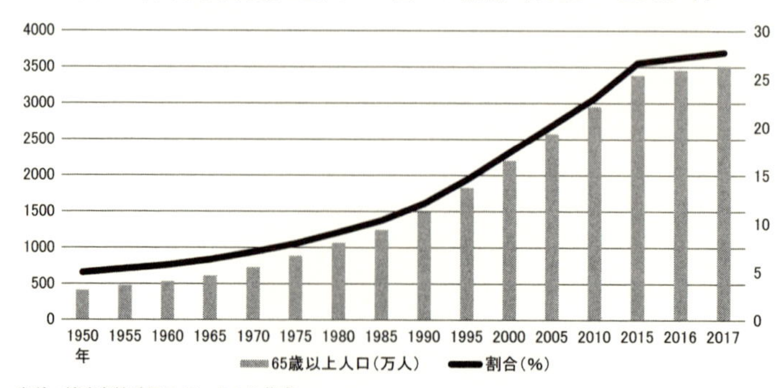

出所：総務省統計局のデータから作成。

図3と図4を見ると、中国の人口ピラミッドは「釣り鐘型」で、日本は「壺型」である。2016年に日本の65歳以上人口の割合は初めて27％を超え、

3459万1千人となった。その上、青少年の割合は低い。出生率もなかなか上がらないため、総人口は減っている。一方人口基数が大きな中国では65歳以上人口の割合は11．4％、1億5831万人である。2017年に60歳以上の高齢者の人数はすでに2.4億人を超えている。中国人口は基数が大きいから、高齢化率は日本の半分以下だが、高齢層の人数は日本の4.5倍以上である。

高齢化は地域によって差がある。全国範囲で見ると、高齢化の程度、そして介護サービスの発展の程度に大きな違いがある。中国の場合、最初に高齢社会に入る省（上海）と最後に高齢社会に入る省（チベット）の間には、36年の差がある。日本の場合は都市より地方の高齢化問題が深刻である。それは多くの若者が都市に憧れ、大学卒業後に大都市で働くためで、東京、大阪と名古屋の三大都市圏の高齢化水準はほかの地域より少し低くなっている。如何に都市と地方の人口のバランスを取るかも、解決しなければならない課題の一つである。

図3　中国の人口ピラミッド
（2017年人口サンプル調査）

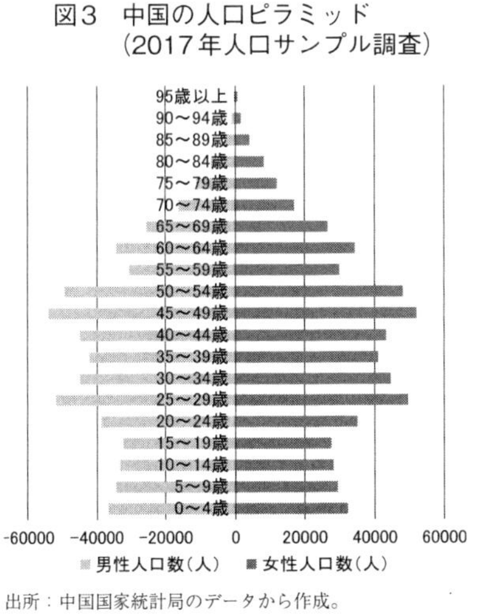

出所：中国国家統計局のデータから作成。

図4　日本の人口ピラミッド
（2017年12月1日現在概算値）

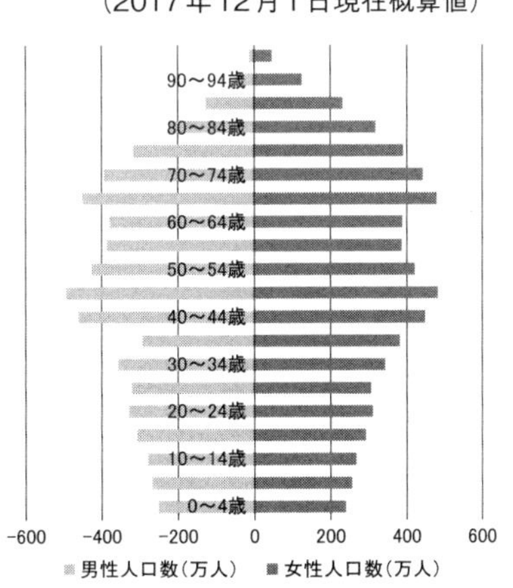

出所：総務省統計局のデータから作成。

両国の40歳から60歳の割合が大きいという点から考えると、20年後の高齢化問題はさらに深刻になるだろう。日本は今の青少年が主な労働力に成長するが、全人口に占める割合は低く、介護の人手不足の問題が今より厳しくなるだろう。中国の場合、1979年から2015年までに実行した一人っ子政策によって、今の若者世代はほとんどが一人っ子だ。20年後には、その一人が自分の親二人、祖父祖母四人の生活の面倒をみていかねばならない。一人で六人の世話をするのは経済的に大きな負担であるだけでなく、沢山の時間や精力も必要だろう。日中両国は以前のどの時代よりも介護サービスが必要になってくる。

三、介護サービスと日中インタラクション

3-1 日中両国介護サービスの発展

全体から見ると、介護サービスは高齢化とともに進展している。その発展は体系化、多様化、完全化の傾向がある。日中両国は高齢社会に入る時期や国の発展水準などの違いから、介護サービスの現状に差異がある。

日本は先進国で、1970代から高齢社会に突入したため、介護サービスの発展も40年以上の歴史がある。今は全25種類51サービスがある。厚生労働省のホームページからも全国各地の介護サービスを提供する施設の内容や連絡先が調べられる。介護サービスと介護保険などとの関係も整え、世界でも先進的な体系を築いたと言えるだろう。

中国では、2009年10月26日の重陽節（旧暦の9月9日）の時になって正式に、人口高齢化への対策の研究を開始した。今は「五位一体」（サービス提供、保障、政府の支え、欲求アセスメント、業界監督）の介護サービスを発展させている。民間組織はないが、政府の対応組織がある。また、「インターネット＋」も介護サービスに使われ、デリバリーで高齢者の食事を支援するなどの方式が普及しつつある。

3-2 日中両国介護サービスにおける問題

日中両国の介護サービスが発展する一方、問題も見えている。例えば両国の高齢化問題が日々厳しくなっていること、都市と地方の発展の不均衡などだ。日中両国はこのような問題に対し、まだ良い対策を見出していないが、手を組んでお互いの知恵を借りて共に前進していくことができる。

日中の介護サービスには違いもある。現在の第13次5カ年計画（2016～2020年）の時期は、中国における介護事業改革発展と体系建設の重要な戦略期である。これまでの20年、介護サービスは政府だけに頼っていた。社会の力や「銀髪市場（シルバーマーケット）」の市場競争のシステムを活用していない。そのため、深刻な高齢化の現状と比べ、介護サービスの発展は追いついていない。政府の支持はあるが、介護サービスの政策はまだ十分ではないし、都市と地方で介護サービスの発展のバランスが取れていない。介護サービスの提供が不足しているうえ、質が高くない。また統一した評価基

準もない。社会の協力が不十分で、介護サービスの理念も発展の余地がある。

日本の場合、先進的な介護理念や専門の介護技術があるが、人材が足りない。2025年には、いわゆる団塊の世代がすべて75歳以上の後期高齢者となるため、医療・介護ニーズが今後、飛躍的に増加するだろう。これに合わせて、医療・介護の支え手も増加させなければならない。2018年に厚生労働省が公表した推計結果によると、2016年の介護人材数は約190万人。ところが、2020年度の必要数は約216万人で、約26万人を確保せねばならない。さらに2025年度になると、約245万人の介護人材が必要なのに対し、約55万人の不足がある。いかに確保していくかは、大きな問題となる。

図5 2016年から2025年にかけて必要となる介護人材数

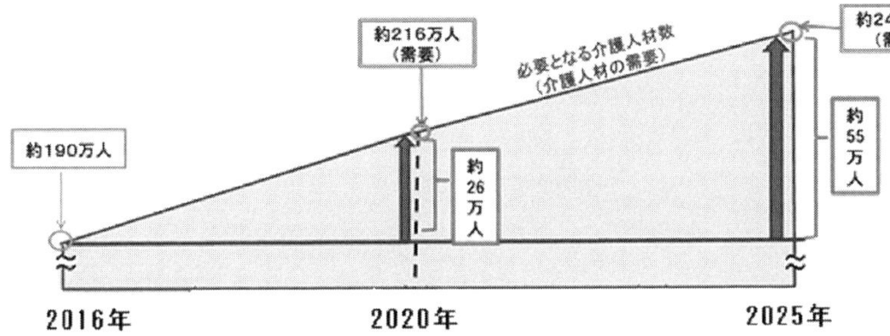

出所：厚生労働省「第7期介護保険事業計画に基づく介護人材の必要数について」のデータから作成。

3-3 日中両国介護サービスにおけるインタラクション

中国は先進的な介護技術と理論を求めているが、日本は人手不足の問題が深刻である。そこで日中両国の介護サービス関係のインタラクションが必要である。中国は大きい労働力市場があるので、日本が必要とする介護人材の隙間を埋めることができる。日本は中国に介護の技術と理念を教えることができる。実際に両国は介護サービスについて、すでに一部で交流が始まっている。

日本は介護の人材不足を解決するため、外国人の受け入れ環境を整備している。2017年9月1日から日本は「介護類ビザ」を増設した。中国を含め、外国の申請者は日本語能力試験二級に合格したら申請できるし、実習ビザではなく仕事のビザを申請することもできる。条件が他よりやや寛大である。

2017年11月のダナン及び2018年5月の東京で開かれた日中首脳会談においては、高齢化対応の中で新たな協力推進と経済界の交流を後押しすることで一致した。その後10月23日、『日中平和友好条約』締結40年という記念すべき日に、「日中介護サービス業の協力と発展に関する共に直面するチャンスと責任―高齢者の自立を促し、尊厳を守るための高齢者ケアのあり方―」をテーマとして、北京で第１回日中介護サービス協力フォーラムを開催した。

中国国家発展改革委員会と経済産業省の協力のもと、関係省庁、介護サービス事業者、福祉用具メーカー等が参加して、高齢化及び介護状況の情報を交換し、介護サービスに関わることについて幅広く交流した。日本の介護サービス事業者や福祉用具メーカー等の中国展開を後押しする狙いもある。中国には大きな市場があって、日本には成熟した経験がある。このフォーラムをきっかけに、日中の介護サービスにおける交流は一歩進み、これから両国の協力がさらに期待できる。

介護サービスは「銀髪市場」と直接関わっている。そのため、国レベルの友好交流だけでは、その本来の目的である「高齢者へのより良いサービスの提供」を実現できない。民間レベルの交流も不可欠だ。近年、日中介護サービスの民間交流も少なくない。

2017年9月20日、上海和孝介護サービス集団は日本の旭川荘と協力を始めた。双方が介護士、老人保健施設の管理者や介護専門の学生を集めて、共に旭川荘で系統的に介護サービスについて学ぶ。介護士養成学校は日中ともにあるが、豊富な経験を持つ日本の旭川荘の方が上海和孝介護サービス集団のような介護に踏み入ったばかりの会社より優れている。このような交流を通して、中国の企業は日本から健全な介護サービスの理念を引き入れることができ、日本は優秀な中国の介護人材を招くことができる。一見中国により有利だが、長期的に見ればこの協力はウィンウィンの結果に導けるだろう。

日中介護サービスには、発展段階の違いがあって、両国は似たような問題がありながら、異なる問題もある。両国間の介護サービスについてのインタラクションは益々多く、そして全面的になっている。

四、日中関係と介護サービスの発展

4-1　介護サービスにおける課題と今後の展望

第１回日中介護サービス協力フォーラムを経て、今後日中は介護サービスにおいて交流と協力も深めるだろう。無論、マクロ的視点から言えば、政府のポジティブな動きが重要である。両国の友好交流の歴史を振り返りつつ、新時代のニーズに適応する新たな協力モードを作るべきだ。

しかし介護サービスの場合、企業が主体となっている。したがって政府は「主役」より「仲人」の役が相応しい。政府は両国企業の交流のため、便利で有効なプラットフォームを作るべきだ。両国の企業の力を引き出すため、ただ情報交換のできる場所だけではなく、十分な政策による保障、豊富なイベントの開催も必要だ。

日中の介護における交流は、技術や人材の育て方に限るべきではなく、もっと本質的な問題——高齢者が増えるなかで、如何に高品質のサービスのもとで、高齢者が尊厳をもって介護されながら生活を楽しむか——を考えるべきだ。ここで、三つのアドバイスを挙げたい。

まずは介護モードの革新である。伝統的に介護サービスは要介護者の自宅、またはその地域にある老人ホームのような介護施設で行うことが多い。これは高齢者の身体状況をみながら便利さを提供するという考えがあるからだ。ただし、空間的な制限が大きい。「生まれ育った場を終焉の場」として離れたくない高齢者がいれば、「ここから出てみたい」人もいる。後者のニーズを満足させられる介護サービスの提供は、いまのところまだ少ない。つまり、地域間の介護サービスの連動がまだ乏しい。

空間の制限にはもう一つの問題がある。それは第3章で論じた「都市より地方の高齢化問題が深刻」という問題である。高齢者の数が増える一方、都市に憧れる若者は地方を出るので、介護の人手がさらに不足する。

これに対し、「日中養老特別地域」を作ることを提案したい。中国は国土が広いので、「養老地域」となる場所を提供することが可能である。中国の東南部は日本と同じく海洋性気候だから、日本の高齢者は適応し易い。その場所を整え、中国の豊富な労働力を活用し、日本は医療や介護器具、またサービス理念をその地域に投入することができる。介護と医療のコンビネーションで高齢者の健康な生活を保障することも可能だ。

先進的介護技術と介護理念は、その地域を「ただの大きい老人ホーム」ではなく、「高齢者が生活を楽しむところ」に変えていくことが可能になる。高齢者はそこで自分の力を発揮することができる。伝統的な介護では、高齢者は社会の弱者とみなされ、助けられるだけだ。「養老特別地域」では、周りは補助の役を果たす介護士以外、高齢者同士である。「若者世代との差」を感じず、自信をもって生産活動やイベントに参加することができるだろう。日本には旅行を楽しめる「星野リゾート」のような施設があるし、中国は「太平養老コミュニティ」のような養老コミュニティの雛型がある。これらの経験を組み合わせ、先進的介護理念を加えて、高齢者が晩年を楽しめる場所を作ることができる。

次に、「インターネット＋介護」を発展させる。現代社会において、インターネットは重要だ。今の高齢者にはインターネットが普及していないが、10年後や20年後の高齢者、つまり今の社会の大黒柱はネットを離れない世代である。情報検索、連絡またはエンターテイメント用のネットはこれから介護でも役立つことが期待される。インターネットは衣食住、また介護と大きな関係がある医療に便利さを提供できる。

医療面では、インターネットは高齢者に遠距離医療サービスを提供することができる。今の段階、医療施設はインターネットを使って基本的な検査や定期的な看護をすることができる。こうして移動が不便な高齢者は自宅で診断を受けられる。高齢者の状況に関するデータもネットで保存管理することができる。いざという時、ネットを使って緊急対応もできる。かつてあった「面倒だから病院に行きたくない」や「健康診断書をなくして状況が分からない」といった問題も、ネットである程度改善した。これから5Gの時代に踏み込み、情報安全や診断手段も進歩して、「危険の判断、警報」や「遠距離手術」などの新技術も急速に可能になっていこう。

医療介護に限らず、衣食住の日常介護においても、ネットが便利さを提供できる。高齢者が自宅に住む場合、自炊しなければならない。ところが体の衰えから、栄養のバランスを取ったり、定時に食事することが出来なくなる場合がある。現在の中国ではデリバリーのアプリが普及している。アプリからレストランを選んで注文すれば、30分から1時間で配達される。香港にも高齢者に食事を提供する「長者食堂」のようなチャリティーがある。このような方法を応用していけば、食品安全や栄養バランスを工夫し、高齢者向け専門の食配達＋介護モードを作れるだろう。

高齢者は日常生活の各方面で、若いころのようにいかない場合が沢山ある。「人に助けを求めることが嫌」「年を取ったことを認めたくない」、そんなプライドを保障することも大事になる。インターネットは高齢者の身近にあって、自分の操作でニーズを満足させることができる。人に助けを求めるよりプライドを守ることができるだろう。

もう一つは、両国各年齢層で民間交流を増やすことだ。高齢化は国の問題でありながら、各家庭と個人に関わる問題でもある。そこで両国の青少年の間、高齢者の間、また青少年と高齢者の間の交流を深める必要がある。青少年は自宅の祖父祖母と接触する機会が多い。介護の問題を身近に感じることもあろう。青少年の考え方はまだ社会のあり方に縛られていないことが多く、創造力を使って解決案を考えることができるだろう。

一方、高齢者は介護サービス者と日頃接触する機会が多いので、何がいまの介護に不足しているかを発見できる。一人の力では問題を解決し難いが、問題を指摘することや自分の要求を言うことはできるだろう。また、国によって身近にある問題でも違うことがあり、日本で見つけ出していない問題が中国にあって、中国にある介護の問題が日本では既に解決されている可能性もある。

そのような経験や意見を交流しあえば、介護はもっと発展するだろう。高齢者はこの場を通し、守られるばかりでなく「自分がまだ社会に必要とされている」と感じ、生き甲斐を発揮することができれば、充実した尊厳のある生活を過ごせるだろう。

4-2　介護サービスの発展と日中友好関係

最後に指摘したいのは、介護サービスが今後、日中友好関係において重要な役割を果たすと思われることである。

2018年は日中平和友好条約締結40周年にあたっており、日中関係も「競争から協調」に変わってきた。中国と日本は隣国であり、両国の利益は高度に融合している。介護についての交流の意向も高い。中国には大きな「銀髪市場」がある。日本は人口高齢化の対応や介護サービスの発展する数十年、沢山の経験を積み重ねた。両国はこれから介護サービスにおいて相互学習、協力関係を築くことができるだろう。中国と日本、また世界の多くの国々で高齢化の問題が日々深刻となっている。介護サービスの発展を加速し、互いの経験と知恵を借り、企業の協力とサービスを拡大することは、両国人民の利益と一致するし、両国及び世界各国が求めているニーズでもある。

また、介護サービスはただ経済的利益とかかわっているだけではなく、両国の文化とも深く関係がある。介護サービスは人道主義から始まって、長い歴史を経て今のような文化面を配慮したものになりつつある。高齢者は自分の青春を国に捧げ、数十年働き、時代の変遷や国の発展を見てきた。これを思えば、これからの時代は、高齢者が「時代に捨てられる世代」となるべきではない。より良い介護サービスを提供し、生活の質を上げると同時に、高齢者が自分の「生き甲斐」を見つけ出すための助けも重要である。

自分の利益だけを考えるより、自分がほかの人の為にどんなことができるかを考えることは、人間の優しさである。その優しさは国にかかわらず人の心の中に存在する。経済の交流や政治の交流において、その優しさを伝えることは難しいが、介護サービスのインタラクションからは簡単だ。両国における各年齢層の人と人の純粋な交流、高齢者や社会問題への関心から生まれる交流は、両国の人々の心の距離を縮めるだろう。介護サービスの発展を通して、高齢者世代への固定観念をなくし、ひいては日中両国国民が互いに対して持っている先入観をもなくすことができるだろう。

参考文献

王莉莉『中国都市地方施設養老サービス業発展分析』POPULATION JOURNAL 第206期 vol.36、2014年4月、p.83 ~ p.92

盧徳平『略論中国の養老モード』China Agricultural University Journal of Social Sciences Edition Vol.31 No.4、2014年12月

『上海市養老施設高齢者生活体験的質性研究』中華護理雑誌2014.01（第49巻第1期）

「敬老の日の由来と歴史、敬老の日が9月の第3月曜日になった理由」act情報局　https://acts-yakudachi.com/2856.html

「人材不足をはじめ介護業界の様々な問題に迫る」みんなの介護　https://www.minnanokaigo.com/guide/care-trouble/

「『十三五』国家老齢事業発展と養老体系建設プラン」 http://www.cncaprc.gov.cn/contents/2/179240.html

「9月1日から日本政府は「介護類ビザ」を増設し、最大日本滞在期間は5年まで」SoHoニュース　https://www.sohu.com/a/169122380_184431（2017年9月2日）

「上海和孝介護サービス集団と日本最大福祉機関旭川荘と戦略協力契約を締結」 https://mp.weixin.qq.com/s/olo19rZtHfXrNLr3FHCjWw

「インターネット＋医療　遠距離医療は如何に5Gからメリットを得る」動脈網　http://www.cncaprc.gov.cn/contents/737/186525.html（2018年4月27日）

「2025年度には介護人材が34万人不足、処遇改善などで年間6万人の確保を目指す—厚労省」メディウォッチ　https://www.medwatch.jp/?p=20656（2018年5月22日）

「養老市場の全面開放を2018年の重要な仕事とする」養老エキスポ業界ニュース　http://www.yanglaoexpo.com/cn/new/1746.html（2018年7月30日）

「日中高齢化に関するイベントを開催します」経済産業省　http://www.meti.go.jp/press/2018/09/20180913002/20180913002.html（2018年9月13日）

「武漢はインターネット＋自宅養老モデル都市を作る」湖北省人民政府　http://www.cncaprc.gov.cn/contents/737/187665.html（2018年9月28日）

「発展改革委員会：推計本世紀中旬まで中国高齢者数が今の倍になる」毎日経済ニュース　http://www.nbd.com.cn/articles/2018-10-23/1265534.html（2018年10月23日）

「北京で第一届日中介護サービス協力フォーラムを開催した」中国新聞網　http://www.chinanews.com/gn/2018/10-23/8657772.shtml（2018年10月23日）

「日中介護サービス協力フォーラムの開催」人民網　http://japan.people.com.cn/n1/2018/1024/c35421-30359354.html（2018年10月24日）

「介護サービス市場の全面開放　日中協力新起点」 http://finance.eastmoney.com/a/20181025970562860.html

悲田院　https://baike.baidu.com/item/%E6%82%B2%E7%94%B0%E9%99%A2/3018106?fr=aladdinhttps://

福田院　baike.baidu.com/item/%E7%A6%8F%E7%94%B0%E9%99%A2

老齢化社会　https://baike.baidu.com/item/%E8%80%81%E9%BE%84%E5%8C%96%E7%A4%BE%E4%BC%9A/474558?fr=aladdin

仁　https://ja.wikipedia.org/wiki/%E4%BB%81

厚生労働省介護事業所　生活関連情報検察　https://www.kaigokensaku.mhlw.go.jp/publish/

中国大陸人口2017　https://zh.wikipedia.org/wiki/%E4%B8%AD%E5%9B%BD%E5%A4%A7%E9%99%86%E4%BA%BA%E5%8F%A3

日本人口2016　http://www.stat.go.jp/data/jinsui/2016np/

なぜ中国ではスタートアップ・ベンチャー企業が育ちやすいのか？

～文化的・政治的・経済的観点から考察する～

明治大学経営学部4年
大西達也

一、はじめに

近年中国において様々なサービスが続々と登場し、さらにそれらのサービスは急速に国内におけるユーザー数を増やしている。

最近ではBAT（バット）と呼ばれる中国3大ITテクノロジー企業、すなわち検索エンジンを提供する百度（バイドゥ）、ECサイト運営を手掛ける阿里巴巴（アリババ）、メッセンジャーアプリを提供する騰訊（テンセント）の急成長が著しい。

これらの企業のことをベンチャー企業と呼ぶが、その定義は定まっているようで曖昧である。なぜなら、規模や成長スピードによっては“スタートアップ”と称されることもあり、これらの定義を最初にしておく必要がある。

まずベンチャー企業とは、一般的に起業家支援を行うベンチャーキャピタルから投資を受けた企業のことを言う。他にも個人で投資を行うエンジェル投資家もベンチャー企業に投資する。また経済産業省が指すベンチャーとは、「新しく事業を興す『起業』に加えて、既存の企業であっても新たな事業へ果敢に挑戦することを包含する概念である[1]」。

ベンチャー企業の定義について確認した上で、話題を元に戻すが、前述の3つの企業（百度・阿里巴巴・騰訊）を合わせた時価総額は、2018年1月時点で約128兆円であり[2]、この額は日本の東証一部上場企業における時価総額ランキングの16位までの企業を合計してやっと到達する額である[3]。

本論文では、こうした中国のテクノロジー企業を例に取り、著しい成長を遂げた要因を考察していこうと思う。

研究の動機

私がこの研究テーマを選択した理由は、かつては日本の真似とまで言われた中国が、今では市場規模の点でアメリカに並ぶライバル的存在になりつつあるという状況に、純粋な知的好奇心を抱いたためである。その知的好奇心から、本著のテーマである現在の中国のテクノロジー発展の理由を多角的に考察し、かつての技術大国日本の次なる足がかりとなれば、と考えている。

また、本論文では百度・阿里巴巴・騰訊の事業・サービス内容に関しては、言及を差し控える予定である。なぜなら他の研究・論文等で上記の企業は有り余るほどに触れられてきている。本論文ではそういったベンチャー企業が、なぜ中国において育ちやすいのかが主な論点であるため、発展の要因を多角的に分析していくことに注力したい。

二、中国ベンチャー市場の成長理由

2-1　経済的観点からの考察

まず初めに、経済的観点から中国ベンチャー企業の成長の要因を考察していく。私は最初にベンチャー企業の定義を、ベンチャーキャピタルを含め個人・企業から出資を受けた企業だと述べた。そこで私は中国のベンチャー市場、またはテクノロジー市場がこれだけ発展しているのは、ベンチャーキャピタルが多額の資金を投資しているのではないかと考えた。その考察に説得力を持たせるのが、図表1のデータである。

このデータから考えられる点は2点ある。一つ目は中国のベンチャー市場の規模が、1兆円の差はあるものの、アメリカと同等の市場規模にまで達していること。すなわち、数年で急成長を遂げたことが推測される。二つ目は中国では成長したベンチャー企業が、後発のベンチャー企業へ投資している額の割合が、アメリカなどと比べると高い点である。

図表1　中・米・日の投資家別のベンチャー投資金額のラフな俯瞰（2016年）[4]

単位：円

	エンジェル投資家	ベンチャーキャピタル	スタートアップ出身の企業	合　計
中国	1200～1900億	3.5～5.1兆	～3兆（BAT）	約7.7兆
アメリカ	7300億	6.3～6.9兆	1.2兆（Google、Apple、Facebook）	約8.5兆
日本	170億	～1800億	100～200億（Softbank、楽天、Yahooなど）	約2000億

出所：投資中国、清科研究中心、NVCA Yearbook 2017、Crunchbase、CBInsights、JVR、ユーザベースよりDI分析・作成した図を引用。

この点から、中国のベンチャー市場が急成長した要因が、ベンチャーキャピタルの投資額の増加によるものだという推測が正しかったということが裏付けられる。ただこのデータだけでは、単に投資額が増加しただけで、なぜベンチャー企業への投資額が増加したのかについては言及できない。またこのデータからは、中国、アメリカに比べて、日本のベンチャー市場の規模の小ささが明白であるという点も伺える。

再度述べるが、私は本論文で中国のベンチャー企業の発展の要因を考察し、日本の今後の経済発展の足がかりにしたいと考えている。したがって、ここからはなぜ中国では個人または企業を含め、ベンチャーキャピタルからの投資額が増えたのかを調査していく。

調査にあたって私が気になったのは次の２点である。先ず、前述の通りベンチャーキャピタルの投資額が大きいことである。近年中国のベンチャーキャピタルには外資系の企業の参入が増加しており、全体の投資額の底上げを担っている。それほどまでに世界が中国のテクノロジーに注目している証左でもあろう。

2点目は、中国のスタートアップ出身の上場企業によるベンチャー投資額の割合である。アメリカの合計額と1兆円の差はあるものの、両国の割合を単純計算すると、中国はベンチャー投資全体の約4割がスタートアップ出身の上場企業によるものであり、それに対しアメリカはベンチャー投資全体の約1.5割にとどまる。

つまりスタートアップから成功した上場企業は、次なる成長が見込まれるスタートアップに投資をするということだ。これは好循環かつ良好なエコシステムの形成につながり、投資する企業側にとっても、積極的な投資が自社に良い影響を与えているといえる。

2-2　文化的観点からの考察

次に中国ベンチャー企業の発展を文化的観点から考察していく。私が文化的観点からの考察を項目として挙げた理由は、国民性の違いがベンチャー市場の発展に大きく寄与しているのではないかと考えたからである。

日本経済新聞に以下の記事が掲載されていた。「欧州連合（EU）の欧州委員会がEU、米国、日本、中国、韓国などの国民を対象に実施した世論調査によると、将来起業したい日本人の割合は39%に留まり、首位の中国（71%）に大きく引き離され、EU平均や米国、韓国をも下回る最低値となっている。安定を重視してサラリーマンを好む国民性が表れた半面、国際的にみた起業意欲の低さは、中長期的な日本経済の活力低下を招く恐れもある」[5]。

国による起業意欲の違いは、頻繁にメディアで語られることが多いが、果たしてこの数値は本当に国民性の違いだけで片付けていいものなのであろうか。これについては定量的に推し量るのが難しい部分もあるが、考察すべき問題であると考える。

前述の記事にもあるように、中国の国民は起業に対して非常に前向きな姿勢を示している。これは環境によるものであろうと私は推測する。成功例が次の成功を導くように、中国では若者の起業が盛んにおこなわれており、起業のハードルが低い。万が一、起業に失敗したとしても、リスクマネーがしっかりと保証されているためである。また、労働人口の増加に伴う就職難も少なからず影響しているといえる。

私が感じたのは、国民性も含め国全体がテクノロジーを代表とするベンチャー企業への関心度が高く、企業も競争相手というよりも未来の仲間と見込んで、投資に積極的な姿勢を見せているのではないかと推測する。

また、中国の3大テクノロジー企業の各サービスが人々の生活と深く密着しており、少なからずインターネット系のサービスはこれらのサービスと関わり合いを持たざるを得ないというのも、要因の一つではないかと考える。

2-3 政治的観点からの考察

最後に政治的観点からの考察に移る。ここでは、政府の支援に関する記述が大きな割合を占める。

まずは政府のイノベーション支援政策についてである。日本貿易振興機構による2015年開催の中国共産党大会のまとめによれば、「2035～45年の第3段階の発展目標を掲げ、その他にも『インターネット＋（プラス）』をはじめとするIT技術と製造業の融合促進や、特に『生産型サービス業』と呼ばれる、ものづくりと密接にかかわる分野のサービス業の発展にも力を入れることを強調している。その結果、ベンチャーキャピタルやインキュベーションセンターが数多く展開する都市が生まれている。広東省深圳市は、製造業の集積に支えられ、製品の試作品が迅速に製作可能な都市として注目され、多くの起業家が集うようになり、現在は一大イノベーション都市となっている」[6]との記載がある。

また、中国におけるインターネットの検閲における影響も大きいといえる。なぜなら、検閲を避けようとして、かえって独自のインターネットビジネスが数多く誕生し、市場規模を拡大しているからである。

但し、中国政府のネット検閲強化は、企業にとってコスト増につながっている点についても指摘しておきたい。Bytedanceの創業者、Zhang Yimingは、2018年4月に公表した謝罪文の中で「我々は誤った道を歩んだ」と述べ、コンテンツフィルタリングシステムを修正し、監視スタッフを6000人から1万人に増やすことを明らかにしている[7]。

三、日本ベンチャー市場の現状

これまで中国におけるベンチャー市場の拡大の要因を多角的に考察してきたが、この考察を日本のベンチャー市場の発展に活かせないだろうか。

経済産業省主催のベンチャー有識者会議では、日本のベンチャーの課題を6つ挙げている。「挑戦する人が少ない、リスクマネーが少ない、グローバル化ができてない、大企業とベンチャーの連携不足、技術開発型ベンチャー・地域発ベンチャーが少ない、行政によるベンチャー支援の課題」である[8]。

やはり政府が、ベンチャー企業が生まれやすく育ちやすい環境を整えるべく、早急に支援政策を打ち出していくことが必要であろう。その上でベンチャーキャピタル、ベンチャー企業、政府の三方よしのエコシステムができるのが理想的である。

今から約30年前の日本は、世界市場の中で、ほとんどの企業が市場価格ランキングの上位にランクインしていた。この現状を踏まえ、日本の学生も視座を上げて、当事者意識を持って取り組むべき課題だと考える。

以下では、中国のベンチャー市場と同様に、経済的・文化的・政治的観点から日本のベンチャー市場の現状と今後の改善点を述べていきたい。

3-1　経済的観点からの考察

まずは経済的観点から考察していく。繰り返しになるが、本論文の目的は中国のベンチャー市場がなぜこれほどまでに成長したのか、さらにその成長を日本に活かせないかという点につき深く考察することである。

この章では中国ベンチャー市場を考察した時と同様に、スタートアップ・ベンチャー企業、投資家、ベンチャーキャピタルを含めた三者が、日本においてどのように相互に影響し合っているのかを調査していきたい。

また、前章では言及のなかった起業側のハードルについても述べたい。なぜなら、冒頭のベンチャー有識者会議の課題として挙げられた「育成体制」に関する阻害要因の一つとして、起業のハードルが高いことが私の仮説として挙げられるからだ。そのハードルの中には過去の歴史からの教育体制が生み出した国民性といった文化的な要因もあるかとは思うが、本章ではあくまで経済的観点に限定した考察をしていく。

最初にスタートアップ・ベンチャー企業、投資家、ベンチャーキャピタルを含めた三者の支援体制について述べていく。国内のベンチャー投資額は図表1にもある通り、2016年度において約2000億円となっているが、国内の投資に限定すると、その額は約1000億円と半分にとどまる[9]。

これに対して中国の国内のベンチャー市場の規模は2兆円を超えており、その差は歴然としている。なぜこのような差が生まれるのだろうか。

ダイヤモンド社の「日本からアップルやグーグルが生まれない根本的な理由」には以下のような記述があった。「(中国では) この仕組み (起業家が次の投資家になっていくエコシステム) によって、起業家には多額の資産が転がり込む。そこで、次なる起業につなげたり、自身が投資家となって別の企業を支援したりする。そうした"循環"を見て世界中から人と金が集まるため、情報交換や人材交流も活発となり、新産業の創出に至っているのだ」。

残念ながら、日本にはこうした土壌、いわゆる「エコシステム」が醸成されていない。新興企業のIPO (新規上場株式) こそ増えているものの、M&Aとなると依然として限られている。

なぜなら、受け入れる側の日本の大手企業は、給与体系や人事体制が古いなど、受け皿になる"下地"がないからだ。また、スタートアップを育てて、その結果としてリターンを得ようという考え方ではなく、自社の新規事業のネタ探しが中心で、人材やノウハウを囲い込もうとするため、スタートアップは育たない[10]。

この一説からもわかるように、日本ではまだこの仕組みの形成に至っていない。また、この問題は日本の企業全体で取り組むべき問題であるし、大企業も日本の経済全体を引き上げる意味でも、最大の努力をすべきところまで状況は差し迫っているといえるだろう。

また、起業する側のハードルに関しても、このような起業環境の中では、リスクを恐れてチャレンジ出来ない原因になっていることが考えられる。

3-2 文化的観点からの考察

次に文化的観点からの考察に移る。前章の中国の文化的観点考察において、国民性の違いがベンチャー市場の発展に大きく寄与しているのではないかと論じた。

そして、中国の国民は起業に対して非常に前向きな姿勢を示しており、これは環境によるものだと私は推測した。成功例が成功を導くように、中国では若者の起業が盛んに行なわれており、起業のハードルが低いと推察する。

これを裏付けるように、前述の統計調査の結果では中国の7割が将来起業したいと答え、それに対して日本では、将来起業したい人の割合は4割にとどまった。果たしてこの差は何なのだろうか。

私はこの差を、ベンチャー有識者会議で取り上げられた日本の課題の一つである「挑戦する人が少ない」ことが大きな要因だと考える。これは経済的観点からの考察でもあげた、ベンチャーを経済的に支援する仕組み（エコシステム）が形成されてないことも一つの要因であることに間違いはないが、私は日本の国民性こそが根本的且つ本質的な問題と考える。

総務省が特集した「今を生きる若者の意識～国際比較からみえてくるもの～」による統計調査では、国民性の違いを顕著に表すデータが記載されていた[11]。

特に日本と他の諸外国と比べて数字の差が顕著に表れたのは、「社会形成・社会参加」のテーマにおいてである。「社会現象が変えられるかもしれない」という問いでは、日本は約30％にとどまっているのに対し、諸外国は40％を超え、アメリカとドイツでは50%を超えていた。また「将来への希望を持っているか」という問いに、アメリカは91％があると答えたのに対し、日本は61％にとどまっている。この割合もまた、諸外国に比べて一番低いものとなった。

面白いことに「社会規範を守るべきか」という問いに対しては、日本が諸外国よりも高い数値で「守るべき」と回答している。

まとめると、日本の若者は、社会問題への関与や自身の社会参加については、諸外国と比べてその意識は相対的に低いということ、反対に規範意識については、諸外国の若者と同程度かそれ以上に高いということが分かる。

ここから何が言えるかというと、日本の若者は若い時から諸外国に比べて、問題意識が比較的低いということが考えられる。

ただ、あるメディアの記事では「近年、日本の大学生では『二分化』が著しく、一部の学生は起業に意欲的なものの、大部分はリスクを回避する道を選ぼうとする傾向がある」との記載もある。

もっとも、日本における起業は悪い話ばかりではない。GEM（グローバル・アントレプレナーシップ・モニター）の調査によると、実際に起業しようと考えている人は、米国でそう考えている人たちよりも行動的だ。たとえば、自分に起業する能力があると信じている日本人の19.5％が実際に起業しており、これは米国の17.4％を上回っている[12]。

この記事からわかるように、日本の若者が一概に起業意識が低いとは言えない。徐々にではあるが、経済的観点・政治的観点含め、起業への支援が厚くなり、ハードル自体が下がってきているのかもしれない。

3-3　政治的観点からの考察

最後に、政治的観点から日本のベンチャー市場の現状を考察し、今後の展望に繋げていきたい。これまで経済的観点、文化的観点から考察を続けてきたが、政治的観点を合わせたこれらの３つの観点は、ベンチャー市場の成り立ちに非常に大きく関係していることが分かった。

経済的観点の章では、ベンチャーの受け皿となるべき日本の大手企業の給与体系や人事体制が旧態然としている点など、受け皿となる仕組みが作れてないことが原因だとの引用記事を紹介した。

また、日本の大企業はスタートアップを育てて、その結果としてリターンを得ようという考え方ではなく、自社の新規事業のネタ探しが中心で、人材やノウハウを囲い込もうとするため、スタートアップは育たないと考えているとも言われている。

そこで私は、日本政府はこのベンチャー市場の仕組みについてどのような考えを持ち、政策を打ち出しているのかについて興味を持ち、調査を行ったところ、日本政府の支援についての興味深い記事を見つけた。「政府による企業への研究開発支援も大企業に偏っている。政府による研究開発に対する助成金の額はGDPの1.5%に達する。しかし、残念なのはこうした助成金の92%は、大企業に提供されており、資金を最も必要としている有望な新興企業には、ほとんど提供されていない。たとえば、ベンチャーファンドのジェイ・シードのジェフリー・チャーCEOは、助成金の対象を中小企業ではなく、設立から日の浅い若い企業に絞るべきだと提案する。日本政府はあらゆる助成金を中小企業に提供しているが、こうした企業のほとんどが革新的企業になることはない。確かに中小企業を支援することは重要だが、日本ではこれが新興産業の促進にはつながらない。なぜなら、中小企業におけるスタートアップの割合は5%と低い一方、75%もの中小企業が設立10年以上経っている会社であるからだ」[13]。

以上の言及からもわかるように、日本政府は大企業への投資が全体の助成金の9割を占めており、いかに大企業が優遇されているかがわかる。

四、終わりに

本論文では、これまで「なぜ中国においてベンチャー企業が育ちやすいのか」について、発展の要因を経済的・文化的・政治的観点から分析してきた。これまでの考察を通じて、これら3つの要素は、結果的にスタートアップ・ベンチャー企業の発展、すなわち市場の成長に結びつき得ることを学んだ。

スタートアップ・ベンチャー企業は、テクノロジーの力を活かして更なる経済成長を呼び起こす。中国ではテクノロジーを取り入れた経済成長の底上げが、更なる後発のテクノロジー企業の起業を誘い、エコシステムが形成されている。

日本においても官民一体となって取り組むべき問題であると考えるとともに、日本がかつての技術先進国の姿を取り戻すために、中国の経済発展に学ぶべき点は多くある。

さらには私も含め、日本の若者が社会全体の更なる向上を目指す視座の高さを持ち合わせていくべきだと考える。

---

1 「経済産業省　ベンチャー有識者会議より」 http://www.meti.go.jp/policy/newbusiness/downloadfiles/yushikisya_kaigi_torimatome.pdf（アクセス日　2018年10月11日）
2 「世界時価総額ランキング」 https://www.180.co.jp/world_etf_adr/adr/ranking.htm（アクセス日　2018年10月11日）
3 「日経新聞時価総額ランキング」https://www.nikkei.com/markets/ranking/page/?bd=caphigh
4 「10兆円に迫る中国ベンチャー投資、資金はどこから？」（第7回）最前線レポート～中国ベンチャー市場の全貌～筆者：板谷 俊輔・小川 貴史・朴焌成 http://www.dreamincubator.co.jp/bpj/2017/07/21/10%E5%85%86%E5%86%86%E3%81%AB%E8%BF%AB%E3%82%8B%E4%B8%AD%E5%9B%BD%E3%83%99%E3%83%B3%E3%83%81%E3%83%A3%E3%83%BC%E6%8A%95%E8%B3%87%E3%80%81%E8%B3%87%E9%87%91%E3%81%AF%E3%81%A9%E3%81%93%E3%81%8B%E3%82%89/
5 「日本経済新聞『起業したい人 中国71%でトップ、日本は39%どまり』」 https://www.nikkei.com/article/DGXNASGM0904Y_Y0A620C1NNC000/（アクセス日　2018年10月11日）
6 「日本貿易振興機構『共産党大会後5年間の中国の重点政策』」 https://www.jetro.go.jp/biz/areareports/2017/ce9cccce0c112392.html（アクセス日　2018年10月11日）
7 「中国『ネット浄化』政策でIT業界が悲鳴、企業価値も下落へ」 https://forbesjapan.com/articles/detail/23668?n=1&e=20726（アクセス日　2018年10月11日）
8 「経済産業省 ベンチャー有識者会議より」 http://www.meti.go.jp/policy/newbusiness/downloadfiles/yushikisya_kaigi_torimatome.pdf（アクセス日　2018年10月11日）
9 日本経済新聞「国内ベンチャー投資額、16年度は25%増の1092億円」 https://www.nikkei.com/article/DGXMZO23243220Y7A101C1XY0000/（アクセス日　2018年10月30日）
10 ダイアモンドオンライン「日本からアップルやグーグルが生まれない根本的な理由」 https://diamond.jp/articles/-/150976?page=3（アクセス日　2018年10月30日）
11 総務省　特集　今を生きる若者の意識～国際比較からみえてくるもの～ http://www8.cao.go.jp/youth/whitepaper/h26gaiyou/tokushu.html（アクセス日　2018年10月30日）
12 東洋経済オンライン 『日本はなぜ「起業後進国」に成り下がったのか』～これは文化というよりリスクの問題だ～ https://toyokeizai.net/articles/-/141627?page=3（アクセス日　2018年10月30日）
13 同上

ロボットが繋ぐ日中関係

～広がる「中国智造」への波～

日本大学商学部　**結城里菜**（3年＝代表）、**黄鶯**（4年）、
有田俊稀（3年）、**李鍾榮**（3年）、**加藤司**（3年）、
孔繁羽（3年）、**王思鋭**（2年）、**武田実沙子**（2年）

はじめに

2015年5月、中国政府は「中国製造2025」という政策を打ち出した。これは、中国が建国100年を迎える2049年までを、10年ごとに3つのステップに分割し、それぞれのステップで製造業の計画的な発展を促していくことで、ローエンドの「中国製造」からスマート化された「中国智造」への転換を実現する国家戦略である。

「中国製造2025」では、重点分野の一つとして「ロボット分野」が掲げられており、ロボット産業の発展について、国家が主体となって具体的な計画を立てている。

一方で、チームの中国人留学生である黄鶯、孔繁羽、王思鋭や研究・調査でしばしば中国を訪問する指導教授によると、中国では今やロボットブームで沸いており、ロボットを用いる大会や展示会が数多く開催されているという。北京の「龍泉寺」[1]という仏教寺院が、コミュニケーションロボットを開発したという事例さえ耳にした。

中国のロボット産業はなぜこのような活発な盛り上がりを見せているのだろうか。

このような問題意識から我々は、中国政府が主体となり、ロボット産業の発展を推し進めるのに加えて、ロボット製造に関わる企業や個人がそれぞれ工夫や取り組みを行い、産業を成長させているのではないかと考え、調査を試みた。

調査方法として、まず第1章で中国政府のロボットに関する取り組みを把握するために、「中国製造2025」を始めとする政策に関する資料を収集する。そしてその実現状況をめぐって、収集した資料の整理・分析を行う。第2章では教育ロボットへの参入、大会を始めとする各種イベントの動向に着目し、最後にそれらを踏まえ、今後の予想される動向を展望する。

一、ロボット産業推進に関する中国政府の取り組み

1-1 「中国製造2025」関連の中央と地方の政策

まず、中国政府のロボットに関する取り組みを把握するために、「中国製造2025」を始めとする政策についての資料を収集し、整理・分析を行っていく。

「中国製造2025」は、2015年5月に中国政府（国務院）によって発表された。中国が2049年に迎える建国100周年までに「世界の製造強国」になるためのロードマップとして位置づけられている。この「中国製造2025」という政策の中で、政府は重点推進の対象となる10大産業の第2分野として「高機能NC工作機械とロボット」産業の発展を掲げた。

「ロボット産業発展計画（2016－2020年）」は、2016年4月に中国政府によって発表され、ロボット産業における5年間の計画が具体的に提示されている。

一方、表1に集約されている通り、地方政府レベルでも、多くの主要地域・都市でロボット産業の発展促進政策を制定していることが分かった。表1で示されたのは一部に過ぎず、それ以外の地域・都市でも、地元のロボット産業の発展促進政策を制定し、ロボット産業育成に関する高い目標を掲げている。中央政府と地方政府は、それぞれ具体的な数値を設定し、目標をより明確にしている。

1-2 各種政策の実現状況

前述の通り、中国政府はロボットに関して多くの政策を掲げている。では、実際にこの政策はどのように実行されているのかを明らかにしていく。表2は、中国政府の取り組みと、実際の動きをまとめたものである。

①政府は2020年までに中国のロボット年間生産数を10万台にすると計画し

表1　地域別ロボット産業推進政策一覧（一部抜粋）

省市	年	政策名称	政策内容
仏山	2015.09	仏山市でロボット及び知能設備の応用を支持する実施案（2015～2017年）	2017年までに全都市の工業ロボット知能設備産業の発展を加速させ、3000以上の企業がロボットと知能設備の応用を実施し、全都市の50%以上の工業企業の新しい技術開発することを促進する。
	2017.08	仏山市がロボットの応用及び工業発展の支援実施案（2018～2020年）	3年でロボットと知能設備産業の生産値が1200億元を突破することを目指す。
東莞	2016.01	ロボット知能装備産業による世界的影響力のある先進的な製造基地についての意見案	全面的に「ロボット智造」計画を実施する。需給側に力を注ぎ、産業育成、全チェーン配置、技術の輸入、クラスター発展、要素支持などの6大方面から東莞ロボットと知能装備を促進する。
浙江	2017.08	浙江省ロボット行動計画	製造、物流、健康、サービス、農業、特殊分野など6つの分野でのロボット応用を加速させる。
	2017.04	ハイエンド装備製造業発展計画（2014～2020年）	工業産業用ロボット、サービス産業用ロボット、消防安全特殊ロボットなど様々な特色のロボット生産拠点を推進する。
昆山	2016.11	ロボット産業及び知能製造発展の促進についての実施意見案	2020年までに全都市のロボット及び知能製造産業体系の総営業額を100億元達成する。
上海	2016.11	ロボット産業技術革新を推進する支援政策について	教育、科学技術、金融、娯楽、宗教、介護、医療、衛生、自動車など多くの分野での普及を目指す。
青島	2015.09	ロボット産業の発展の促進についての意見	水中ロボットや捜索ロボット、安全防護ロボットなどの専用ロボットを積極的に研究・開発することや、家政や医療などのサービスロボットの開発を促進する。
山東	2017.09	回復補助器具産業の発展の促進についての実施意見	家庭サービスロボット、障害者補助ロボット、医療用ロボット、現実回復訓練装置などの製品の開発と産業化を加速させる。
長沙	2015.12	ロボット産業開発3年間行動計画	2015年から2017年までの3年間で市政府は資金1億元を投入し、ロボット産業の発展とロボット製品の普及を支援する。
北京	2015.06	北京市の知能ロボット科学技術革新と成果に関する意見案	サービスロボット（専用サービスロボットや家庭用サービスロボットを含む）を物流、救援、看護、医療、介護などの分野に応用し、3～5個のロボット産業を形成する。

出所：前瞻产业研究院整理（2018）“截至2018年全国各省市服务机器人相关政策汇总”を基にチームが作成。

表2　中国政府の取り組みと実際の動き

2025年に向けての政府の取り組み	実際の動き
①2020年までにロボット生産量10万台	2017年に13万台突破
②ロボット産業チェーンや生産要素の集約化	地域別にロボット産業推進政策、杭州市にロボットタウン発展連盟発足
③財政支援の強化、研究開発の支援	国家、北京市に認定されたロボット新技術新製品の研究成果に応じ補助
④優秀ロボット企業への融資促進	民生銀行、中広核産業基金によるUBTechロボティクスへの融資晨興資本、嘉実基金によるHorizonロボティクスへの融資
⑤市場環境・認証制度の向上	2016年11月2日「中国ロボット（CR）」認証マーク発表
⑥人材育成	大学にロボット学科60新設、STEM教育の導入 教育ロボットの参入、楽智機器人の人材育成サービス
⑦国際的な交流と提携の拡大	美的集団のKUKA買収、上海新時達機器人のアドテック買収 美的集団と安川電機、上海申磐産業有限公司と大阪大学の共同開発

出所：邵(2016)、安納(2017)、江原(2016)、曲(2015)、林・任・杜(2017)を基にチームが作成。

ている（邵，2016)。実際に、第5回中国ロボットサミットで明らかになったところによると、2017年の産業用ロボット生産量はすでに13万台を突破している。「ロボット産業発展計画」公布からわずか1年で、目標の生産量10万台を突破した（チャイナネット，2018-05-19)。

②政府はロボット産業チェーンや生産要素の集約化を図るとしている（邵，2016)。実際に中国浙江省杭州市では、中国ロボットタウン発展連盟が発足した。この連盟には上海、重慶、河南、安徽、浙江など10地域と浙江大学のロボット研究センターが参加している（ロボティア編集部・2018)。

③政府は財政支援を強化し、ロボットおよびその中心となる部品の研究開発や産業化を支援するとしている（邵，2016)。実際に北京の中関村[2]では、認定された新技術・新製品（サービス）の研究開発成果に対して、投資コストの20%を100万元以内の金額で補助する事例がある。これ以外にも、さまざまな支援がなされている（Dequan Tang，2016)。

④金融機関によるロボット産業チェーンに対する理解度を高め、優良なロボット企業への融資やM&Aを支援するとしている（邵・2016)。実際は民生銀行・中広核産業基金などがUBTechロボティクスというロボット企業に投資している事例がある。それ以外でも多くの金融機関がロボット企業に支援している（前瞻产业研究院，2018)。

⑤良好な市場環境を整え、ロボットの認証制度についての研究を行うとしている（邵，2016)。実際は2016年「中国ロボット（CR)」認証マークを発表し、品質・性能・安全性の保証制度が動き出した（国立研究開発法人科学技術振興機構，2016)。

⑥ロボット産業における人材育成を組織的に実施し、大学にロボットに関する学科を増設するとしている（邵，2016)。実際は、2017年時点でロボット学科は60の大学で開設された（高野悠介，2018)。また、STEM教育導入の検討や、楽智機器人という企業が人材育成サービスに乗り出すなど多岐にわたり、人材チームの強化を図っている（深圳晩报，2018-01-28)。

⑦国際的な交流と提携を拡大するとしている（邵，2016)。実際は中国大手家電メーカーの美的集団が、ドイツのロボット企業KUKAを買収し、安川電機と共同開発するなどして国際交流を図っている。産業用ロボットで世界四大メーカーの一角であるKUKAの高い技術力を、買収によって確保し、自社の技術力向上を図った（藤崎竜介，2016)。

表3　中国企業のロボット企業買収事例(一部抜粋)

中国企業	対象企業	種類別ロボット
美的集団	KUKA（ドイツ）	KUKA工業用ロボット系列
埃斯頓自動化	M.A.i.（ドイツ）	ロボット生産システム
埃夫特智能装備股份有限公司	W.F.C（イタリア）	ジェットロボット
中車株洲電力汽車有限公司	SMD（イギリス）	水下作業ロボット
上海新時達機器人	アドテック	スカラロボット

出所：佐藤（2017）、井沢真志（2018-09-21）、中车株洲电力机车有限公司（2015）、埃斯顿自动化（2017）、埃夫特智能装备股份有限公司（2017）を基にチームが作成。

表4　中国企業の他国とのロボット共同開発（一部抜粋）

中国企業	対象企業	種類別ロボット
上海申磬産業有限公司	大阪大学（日本）	陽揚（人型ロボット）
美的集団	安川電機（日本）	介護・リハビリ用ロボット
安徽瑞祥工業	安川電機（日本）	自動車の自動化生産設備
北京航空航天大学	ミラノ理工科大学（イタリア）	NOROS-1
New element（新元素）	イプセン（フランス）	医療検査ガイドロボット

出所：人民網（2015-04-30）、安川電機（2015）、安川電機（2018）、丁希仑・石旭尧・Alberto Rovetta・王志英・徐坤（2008）、健康界（2017）を基にチームが作成。

表3は中国企業が買収したロボット企業、表4は中国企業と共同開発を行った企業の一部をそれぞれまとめたものである。中国がロボット企業の買収や共同開発を行い、外部組織の技術を自社に活かそうとしている姿がうかがえる。

このように、政府が設定した目標に対し、現実の展開はそれを上回っている。中国ロボット産業は良いスタートを切っていることがうかがえる。

1-3　その他の動き

これまで、中国政府のロボットに関する取り組みと、それに対する企業と個人の動きを見てきた。ここでは、それ以外の注目に値する様々な動きを見ていく。

まず、中国のロボットに関する論文数から、ロボット研究がどの程度進んでいるのかを見る。「日本経済新聞」と学術出版機関「エルゼビア」による大学、企業などの各機関を対象にしたロボット関連の論文数調査では、2016年時点で中国は6604本と米国を上回り1位となった。長年ロボットに関する研究が行われてきた日本は、近年ロボットに関する学術論文数は停滞気味であり、4位にとどまった。中国とは約4000本の差がついており、中国の勢いに圧倒されている[3]。中国は企業や大学においてもロボット研究に力を入れており、「中国製造2025」を始めとする産業推進政策に呼応している様子がうかがえる。

また中国各地で、多くのロボット関連展示会が開催されている。例えば、2018上海国際ロボット産業展、国際装備製造業博覧会、中国国際ロボット展覧会（CiRO2018)、中国（武漢）国際自動化・ロボット展などがある。

そして、北京市にある龍泉寺という寺院は、中国のロボットブームに乗り「賢二」と呼ばれるロボット僧を開発した。「賢二」には多くの関心が集まり、webニュースなどで取り上げられた。今や寺院までもがロボット開発を進めていることからも、中国ロボット産業がさらなる盛り上がりを見せていることがうかがえる。

二、「中国智造」：日本とのコラボへと広がる波

2-1 STEM教育導入とロボット

近年、教育システムの変化が進んでいる。従来の中国では、学校教育で大学入試に合格するための知識を教えることが優先された。だが近年、世界的な競争力を高めていくために、科学技術の知識や独創的な発想力を持った人材を育成する必要性が強くなっている。そのため中国では、STEM教育という新たな教育システムを導入する動きが高まっている。

STEM教育とは、Science（科学）、Technology（技術）、Engineering（工学)、Mathematics（数学）のそれぞれの単語の頭文字をとったものである。2018年1月27日の広東省第13期人民代表大会第一回会議における深圳代表団会議で、代表を務める周剣は、中国深圳市でSTEM教育を導入することを検討していると述べた[4]。日本でも同様な動きが見られ、2020年度からすべての小学校でSTEM教育の活動の一つであるプログラミング教育が必修化されることになっている。

2-2 教育ロボットへの参入

中国の教育ロボットメーカーMakeblock社は、2011年に王建軍が中国深

圳市で創業した企業である。同社はプログラミング学習ができるモジュール式ドローン「Airblock」を発売した。これは、簡単に分解・組み立てができ、専門知識がなくてもプログラミングの基礎をドローンで学習することで、プログラミングスキルを簡単に身に付けることができる。対象年齢は8歳以上で、子供たちも簡単に扱える仕組みになっている。この製品のプロジェクトには約一億円もの支援金が集まり、販売前から100万台もの注文があったという[5]。

また、日本のプログラミング教育の導入に先立ち、積極的な姿勢で同社の製品を日本に送り出している。王建軍はこの取り組みで日本のユーザーにSTEM教育を広げるよい機会になると述べている。今後、Makeblock社は製品を扱った体験イベントを小学生対象に全国で開催する。

さらに、2018年7月にMakeblock社を訪問した大阪商工会議所に対し、自社の教育ロボット「コーディーロッキー」50台を寄贈した。寄贈された製品は、大阪商工会議所により、大阪市内の小学校に配布された[6]。Makeblock社の教育用ロボットは日本をはじめ、世界で2万の教育機関で使用されており、実際に多くの場所で活用されていることがわかる[7]。

中国では、他にも教育用ロボットが多数存在している。表5は、中国の教育ロボットを製造している企業をまとめたものである。

表5　中国教育ロボット企業（一部抜粋）

教育用ロボット	ロボット名	機能	使用場所
智童時刻（厦門）科技有限公司	Keeko	クイズ、教育補助	幼稚園
魔塊智能有限公司	Qoopers	プログラミング教育	個人家庭
越疆科技有限公司	DOBOT Magician	プログラミング教育	ドイツの自動車メーカーの社員研修
上海未来夥伴機器人有限公司	Kryton3	家事、教育	多くの教育機関や研究機関
楽智機器人	倣生智能機器魚	授業や教材、創客空間を一体化したサービス	北京大学や清華大学など

出所：高久保（2018）、Elizabeth Law and Danni Zhu（2018）、越疆科技有限公司（2018）、魔块智能有限公司（2018）、上海未来伙伴机器人有限公司（2018）を基にチームが作成。

2-3　ロボットへの取り組みから広がる日中関係

こうした波は中国にとどまらず、日本にも広がっている。まず中国ではロボットに関する大会が開催されている。MakeXロボティックスコンペティション（以下、MakeX）は、Makeblock社のロボットキットと専用パーツを使い、STEM教育を核とした国際的なロボットコンテストである。また、MakeX出場条件は、小学生と中学生、さらにそのチームのメンター（顧問）となっており、このようなロボットコンテスト・STEMカーニバルなどの活動を通して、科学技術の発展、教育イノベーションを促進し、子供たちに科学、技術、工学、数学などさまざまな知識を提供している。

中国で行われる本大会に出場するため日本代表選抜大会が開催されており、日本にまでこの波が押し寄せている。この大会を通して子供たちが協力して作品を制作し、世界中の国の子供たちと競い合い、協力しあいながら国境を越えた友情を育み、互いを高めあうことが推奨されている[8]。

RoboMasterは、世界的なドローンメーカーであるDJI社が所在する中国深圳市で、ロボット工学を学ぶ学生たちが競い合う大会である。2018年のRoboMasterでは、世界各地から全200チームが参加する大規模な大会となっている。この大会はエンターテイメント性が高く、ネット配信もされている。DJI社はこの大会に参加する大学生の苦悩や努力を描いたアニメを、日本のダンデライオンアニメーションスタジオLLCと共同で制作した。日中でロボット大会を通じた共同の取り組みが進んでいる[9]。

終わりに

これまで本論文では、日本と中国の関係を踏まえ、中国におけるロボット産業の盛り上がりを見てきた。我々は現在中国ではなぜ、至るところでロボットがもてはやされているのかを疑問に思い、「中国製造2025」が国家主体で動く一方で、企業や個人も独自の動きを見せていることが背景となるのではないかとする仮説を立てた。

中国のロボット産業に対して、中国政府は「中国製造2025」を始めとする政策を掲げ、起業に支援金を与えるなどして大々的にロボット産業を支援している。中央政府だけでなく、地方政府もロボットに関する取り組みを行っており、やはり政府の後押しはロボットの盛り上がりに大きく関わっていた。

他方、ロボット企業や個人の取り組みは、部分的に2025年の目標値を現時点ですでに超過する成果をもたらしており、他国企業との共同開発や買収を積極的に行い、高度な技術を取り入れることで、自国でのロボット製造に活かそうとしている。このように、現実の展開は、政府の計画値を超えたものとなっている。

それぞれの企業は、自社主催のロボット大会を開催し、若年層を対象にした教育ロボットを展開するなど、若年層にロボットへの関心・興味を持たせせ、楽しんでロボットに触れられる環境作りに取り組んでいる。このように中国では、政策の提示を契機に、企業や個人がそれぞれ創意工夫を発揮することで、各方面で飛躍的な発展を実現させてきた。

これまで「世界の工場」といわれていた中国だったが、今後は産業のスマート化を目指し、ロボットや人工知能といったハイテク情報技術を駆使して、自ら開発していく動きが活性化するであろう。それは本研究で取り扱った「中国製造2025」から広がった盛り上がりの先にある、製造業の構造転換、グレードアップを目指す「中国智造」への波が、各地で広がりつつあることを示している。

中国のロボット分野では、たくましく旺盛なビジネスマインドが、政策と企業、個人の取り組みの間に、好ましい循環を形成しつつあるのを目にすることができる。さらにこの波は中国国内にとどまらず、日本にまで広がってきている。「中国智造」への波を受け、日本のロボット産業もさらなる活気をみせるのではないかと考えられる。

かつてのロボット産業における日中関係は、競争関係であった。しかし、近年では、共同開発などを通じて、協力的な関係を築き始めている。これは、安倍晋三首相が掲げる「競争から協調へ」という新たな日中関係[10]を構築するきっかけの一つとなり得るのではないか。日本と中国のロボット産業が「協調」へと向かう中で、今後どのような展開を見せるのか、引き続き注目していきたい。

参考文献

（日本語文献）

相川いずみ「教育用ドローン『Airblock』でプログラミング、重量150 gで安心・安全。7月14日発売、2.2万円」engadged、2017年7月7日　https://japanese.engadget.com/2017/07/06/airblock/（最終閲覧2018年9月20日）

井沢真志「産業ロボ 中国で国産台頭」日本経済新聞（朝刊）、2018年9月21日、p.11

一般社団法人STEM教育協会「Makeblock公式ロボットコンテスト『MakeX』日本代表選抜大会開催決定」一般社団法人STEM教育協会、2018年8月15日　https://www.stem.or.jp/news/makex/（最終閲覧2018年8月15日）

国立研究開発法人科学技術振興機構「中国ロボット認証マークが発表」国立研究開発法人科学技術振興機構、2016年11月3日　http://www.spc.jst.go.jp/news/161101/topic_3_02.html（最終閲覧2018年10月29日）

重田俊介「日中「新しい時代へ」」日本経済新聞（朝刊）、2018年10月27日、p.1

邵永裕「中国ロボット産業発展の戦略強化と将来展望―産業高度化の主役と経済成長の牽引役としての期待と課題―」『MIZUHO CHINA MONTHLY』みずほ銀行、2016年6月1日　https://www.mizuhobank.co.jp/corporate/world/info/cndb/economics/monthly/pdf/R512-0081-

XF-0105.pdf（最終閲覧日2018年9月27日）
ソフトバンク コマース&サービス株式会社「プログラミング教育×ドローン＝『Airblock』7月14日から国内販売開始～プログラミングの基礎をドローンで学習！～」ソフトバンクコマース&サービス株式会社、2017年7月6日 https://www.softbank.jp/corp/group/sbcas/news/press/2017/20170706_01/（最終閲覧2018年9月20日）
髙久保豊「中国版メイカームーブメントの多様性： 深圳と北京の比較を通して」アジア経営学会第25回全国大会
高野悠介「中国、国策で大学にビッグデータ科を250、ロボット学科を60新設」ZUU online、2018年3月29日 https://zuuonline.com/archives/184183（最終閲覧2018年9月21日）
中橋義博「中国のロボット競技会をテーマにした日中共同制作アニメロボマスターズが本日より放送開始」ロボスタ、2017年10月13日 https://robotstart.info/2017/10/13/robomasters-the-animated-series.html（最終閲覧2018年10月29日）
チャイナネット「中国ロボット産業がハイエンド化 生産量13万台突破」チャイナネット、2018年5月19日 http://japanese.china.org.cn/business/txt/2018-05/19/content_51314368.htm（最終閲覧2018年10月29日）
日本経済新聞「ロボ研究、日本の地位低下 学術論文の本社調査 中国台頭、東大陥落」2018年6月23日朝刊 https://www.nikkei.com/article/DGKKZO32151660S8A620C1EA3000/（最終閲覧10月12日）
日本経済新聞「老いる中国で介護ロボ 安川電機×美的 19年までに十数機種 消費者向けに的」2017年5月26日付朝刊 https://www.nikkei.com/article/DGKKZO16875490W7A520C1TI1000/（最終閲覧2018年10月29日）
林田歩「中国 美的集団股份有限公司との提携について」安川電機、2015年8月5日 https://www.yaskawa.co.jp/newsrelease/news/11899（最終閲覧2018年9月21日）
ビジネス＋IT「今さら聞けない『インダストリー4.0』の基本、IoTで何が変わるのか」ビジネス＋IT、2015年7月13日 https://www.sbbit.jp/article/cont1/29936（最終閲覧2018年9月21日）
藤崎竜介「美的集団、独クカTOB成功へ—FA技術取り込み」日刊工業新聞、2016年7月12日 https://www.nikkan.co.jp/articles/view/00392257（最終閲覧2018年10月29日）
藤田・孫「STEM教育推進に向けたメイクブロック社製ロボット『コーディーロッキー』大阪市への寄贈式（8月29日）の実施について」大阪商工会議所、2018年8月22日 file:///C:/Users/yuki/AppData/Local/Microsoft/Windows/INetCache/IE/S2LD9T9X/300822stem.pdf（最終閲覧2018年10月30日）
文部科学省「諸外国におけるプログラミング教育に関する調査研究」報告書 http://jouhouka.mext.go.jp/school/pdf/programming_syogaikoku_houkokusyo.pdf（最終閲覧2018年9月21日）
文部科学省「未来の学びコンソーシアム 小学校プログラミング教育必修化に向けて」 http://www.mext.go.jp/a_menu/shotou/zyouhou/detail/1375607.htm（最終閲覧2018年9月21日）
ロボティア編集部「中国・杭州で『ロボット都市連盟』発足…上海や重慶から10地域が加盟」ROBOTEER、2018年1月17日 https://roboteer-tokyo.com/archives/11504（最終閲覧2018年10月29日）
AFPBB News「丸い体にスクリーンの顔、中国の幼稚園で増加するロボット先生『Keeko』」AFPBB News、2018年9月23日 http://www.afpbb.com/articles/-/3189525?pid=20466756（最終閲覧2018年10月6日）
KN「ロボット僧開発の龍泉寺、ハイテク人材が集うその秘密に迫る」人民網日本語版、2016年4月13日 http://j.people.com.cn/n3/2016/0413/c95952-9043723.html（最終閲覧2018年10月6日）
Rikaco Miyazaki「『MADE IN PRC』とは：ロボット業界トップ企業“KUKA”を買収した中国の野望」U-NOTE、2016年12月5日 http://u-note.me/note/47506336（最終閲覧2018年9月21日）
YF「中国初の人型ロボット『陽揚』、中国と日本が共同開発」人民網日本語版、2015年4月30日 http://j.people.com.cn/n/2015/0430/c95952-8886054.html（最終閲覧2018年9月22日）

（中国語文献）

健康界(2017)「全国首个智能导检机器人亮相深圳 新元素提速智慧体检一体化落地」健康界 2017年12月19日　https://www.cn-healthcare.com/article/20171218/content-498369.html（最終閲覧2018年10月31日）

越疆科技有限公司公式HP　https://www.robobloq.com/product/qscout（最終閲覧2018年10月29日）

自动化网「震惊！又一家全球知名的德国机器人公司被华资收购！」搜狐号 2017年9月18日 https://m.sohu.com/a/192823216_204571/?pvid=000115_3w_a（最終閲覧2018年10月29日）

深圳晚报「省人大代表周剑建言培养学生创造力深圳可率先在学校开展机器人编创客教育」深圳晚报、2018年1月28日　http://wb.sznews.com/PC/content/201801/28/c293368.html（最終閲覧2018年10月29日）

前瞻产业研究院「2018年全国及各省市服务机器人最新政策汇总（全）」 https://www.qianzhan.com/analyst/detail/220/180116-b3898c49.html（最終閲覧2018年9月29日）

前瞻产业研究院「2018年机器人投融资现状分析 服务机器人成为投资热门【组图】」 https://www.qianzhan.com/analyst/detail/220/180628-f85a053c.html（最終閲覧2018年10月31日）

中国工控网「埃夫特完成对意大利W.F.C集团的收购」OFweek、2017年9月29日　https://robot.m.ofweek.com/2017-09/ART-8321200-8460-30169042.html（最終閲覧2018年10月29日）

中车株洲电力机车有限公司「[人民日报国际视点] 打造中国高端装备企业金名片」中车株洲电力机车有限公司 、2015年4月23日　http://www.crrcgc.cc/zj/tabid/1571/sourceId/4046/infoid/252996/Default.aspx（最終閲覧2018年10月30日）

丁希仑・石旭尧・Alberto Rovetta・王志英・徐坤（2008)「月球探测（车）机器人技术的发展与展望」『机器人技术与应用』2008年3巻、中国兵器工业集团公司、pp.5～9。

埃斯顿自动化「埃斯顿自动化拟收购德国M.A.i. 50.01％股权 打通智能制造系统上下游产业链」埃斯顿自动化、2017年9月14日　http://www.estun.com/NewsDesc.aspx?id=748（最終閲覧2018年10月30日）

埃夫特智能装备股份有限公司「历史性时刻！埃夫特完成对意大利W.F.C集团的收购」埃夫特智能装备股份有限公司、2017年9月30日　http://www.efort.com.cn/article.php?id=188（最終閲覧2018年10月30日）

魔块智能有限公司公式HP　https://www.robobloq.com/product/qscout（最終閲覧2018年10月29日）

安川電機（中国）有限公司「美的安川撸起袖子加油干」安川電機（中国）有限公司、2017年3月22日　http://www.yaskawa.com.cn/news/detail.aspx?id=87（最終閲覧2018年10月29日）

李卓「南车时代电气并购SMD收官 跨界深海装备打造两栖布局」每日经济新闻、2015年4月16日 https://m.nbd.com.cn/articles/2015-04-16/909774.html（最終閲覧2018年10月29日）

林念修・任志武・杜平「机器人产业发展情况及展望」『2017年战略性新兴产业发展展望』中国计划出版社出版发行、p.199

DJI 大疆创新官网 - 未来无所不能公式HP　https://www.dji.com/cn/steam?site=brandsite&from=footer（最終閲覧2018年10月31日）

Felicity「Robotics Startup Makeblock Raises Over $30M in Series B Funding」Makeblock Official Blog、2017年3月29日　http://blog.makeblock.com/robotics-startup-makeblock-raises-over-30m-in-series-b-funding/（最終閲覧2018年9月22日）

Robobloq公式HP　https://www.robobloq.com/（最終閲覧2018年10月30日）

（韓国語文献）

정원영「중국 최대 로봇 전시회 'CiROS 2018', 다음달 4일 개막」『로봇신문』2018年6月4日 http://www.irobotnews.com/news/articleView.html?idxno=14123（最終閲覧2018年9月20日）

Erikayoo「2018 세계로봇대회（WRC）' 내달 베이징서 개막」『로봇신문』2018年7月13日 http://www.irobotnews.com/news/articleView.html?idxno=14444（最終閲覧2018年9月20日）

(英語文献)

Abilix公式HP　http://en.abilix.com/（最終閲覧2018年10月30日）

IFR national associations「Executive Summary World Robotics 2018 Industrial Robots」file:///C:/Users/yuki/AppData/Local/Microsoft/Windows/INetCache/IE/S2LD9T9X/Executive_Summary_WR_2018_Industrial_Robots.pdf（最終閲覧2018年10月30日）

1　KN「ロボット僧開発の龍泉寺、ハイテク人材が集うその秘密に迫る」、2016年

2　北京の西北郊にある地区名。連想集団を始め多数のIT産業や研究所が集積しているため、中国のシリコンバレーと呼ばれてきた。

3　日本経済新聞「ロボ研究、日本の地位低下 学術論文の本社調査　中国台頭、東大陥落」

4　深圳晩报「深圳可率先在学校开展机器人编程创客教育」

5　相川いずみ「教育用ドローン『Airblock』でプログラミング、重量150 gで安心・安全。7月14日発売、2.2万円」

6　藤田・孫「STEM教育推進に向けたメイクブロック社製ロボット『コーディーロッキー』大阪市への寄贈式（8月29日）の実施について」

7　Felicity(2017)「Robotics Startup Makeblock Raises Over $30M in Series B Funding」

8　一般社団法人STEM教育協会「Makeblock公式ロボットコンテスト『MakeX』日本代表選抜大会開催決定」

9　中橋義博「中国のロボット競技会をテーマにした日中共同制作アニメロボマスターズが本日より放送開始」

10　重田俊介「日中『新しい時代へ』」日本経済新聞（朝刊）、2018年10月27日、p.1

翻訳における人工知能の応用と啓示

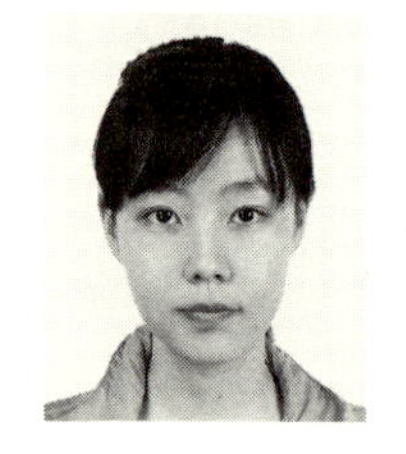

上海外国語大学日本文化経済学院
日本語科2018年6月卒業
邵馨儀

一、はじめに

1-1 研究背景

2017年春より、訪日外国人旅行者・海外渡航者へ向け、株式会社ログバーのウェアラブル翻訳デバイス「ili（イリー）」のレンタルサービスが始まり、翻訳デバイスを利用することを通じ、旅行者は地元の人と自由に話し合うことができるようになった。囲碁、ポーカーなど人間と人工知能の対決が行われる中、翻訳分野でも両者が激突した。2018年2月21日、韓国・国際通訳翻訳協会と世宗大学が共同で主催した「人間対人工知能の翻訳対決」がソウルで開催され、人間は完勝した。その一方、人工知能が人間に取って代わるかどうかよりも、「人間と機械が協業する道」を模索すべきという意見も出てきた。人間に幸福をもたらすために、また、民間交流をより一層スムーズに進めるために、人工知能をどう応用すればいいのかを考えるべきである。

1-2 研究意義

人工知能の応用の実例を分析し、人工知能による翻訳と人間の翻訳それぞれの特徴と優劣を見つけ、翻訳従事者の未来と発展に対する示唆を発掘することを目指したいと思う。

1-3 本論文の構想と基本構成

評価基準を設け、機械翻訳の訳文の品質を評価し、特徴と優劣を見つける。まずは翻訳品質の評価基準に関する先行研究によって本論文の評価基準を設定し、同じテキストに対する翻訳アプリ（人工知能）と参考訳文の対比と分析を行う。

二、先行研究

2-1 機械翻訳

機械翻訳とは、ある自然言語を別の自然言語に翻訳する変換を、コンピューターを利用して全て（或いは一部分）自動的に行うものである。原理は主にルールベースの翻訳、用例に基づく翻訳、統計に基づく翻訳の三つである。現在、統計に基づく翻訳の応用範囲がより広いと考えられる。

統計に基づく翻訳とは、人力で翻訳された本や書類のデータベースと翻訳したい文章を組み合わせ、翻訳を行う方法である。統計に基づく翻訳は、データベースの豊富さによって翻訳の質が決まり、翻訳を繰り返すほど精度をアップできる。

1990年以降、統計に基づく機械翻訳システムの発展が目指されたが、大規模なデータが入手しにくく、処理速度が遅いなどの理由で、なかなか実用水準に達しなかった。

インターネットに基づくオンライン翻訳システムの誕生により、この局面は変わった。グーグルなどの業界大手に開発された、統計に基づくオンライン通訳アプリも登場した。

本論文が利用した翻訳アプリは中国網易の無料アプリ「有道翻訳官」と日本情報通信研究機構（NICT）が開発したVoiceTraである。前者は統計的機械翻訳システムを利用するアプリである。

2-2 翻訳品質の評価基準に関する研究

アレキサンダー·タイトラーによれば、翻訳は三つの原則がある。重要性の順にいうと、主旨と内容において訳文が原文の内容を完全に再現すること、文章のスタイルにおいて原文と一致すること、流暢さにおいて原文と一致すること、である。

劉和平は通訳試験に対し、理解（35%）、表現（35%）、心理素質（15%）、反応速度（15%）という四つの評価基準を設けている。

日本では近年、機械翻訳が注目されている。翻訳機械が自動的に訳文の品質を評価したり、訳文のコーパス（コンピューターを利用してデータベース化された大規模な言語資料）を通して翻訳技術を向上させたりしており、どのようにして短時間低コストの機械翻訳システムを開発するかなど、翻訳の品質標準に関する研究も機械翻訳を基に検討されている。

黒田由加、鈴木博和は機械翻訳を対象にアンケート調査を行ったことがある。また翻訳品質を左右する原因を分析し、局所的な文法現象では判断できない「流暢さ」、「自然さ」に関する部分について、評価基準を明確化した。評価基準は「語彙」、「係り受け共起」、「等価性·統一性」、「重複」、「接続」、「冗長」という6種類で分類している。

三、本論文の評価基準

上記の研究をまとめ、本論文の評価基準は表１のように定めた。

「情報完成度」とは訳文が原文の内容を完全に再現する程度である。単に言葉遣いの再現でなく、意味の対等関係である。もし文法や語彙の間違いが出たり、原文の意味と一致しない場合、「文法＆語彙」の誤りとする。

「論理」とは内容の脈絡、または主語、述語、目的語、各種の修飾語の関係である。その関係は単なる文法的な関係でなく、ロジックの関係でもある。例えば、複雑かつ長い文で主語、述語、目的語、修飾語を取り違えたことにより意味の誤りが出る時、文法から見ると誤りのない可能性もある場合は、論理の誤りとする。

「文法＆語彙」とは文法と語彙の正確さと適切さである。

「流暢さ＆表現力」とは訳文全体の流暢さとニュアンスの自然さであり、訳文は理解しやすさとも考える。

「情報完成度」「論理」「文法＆語彙」の三つの基準で評価できず、実際に微妙な感じのある場合、または書き方の間違いのある場合は、「流暢さ＆表現力」の欠陥とする。

満点は100点で、参考訳文は満点とする。各サンプルの成績の計算方法は、次の通りである。

情報完成度（30%）＋論理（30%）＋文法＆語彙（30%）＋流暢さ＆表現力（10%）＝各サンプルの成績

表１　評価基準

点数	100	80	60	40	20
情報完成度	誤りなし	一点	二、三点	四、五点	五点以上
論理	誤りなし	一点	二、三点	四、五点	五点以上
文法＆語彙	誤りなし	一点	二、三点	四、五点	五点以上
流暢さ＆表現力	流暢、理解しやすい。共感できる。	少し誤りがあるが、影響はない	誤りがあるが、なんとか理解できる	理解しにくい	理解できない

四、原文の選択

訪日旅行ブームにより、日本を訪れる中国人が増えたことで、多言語への対応が求められるようになっている。また、中国『翻訳服務訳文質量要求(GB/T19682-2005)』によると、訳文の使用目的、原文の文体などは考えるべき要素である。翻訳機械においても、通訳者においても、各分野の原文を重視しなければならない。翻訳機械は多種多様な求めに応じられるかどうかを確かめるため、本論文も中国語と日本語の日常対話それぞれ3句を1つのサンプルとし、計2つのサンプル、また各分野の新聞記事や文学作品などからそれぞれ4つのサンプル、計8つのサンプル、合わせて10サンプルを選択し、翻訳機械の訳文を評価し、点数を付けた。

五、結果と分析

5-1 中国語を日本語へ

5-1-1 点数

有道翻訳、VoiceTraの訳文を上記の評価基準で評価し、点数を付けた結果は、表2、表3の通りである。

表2 有道翻訳の点数（中国語を日本語へ）

有道翻訳	情報完成度（30%）	論理（30%）	文法＆語彙（30%）	流暢さ＆表現力（10%）	成績
1	30	24	18	6	78
2	30	24	18	6	78
3	18	18	18	6	60
4	24	18	18	4	64
5	24	18	18	4	64
平均値	25.2	20.4	18	5.2	68.8

表3 VoiceTraの点数（中国語を日本語へ）

Voice Tra	情報完成度（30%）	論理（30%）	文法＆語彙（30%）	流暢さ＆表現力（10%）	成績
1	30	24	24	8	86
2	30	12	6	2	50
3	24	18	18	6	66
4	24	24	24	4	76
5	24	12	18	4	58
平均値	26.4	18	18	4.8	67.2

5-1-2 分析

誤りや問題点が多すぎるため、典型的な部分を例に分析した。

1番の日常会話から選んだ文では、内容の完成度は高いが、有道翻訳の訳文には「迷子」や「初期値」というふさわしくない表現がある。また、人民元を日本円に訳した。人間はこの文が旅行者との会話だと簡単に判断出来る。

機械は話し手や聞き手の身分や場面をうまく判断できない。

2番は中国人のツアーガイドが日本人に万里の長城を紹介する文である。「山海関」、「嘉峪関」「秦の始皇帝」など固有名詞の訳文において、有道翻訳はVoiceTraよりふさわしい。また参考訳文は文構造や内容を十分理解した上で訳したため、順序の調整がある。調整せずに訳しても構わないと思う。しかしながら、訳文の文法と論理は非常に混乱した。「長城の長さと位置」、「建てる原因」「建てる時間」という人間にとって理解しやすい要点が、機械にとっては識別することが比較的難しいということが明らかになった。

3番は「スーパームーン」を紹介する説明文である。二つのアプリに共通する問題は「月が遠い時よりも12%～14%大きく見え、その光も30%強い」という部分の構造が識別できず、訳文の内容は混乱し、説得力も低くなった。VoiceTraにおいては「月に地球が走る軌道」という常識で避けられるはずの取り違えもあり、「三十八万千メートル」というおかしい表現も出た。

4番は深圳市の「女性専用車両」についての報道から抜き出したものである。有道翻訳は「并非…而是…」という構造が正確に翻訳できず、「提唱」も漏らした。VoiceTraも「女性を優先的に乗車させる」という主内容を間違え、訳文が意味不明になった。

5番は魯迅の作品「藤野先生」の最初の段落であり、主な内容は景色と人の描写である。文学作品の書き方により、取り違えは新聞記事より多くなり、語彙の翻訳もずれた。また、「眺めはいかにも紅の薄雲」という文学的色彩の濃い参考訳文と比較してみれば、翻訳アプリの訳文は味気ないということも明らかになる。

五つのサンプルの全体像を見れば、二つの翻訳機械は文構造、固有名詞、論理、常識、文化作品などの面において弱点があるが、文構造と論理が簡単な日常会話の場合において翻訳力が強いと見られる。

5-2　日本語を中国語へ

5-2-1　点数

有道翻訳、VoiceTraの訳文を上記の評価基準で評価し、点数を付けた結果は、表4、表5の通りである。

5-2-2　分析

誤りや問題点が多すぎるため、典型的な部分のみを例とし、分析を行うことにする。

表4 有道翻訳の点数（日本語を中国語へ）

有道翻訳	情報完成度（30%）	論理（30%）	文法＆語彙（30%）	流暢さ＆表現力（10%）	成績
1	30	24	24	8	86
2	24	24	18	8	74
3	24	18	18	6	66
4	24	18	18	6	66
5	24	18	24	4	70
平均値	25.2	20.4	20.4	6.4	72.4

表5 VoiceTraの点数（日本語を中国語へ）

Voice Tra	情報完成度（30%）	論理（30%）	文法＆語彙（30%）	流暢さ＆表現力（10%）	成績
1	30	24	24	8	86
2	24	24	18	6	72
3	24	18	18	6	66
4	24	18	18	6	66
5	24	12	12	4	52
平均値	25.2	19.2	18	6	68.4

1番の3つの日常会話から選んだ文では、内容の完成度は高いが、「禁煙普通席で二名様」の「で」を「上」とするおかしい訳文が出た。

2番の「若いころ日本に留学したとき」に対して、2つのアプリは「ころ」と「とき」を全部「时候」と訳した。機械には、語彙の重複を避けるという意識が薄い。

3番は海水酸性化調査に関する文である。訳文から見れば両方の数字の書き方は混乱した。また有道翻訳は「10年当たり」を「2010年」と間違えた。語順の怪しいところもあり、「小型化」についての翻訳も固い。

4番は訪日クルーズの対応策についてのニュースの一部分である。訳文から見れば大体の意味が分かる。また「跟不上步伐」という訳文は参考訳文に負けず、とても生き生きとした訳文となっている。「岸壁」や「優先利用」は直接に漢字をそのまま翻訳した。よく考えてみれば、「码头」と「优先使用权」に翻訳すれば、もっと適切だと思う。また、語順や話し方の不足もあり、「20年（2020年）」を「二十年」と誤解した誤りもある。

5番は「吾輩は猫である」という文学作品から抜き出した段落である。文構造などの問題は例外なくある。また、文学色彩の濃く、美しく、ユーモアに富んでいる参考訳文と比較してみれば、機械翻訳の訳文は味気ないことも明らかだ。例外は有道翻訳の「咱家是猫。」という訳文である。データベースにその一句があるかもしれない。確かに世界中の文学作品を全部データベースに導入したら、機械も人と同じような訳文を出せるが、それは翻訳家が先に翻訳してこその話である。人間の訳文がなかったら、機械は自分ではできない。

全体を見れば、二つの翻訳機械は語順、論理、文学作品などの面に弱点がある。また、書き方の問題もある。

六、まとめ

人間の翻訳は機械翻訳よりメリットが多い。たとえば、人間の訳者はより臨機応変であり、機械翻訳にとって得意でない文学と文化の翻訳もできる。また、人間の訳者は、抽象的な思考力を利用し訳文の論理をより明快にし、原語をもっと簡潔にし、原文の感染力を強めることもできる。人間の通訳者は具体的な問題を具体的に分析し、異なる求めと実際の状況に応じ、交流の目的を達成するために努力できる。そして、誤りや不明なところを発見したら、すぐ確認し、円滑に改めることも人間しかできないのである。

また、翻訳アプリの実際の使用体験によると、句読点や記号などが翻訳の精度に大きな影響を与えると見られる。アプリによって字数の制限もある。一句一句で分かれ、コピーしてから得た訳文は文脈の一貫性が弱く、訳文の品質には不利に作用する。

日本語という言語は、敬語や授受関係など独特な表現があり、主語の省略が多く、曖昧性が強く、粘着語として助動詞や助詞が不可欠であるという特徴がある。機械翻訳の品質を高めるためには、枠組みの識別、曖昧性の解消や助動詞と助詞の多種多様な組み合わせの判断などが非常に重要である。

中国語においては短い句が多く、文法に時制がなく、孤立語として、語順が意味解釈にとって重要な決め手であるという特徴がある。その特徴に応じ、原文をどう理解し、訳文をどう調整したらよいのかが難点となる。

一方、人間の翻訳者に比べれば、機械翻訳の操作は簡単で、価格も低い。スマートフォンで翻訳アプリをダウンロードすれば、無料で訳文を手に入れることができる。合格水準の訳者1人を育てるには、10年以上の時間とコストがかかる。機械翻訳の出現は、人間による翻訳の独占を打ち破り、低水準の翻訳者が淘汰される。さらに人間の訳者が訳文の品質を高めることを促し、全業界の進歩も実現できるだろう。

機械翻訳の発展は中日両国の交流特に民間交流を促進し、積極的な役割を果たしつつある。アプリさえあれば、言葉の障壁も崩され、自由に旅行や交流ができるようになる。車、飛行機などの交通手段が発明されて空間の障壁が打ち破られ、人間の肉体は空間的に自由になった。機械翻訳が発展すれば文化の障壁が打ち破られ、思想が自由に交流できるようになる可能性が開ける。

参考文献

Alexander f t. essay on the principles of translation[J]. London: j m. dent& son's ltd, 1907
黒田由加・鈴木博和「機械翻訳文の自然さに影響を与える要因の分析」TL2011-6［J］信学技報、2011年
橋北利典・中挟知延子・島田静雄・近藤邦雄・佐藤尚「外国人の書いた日本語の校正支援システムの研究」［J］情報処理学会
刘和平「口译理论与教学」［M］中国对外翻译出版公司（北京）、2005年
中华人民共和国国家质量监督检验检疫总局・中国国家标准化管理委员会「翻译服务译文质量要求」GB/T19682-2005［S］中国标准出版社（北京）、2005年
钱多秀「计算机辅助翻译」［M］北京外语教学与研究出版社（北京）、2011年
孔杰军・刘盈「生活日语疯狂口语」［M］中国宇航出版社（北京）、2007年
人民中国［N／OL］ http://www.peoplechina.com.cn/
共同社中文网［N／OL］ https://china.kyodonews.net/

サンプル

1-a.（原　文）对不起，我好像迷路了。请问最近的汽车站在哪里？
（参考訳文）すみません、道に迷ったみたいんですが、一番近くのバス停はどこですか？
（有道翻訳）ごめん、迷子になっちゃったみたい。最寄りのバス停はどこにありますか。？
（VoiceTra）すみません、道に迷ってしまったようですが、最寄りのバス停はどこですか?

1-b.（原　文）我想买一张到东京站的往返快车票。
（参考訳文）東京駅まで特急の往復切符を一枚ください。
（有道翻訳）東京駅までの往復切符を買いたい。
（VoiceTra）東京駅まで往復急行切符を1枚買いたいです。

1-c.（原　文）起步价是十元，然后每公里增加两元。
（参考訳文）初乗り料金は10元、それから1キロごとに2元ずつ増えます。
（有道翻訳）初期値は10元で,それから1キロあたり2元ずつ増える。
（VoiceTra）初乗り運賃は十円で、その後1キロごとに二円加算されます。

2.（原　　文）这就是举世闻名的万里长城。长城东起山海关，西至嘉峪关，全程约有一万里。长城从秦始皇开始，一直修建到明朝，是为了抵御北方游牧民族的侵略、保卫国土而建造的。
（参考訳文）皆さん、こちらをご覧ください。ここが世界でも有名な万里の長城で、東は山海関から、西は嘉峪関まで、全長は約一万里もあります。万里の長城は北方の騎馬民族の侵略から国を守るために、秦の始皇帝の時から立て始められて、明朝まで立て続けられていたのです。
（有道翻訳）有名な万里の長城、東は山海関、西から嘉峪関に至るまで、一万里がある。秦の始皇帝から始まって、明にまで建造されてきたのは、北方遊牧民族の侵略を防ぎ、国土を守るために建てられたものだ。
（VoiceTra）これが世の有名な万里の長城で、長い城東山の税関で西から嘉厩関、全行程で約一万里、長谷城は始皇帝から明朝まで、北方遊牧民の侵略や護衛国土を守るため造られました。

3.（原　　文）月亮到地球的平均距离约是38万千米，但月亮绕地球运行的轨道并不是圆形的，而是椭圆形的。当月亮距离我们近时，看到的月亮便大一些；当月亮距离我们远时，看到的月亮便小一些。"超级月亮"出现时，比月亮在远地点时大12%-14%，亮30%。
（参考訳文）月から地球までの平均距離は約38万キロメートルであるが、月が地球を中心に回る軌道は円ではなく楕円であるため、月が私たちに近い時は大きく見えて、遠い時は小さく見えてしまう。「スーパームーン」が起こるときは、月が遠い時よりも12%～14%大きく見え、その光も30%強いという。
（有道翻訳）月から地球までの平均距離は約38万キロだが、月が地球を回る軌道は、円形ではな

く楕円形だ。月が私达の近くにある时、见る月が大きい。月が遠くなると月が小さい。「スーパームーン」の場合、月よりはるかに12%、14%、30%を記録した。
（VoiceTra）月から地球までの平均距離は約三十八万千メートルですが、月に地球が走る軌道は円形ではなく楕円形です。月が近ければ月の月が大きく見えますが、月の距離が遠くなると、月が小さく見えます。「スーパームーン」が出現した時、月より十二～十四％遠く、月に比べて三十％も大きい。

4.（原　　文）据深圳地铁相关负责人介绍，“女士优先车厢”并非禁止男性乘客乘坐，而是倡导在拥挤的情况下，男士发扬绅士风度让女性优先乘坐。
（参考訳文）深圳地下鉄の関連部門責任者の説明によると、「女性専用車両」は男性客の乗車を禁止するものではなく、混雑した状況において、男性が紳士的な態度を発揮して女性を優先的に乗車させるよう提唱するものである。
（有道翻訳）深圳地下鉄の関系者によると、「女性优先车両」は男性乗客を利用するのではなく、混雑した状态で、男性が绅士性を発达し、女性を优先させた。
（VoiceTra）深セン地下鉄関係者によると、女性の優先車両は男性乗客の乗車を禁止するのではなく、混雑時に男性が紳士的に乗ることを優先させることを提唱しています。

5.（原　　文）东京也无非是这样。上野的樱花烂熳的时节，望去确也像绯红的轻云，但花下也缺不了成群结队的“清国留学生”的速成班，头顶上盘着大辫子，顶得学生制帽的顶上高高耸起，形成一座富士山。
（参考訳文）東京も格別のことはなかった。上野の桜が満開のころは、眺めはいかにも紅の薄雲のようではあったが、花の下にはきまって隊伍を組んだ「清国留学生」の速成組がいた。頭のてっぺんに辮髪をぐるぐる巻きにし、そのため学生帽が高くそびえて富士山の形になっている。
（有道翻訳）东京もそうだった。上野の桜が満开のころは、见るのは确かに红の薄い云のようですが、花の下には群れをなして队ができない「清国留学生」の速成クラスで、头の上に大きなお下げがあり、学生制帽の上に高くそびえて、富士山を形成していました。
（VoiceTra）東京もそうです。上野の桜のの時期には、緋雲のような軽雲のように見えますが、花の下に群れができた「清国留学生」の速さの速さにも関わらず、頭の上に大きな三つ編みをして学生製の帽子のてっぺんが高く聳えて富士山を形成しています。

サンプル

1-a.（原　文）すみません、道に迷ったみたいんですが、タクシーの乗り場はどこですか。
（参考訳文）不好意思，我好像迷路了，请问出租车的乘车点在哪里？
（有道翻訳）对不起，好像迷路了，请问出租车的乘车地点在哪里?。
（VoiceTra）对不起，我迷路了，出租车乘车处在哪里？

1-b.（原　文）上海駅までの片道切符を一枚ください。
（参考訳文）我想买一张到上海站的单程票。
（有道翻訳）请给我一张到上海站的单程车票。
（VoiceTra）请给我一张到上海站的单程票。

1-c.（原　文）禁煙普通席で二名様、合計四千五百円です。
（参考訳文）禁烟普通席两位，一共是4500日元。
（有道翻訳）禁烟普通席上二位，共计四千五百元。
（VoiceTra）禁烟普通座位，二位，共计四千五百日元。

2.（原　　文）京都には観光スポットがたくさんありますが、中国人観光客にとって嵐山はいまや京都観光の代表的な場所となっています。周恩来は、若いころ日本に留学したとき嵐山へ見学に行ったことがあります。いまでは嵐山では毎日、周恩来総理の記念詩碑を訪れる中国人が見受けられます。
（参考訳文）京都有许多观光景点，如今岚山对中国游客来说已是京都观光的代表性景点之一。周恩来年轻时候留学日本期间曾游览过岚山。因此，现在在岚山每天都能看到中国人来参观周恩来总理的纪念诗碑。

（有道翻訳）京都有很多景点，但是对于中国游客来说，岚山现在是京都观光的代表性场所。周恩来是在年轻的时候去日本留学的时候，去岚山参观的时候。现在在岚山，每天都能看到访问周恩来总理的纪念诗碑的中国人。

（VoiceTra）京都有很多观光景点，对于中国游客来说岚山现在是京都观光的代表性地点。周恩来在年轻的时候去日本留学的时候去参观过岚山。现在在岚山，每天都能看到周恩来总理纪念诗碑的中国人。

3.（原　　文）これまでの観測で、もともと弱アルカリ性の海水が少しずつ酸性化し、海洋内部では水素イオン指数（pH）が10年当たり0.008～0.025低下していることが確認された。大気中の二酸化炭素濃度が溶け込んでいるのが要因とみられ、このまま酸性化が進行すれば、サンゴの形成が阻害されたり、貝類や甲殻類が小型化したりするほか、魚類の繁殖数も低下すると懸念されている。

（参考訳文）截至目前的观测显示，原本呈弱碱性的海水正在逐渐酸化，已确认海洋内部的pH值每10年下降0.008至0.025。大气中的二氧化碳溶入海水被认为是造成这一现象的主要原因，如果酸化加剧，将会妨碍珊瑚生长，使贝类及甲壳类体形变小，此外还可能导致鱼类的繁殖数量下降。

（有道翻訳）之前的观测显示，原本弱碱性的海水会逐渐形成酸性化，海洋内部的氢离子指数（ph）在2010年的0•008~0、025下降。在大气中的二氧化碳浓度溶化的原因被认为是主要原因，如果这样酸性化的话，珊瑚的形成会被阻碍，贝类和甲壳类将会小型化，鱼类的繁殖也会有所下降。

（VoiceTra）在以往的观测中，确认到本来弱碱性的海水一点点酸性化，海洋内部的氢离子指数（pH）每十年减零・八。零二十五。大气中的二氧化碳浓度溶解被视为主要原因，如果这样下去酸性化的话，珊瑚的形成会被阻碍，贝类和甲壳类小型化，鱼类的繁殖数也会降低。

4.（原　　文）近年、国際クルーズ船の日本への寄港が急増しているが、施設整備が追いついていない。貨物船と入港時期が重なって岸壁が使えず、寄港先を海外に変更するケースがある。政府は、優先利用によってこうした事例を解消し、訪日クルーズ客を20年に500万人とする目標を達成したい考えだ。

（参考訳文）近年来，越来越多国际游轮停靠日本，但设施完善未能跟上，发生过因与货轮停靠时间冲突而无法使用码头，不得不将停靠点改为海外的情况。日本政府希望通过优先使用权消除类似情况，力争到2020年实现访日游轮乘客达到500万人次的目标。

（有道翻訳）近年来，国际航船的日本停靠港不断增加，但设施建设却跟不上步伐。由于货轮和入港时间重叠，所以无法使用岸壁，所以有把寄港地变更为海外的情况。政府想通过优先利用来解除这些事例，实现20年访日的游客达到500万名的目标。

（VoiceTra）近几年，国际观光船前往日本的港口急剧增加，设施整顿没有赶上。有货船和进港时期重合，不能使用岸壁，将停靠地变更为海外的情况。政府考虑通过优先利用来解决这样的事例，达到二十年五百万人的目标。

5.（原　　文）吾輩は猫である。名前はまだ無い。
どこで生れたかとんと見当がつかぬ。何でも薄暗いじめじめした所でニャーニャー泣いていた事だけは記憶している。吾輩はここで始めて人間というものを見た。

（参考訳文）咱家是猫。名字嘛……还没有。
哪里出生？压根儿就搞不清！只恍惚记得好想在一个阴湿的地方咪咪叫。在哪儿，咱家第一次看见了人。

（有道翻訳）咱家是猫。名字还没有。
不知是在哪里出生的。在昏暗潮湿的地方，只留下了喵喵的哭泣。我在这里第一次看到了人类。

（VoiceTra）我是猫。还没有名字。
我没想到是在哪里生的。我只记得什么都在阴暗潮湿的地方哭。我在这里看到了一个叫人的东西。

蠟山政道の東亜協同体論

～日中戦争を収拾する手段として～

早稲田大学社会科学研究科
博士課程後期４年
王継洲

はじめに

1929年に世界大恐慌が勃発し、欧米諸国は経済の危機に陥り、1931年、関東軍はその時機を捉えて、満洲事変を引き起こした。事変の発生は、ワシントン体制に大きな衝撃を与えるとともに、日本は国際社会から孤立し始めた。

その後、日本軍部は華北分離政策を行い、やがて満洲事変は支那事変にエスカレートし、日中両国は全面戦争の時代に入った。戦争の泥沼化に直面し、日本の知識人は一種の閉塞感[1]を感じた。時局は彼らに、戦争を収拾する任務を与えることとなった。

本稿でとりあげる蠟山政道の東亜協同体論はその一つの応えである。1920年代に新鋭の政治学者として論壇に登場した蠟山は、日本の政治学、行政学の先駆的な存在となり、彼は近衛文麿のブレーン・昭和研究会とも深く関連した。近衛の「東亜新秩序建設声明」は、蠟山の東亜協同体論に基づいたものと言われている。

今日まで蠟山の東亜協同体論に対する先行研究は、政治思想[2]、国際秩序[3]の観点から分析する論文が多く、政策論から東亜協同体論の形成過程、適用、限界についての考察は十分とは言えない。また、史料について、蠟山の著書『世界の変局と日本の世界政策』、『東亜と世界』はよく使用されていたが、蠟山の評論、昭和研究会に関する史料は十分に活用されていなかった。

以上の問題関心と先行研究に基づき、本稿は政策論から、蠟山の満洲問題解決策はどのように東亜協同体論へ変化し、この過程において蠟山は昭和研究会、汪兆銘政権の成立に如何に関わっていたか、東亜協同体論の限界はどこにあるかを明らかにしたい。本研究を通じて、なぜ日本の知識人は戦争を収拾できなかったのか、また、東亜協同体論は今日の東アジア共同体の建設に何らかの示唆があるかを解明できれば幸いである。

一、満洲建国から日中戦争へ

1-1 「満洲自治国」共同承認案

1932年3月、満洲国が建国され、中国側の提訴と日本の提案により国際連盟はリットン調査団を満洲に派遣した。この時日本国内では、満洲国を即日承認すべきであり、リットン調査団には反対するとの声が強かった。かかる状況において、蠟山を含めた東京政治経済研究所のメンバーは、事態を放任してはいけないと考え[4]、二つの「満洲問題解決私案」を作成した。

第一案は、蠟山が中心になって作成した「満洲自治国」共同承認案であり、第二案は、横田喜三郎が作った「独立満洲政府」共同承認案であった。両案の異なるところは、横田案は、国際法を尊重し、「領土の不変更」[5]を主張しているのに対し、蠟山案は従来の国際法や既存の国際関係によって律することができない新事実に着目し、「之を国際的共同確認なる新らしき意思に係はらしめることに依り、事態の解決を図らざるべからずとするものである」[6]。満洲国という不可逆的な現実に直面し、蠟山はそれを国際緩衝地帯にしたかった。

他方、蠟山案も横田案も国際協調を重視し、日本の「満洲国」単独承認に反対した。なぜなら、国際社会の承認がないと、満洲だけではなく、東アジアも不安定になるからである。

蠟山が認めているように、「本案は、固より之を以て日支懸案の最終的解決と見做すもので無い」[7]。日中両国の平和のために、日本は「大いに公明の態度を発揮し、所謂日本の対満領土的野心なるものに対する支那及び列国の猜疑を一掃すべきである」[8]。また、日本は満蒙「生命線の内容を具体化して行かねばならぬと共に、外に向つてその限界を明瞭にしなければならぬ」[9]。ここで、蠟山の主な狙いは、日本の大陸政策の外延を明確化することによって、関東軍の唱える「生命線」拡大解釈を防ぐことにあった。

現実性があるため、蠟山案は大多数のメンバーの支持を得た[10]。両私案は、リットン調査団、政府などの有力者に送付された。しかし、日本政府はこれを受け入れず、9月15日、満洲国を単独承認した。

その後、蠟山はまた「国際連盟の極東地方組織」[11]を作ることを主張した。つまり、弱体化した国際連盟の代わりに、日本、米国、ソ連などの国を含めた国際連盟の地方組織により、東アジアを安定化させるものであった。しかし、これも実現できなかった。蠟山は知識人の無力さを感じた。彼は当時を振り返って、「知識人だけではだめですね……政策におろすときに、そういう実際家との接触がないとできないですね」[12]と述べている。

1-2 蠟山政道と昭和研究会

1933年5月、近衛文麿の親友である後藤隆之助は国策研究機関を設立しようと考え、近衛に相談した。二人は先ず、東大教授河合栄治郎の協力を求めた。しかし、河合は固辞して受けず、かわりに蠟山を推薦した。蠟山は彼らの考えを聞き、協力することとした。蠟山には近衛の政治力を利用し、日本の政治を導こうという考えがあったのであろう。

10月1日、後藤は青山五丁目に事務所を設け、昭和研究会を正式に発足させた。9日、第一回会合が行われ、米田実、芦田均、稲原勝治、石川信吾、鈴木貞一らが日本の国防と外交について議論した。その後、研究会は毎週一回開催することに決まり、蠟山も「昭和国策要綱」を起草し、教育、財政、外交、行政機構改革などの問題を提起した。

12月、時事問題懇談会も設けられた。そのメンバーは有馬頼寧、河合栄治郎、佐藤寛次、那須皓、前田多門、蠟山政道、後藤隆之助、井川忠雄、酒井三郎、新木栄吉、河上丈太郎、松岡駒吉、関口泰、田沢義鋪、田辺加多丸、東畑精一、田島道治[13]などであった。各分野の代表的な知識人が集まったことからも、彼らの政治参与の意欲が見られる。

昭和研究会は、常任委員会が中心になって運営され、その下に政治機構、外交、経済、金融財政、教育などの専門研究会が設置され、蠟山は政治機構、外交、教育などの委員会に参加した。

1937年5月31日、林銑十郎内閣は総辞職し、近衛が総理大臣に任命された。組閣前に、中国問題の重要性を知っている蠟山は、近衛に「あなた、内閣を作ることになるということだが、内閣を組閣する前に蔣介石と会ってみたらどうですか。内閣を組閣してしまってからでは、中国政策を作るというわけにいかないでしょう。むしろ蔣介石と会って、その上で中国政策を加味した内閣をお作りになったらいいじゃないか。それなら私は学校をやめてもお供して行きます」と積極的に進言した[14]。しかし、近衛の関心は、「臨時議会」のみにあり、中国問題を「第二次的」に考え[15]、蠟山の進言を受け入れようとしなかった。

1-3 蠟山の独白

1937年7月7日、盧溝橋事件が勃発した。両国の全面戦争を予想した蠟山は研究会に出かけ、「早急に解決しなければ、事変はどうしようもなくなる。この解決策は、内閣の責任者が南京に急行して蒋介石と肚を割って結末をつけるよりほかない」と後藤隆之助に述べた[16]。また、7月12日、参謀本部第一部長・石原莞爾も内閣書記官長・風見章を通じて、近衛に「速やかに南京に赴き、蒋介石と直接談判して以て問題を解決」すべきであると進言した[17]。しかし、風見は陸軍内の統制力と蒋介石による抗日派への抑制力を疑問視し、積極的ではなかった。その代わりに、彼は近衛に広田弘毅外相の派遣を提案し、近衛の了承を得た[18]。ところが、広田は諾否を表明せず、この案も実現に至らなかった。

その後、近衛は秋山定輔の提案により、宮崎龍介（宮崎滔天の長男）を南京に派遣する工作を実施した。しかし、7月24日、宮崎は神戸で憲兵に逮捕され、秋山も東京で捕まえられた。近衛の回想によると、「こちらですぐ軍へ手配をしたが釈放すると云ひ乍らぐづぐづすること一週間。そのうち事件は拡大して終に時機を失して了つた」[19]。

以上のように、蠟山が望んだ近衛・蒋の会談は実現できなかった。11月、彼は「一学徒の独白」を書き、自分の心境を表明した。独白によると、蠟山は6月中旬頃に、すでに「北支に於ける日支関係がどうにもならぬ行詰まりに逢着して、そのまゝ平和に推移し得る可能性は無くなつた」と感じた[20]。彼は「抜本塞源的な外交交渉」[21]を通じて、日中両国の緊張関係を緩和しようとした。しかし、首脳会談は実現できず、戦争勃発後の「膺懲（ようちょう）声明」を見た蠟山は「近衛内閣の外交政策に失望」した[22]。

蠟山からみると、戦線の拡大とともに、今は「次第に全面的な世界戦争といふ場面までを考へるやうになつて来た」[23]。また、「何故自分の祖国である日本の政治には戦争に拠らないで問題の建設的な解決を積極的に企てようとする外交方針や政治勢力が存在してゐないのであらうか」[24]という苦悩を、政治学者としての蠟山は抱えていた。

日中戦争の現実の前に、「戦争は如何なる意味に於いて是認さるべきか」[25]という問題を蠟山が考えなければならなくなってきた。「東亜安定の目的を達成する」ため、彼は「日本の諸問題を研究し、批判し、建設的方策を考へて行きたい」[26]と決心した。このような行動は「ジンゴイズム」[27]と同視されてしまふだらう、ファシズムとの区別がなくなされてしまふ」[28]かもしれないが、蠟山は気にしていなかった。

また、戦争において、蠟山が最も心配していたものは二つあった。一つは、日本「国民生活の安定問題」であり、もう一つは、日本が「ファシズム」戦線に沿って進んでいく傾向であった[29]。彼からみると、日本のナショナリズムは非常に高揚的であり、まともな世界政策はなかった。蠟山はそれを批判し、「日本主義もよい。皇国主義もよい。その名は何んでもよいが、日本人だけでなく世界の人々に理解され、受容さるべき内容と形態とを具へた[30]」世界政策を採らなければならない、と主張した。

日本だけではなく、蠟山は中国のナショナリズムも研究し、三民主義は、「民族、民権及び民生の三範疇を統一する文化的総合概念を缺いて[31]」いると指摘した。これは蔣介石の排外的な三民主義に対するものであった。また、その補足の方法は「東亜といふ地域を包含する文化形態の本質」を究明することであった。つまり、アジア的な要素を加える必要があった。

また、戦争を収拾するために、「日支人協力して」一つの共同の理論を「創り出す外はあるまい[32]」。なぜなら、両国が協同して作った理論こそ、ナショナリズムを超克することができると考えた。

1937年11月、後藤隆之助は中国に行き、同盟通信上海支局局長の松本重治と会談した。松本は後藤に、「日本軍は決して南京を陥落させ、これに入城して、中国人のメンツを失わさせてはならない[33]」と進言した。昭和研究会も日本軍の南京入城前に、ビスマルク的転換[34]を期待した。11月27日、後藤は近衛に「この機会を失ってはいけない」と助言したが、近衛は「今の自分には、もはやそうする力がない[35]」と答えた。歴史が証明したように、近衛はビスマルクのような政治家ではなく、ビスマルク的転換を実現できなかった。

1938年1月、「爾後国民政府を対手とせず」という第一次近衛声明が発表され、昭和研究会に大きなショックを与えた[36]。しかし、日本が「地方政権」になったと考えた蔣政権は依然として人気を失わず、中国民衆の絶大な支持を受けていた。政策の誤りを意識した近衛は、内閣改造を通じて、政策修正をしようとした。

二、アスターハウス会議と汪兆銘工作[37]

2-1　アスターハウス会議（上海会議）の開催

一方、日本の現地軍も事変を収拾するため、様々な工作を行った。1938年8月、中支那派遣軍特務部内の思想対策研究会が上海のアスターハウスホテル（浦江飯店）で秘密会議を開催した。出席者は、東京から招いた蠟山、河野密、酒井三郎、研究会の三木亮孝、花野吉平、沼田宏、中西功、同盟通信の松本重治（傍聴）、満鉄本社からの土井章[38]等であった。

会議の内容を分析する前に、まず、特務部を簡単に紹介する。特務部部長は原田熊吉であり、特務部には、経済部と総務部が設けられていた。総務部の下に、第一班、宣伝班、別班が分けられ、思想対策研究会は第一班の付属組織であった。中西によると、第一班の任務は中支に於ける「思想工作」、「民心把握」、「新指導原理の確立」、並に各種の「民衆組織」を作ることであり[39]、菅野謙吾、三木亮孝、早水親重、花野吉平、中西功らがその主要なメンバーであった。

花野の回想によると、蠟山を招いた理由は、以下のようなものであった[40]。第一に、蠟山の「昭和研究会のプランメーカーとしての力量だけではなく、政治、行政学者としての学識を借り」たいことである。第二に、蠟山を通じて、「中国版『東亜協同体論』を肉づけした日本版を作成し、マスコミに広げ世論を高め」たいことである。第三は、「蠟山さんには、ぬるま湯に入っているような東京の雰囲気ではなく、強烈な刺激を腹一杯うけてもらうこと、中国側各界の人士に面会してもらうことと、中国の認識を正して」もらいたいことである。

それでは、会議の内容はどうなのか。酒井によれば、①中支の現状とその対策、②真性孫文主義と三民主義に代わる全民主義（ママ）、③新中国建設大網、④維新政府暫定組織要綱、⑤全民党の綱領と政策[41]の課題が検討された。また、中西も「事前に本研究会にして準備せる修正三民主義全民党綱領組織方針等を、蠟山政道の指導の下に審議せるものなるが、要は戦前の国民党の政策党組織を現下の日本の必要に基づき、如何に修正し利用するか」[42]ということを回想している。

会議において、蠟山が主導し、三民主義、全民主義、全民党の綱領などの問題を議論した。ところで、全民主義とはどういうものなのか。この問題に関し、花野は「われわれの機関がとりあげた『全民主義』は趙正平（暨南大学学長）の作である」[43]と述べている。中西も特務部は「上海市中に潜伏していた汪兆銘派の傅式説（上海大厦大学教授）[44]や趙正平などと連絡し、『全民主義』を旗印にしていました」[45]と主張している。両者の発言によると、「全民主義」は趙が書いたものであった。また、第一班の任務を考えると、思想対策研究会が全民主義を利用し、第一班が組織した全民党の理論にしたかったのであろう。

しかし、会議において、全民主義という言葉は「真正三民主義」に変わった[46]。また、蠟山も趙と傅と会談するとき、趙に全民主義を「撤回」してもらっている[47]。その原因は何故かというと、辛亥革命以来、三民主義はすでに中国民衆に受け入れられており、新しい主義を中国人に認めさせることは非常に困難であった。また、蒋介石の排外的な三民主義と区別するために、彼らは「真正三民主義」を使ったのであろう。

9月15日、大本営において「改訂三民主義」は承認された。従来の三民主義と異なり、改訂三民主義には「大亜細亜主義」の要素があった[48]。これこそ、まさに蠟山が考えた「日支人協力して」作った理論であろう。

2-2 汪兆銘工作との関連

アスターハウス会議参加者の中に松本重治がいた。彼は汪兆銘工作に参与した重要人物である。1938年1月から、満鉄南京事務所長・西義顕、参謀本部第八課長・影佐禎昭、支那班長・今井武夫らは、中国外交部日本課長・董道寧、外交部亜洲司長・高宗武等と和平工作を行っている。

6月22日、高は日本に行き、板垣征四郎陸相、多田駿参謀次長、近衛の代表・岩永裕吉同盟社長らと会談した。会談の結果、汪兆銘を中心にした和平工作が正式に開始した。7月、高は香港に戻り、日本側の汪への期待を含む報告書を周仏海経由で汪に報告、汪の諒解を得た。

この時、上海で和平工作をしていた傅式説も漢口へ行き、周仏海との会談を試みた。会談において、周は傅に「吾々ハ将来三民主義ニ沿ウテ行動セザル可ラズ、之ニ付テ日本トノ相談ヲシテ呉レ」と語った[49]。7月23日、傅が原田熊吉と相談し、8月、アスターハウス会議が開催されることとなった。

会議の開催をめぐり、陸軍省軍務局のことも言わなくてはならない。花野によれば、「われわれの機関の報告会議は特務部所属であるが、直接陸軍省軍務局の指揮下に[50]」あった。なお、当時の軍務局の実権を握っていたのは、後年「ホトケの司令官」と言われた軍務局長の中村明人ではなく、軍務課長の影佐であり、参謀本部支那班長の今井武夫も、影佐の要請で、8月3日付で軍務局付兼務となっていた[51]ことからみると、アスターハウス会議と汪兆銘工作との関係は非常に深かった。

一方、傅によると、「蠟山教授帰国後ハ同盟ノ松本氏ガ交渉ニ当リタリ[52]」。蠟山の代わりに、松本が交渉相手になった。この点に関し、西によると、1938年「夏から秋にかけて、松本の分担実践していた平和運動の分野は、理論的なもの実践的なものと、その幅実に広[53]」がった。

改訂三民主義は通過され、10月24日、梅思平は「此案ヲ持チ重慶ニ飛行」

した[54]。当時、会議の参加者のすべてが汪兆銘工作のことを知ってはいなかったが、後の流れからみると、蠟山が主導したこの会議は汪兆銘工作にとって「理論作り」[55]の会議となった。特に、アジア主義を含めた改訂三民主義は会議の成果であった。

三、東亜協同体論の登場とその限界

3-1 時局の要請に応え

中国の現地の状況を知った蠟山は、日本に戻り、戦争の原因・目的・意義を考えた。まず、戦争の原因について、彼は三つのことを指摘した[56]。

(一)支那におけるナショナリズムの勃興とその勢いは新しい中産階級によつて支持され、一般民衆にも瀰漫(びまん)した。その指導的勢力たる国民党が最近に至って容共抗日の政策をとるに至つたこと。
(二)支那に種々の半植民地的権益を有して居る欧米諸国、殊に英国が最近に至つて支那の民族資本との契合を国民政府の支援を通じて企図し始め、支那の抗日的態勢を強化したこと。
(三)満洲事変以後日本の大陸政策が急激に発展し、北支における支那の経済的政治的経営を必要とするに至つたが、支那のナショナリズムを超克し得る対策を樹立する遑(いとま)なしに衝突が見られるに至つたこと。

つまり、中国のナショナリズム、西欧の帝国主義、日本の大陸政策という三つの相関関係の問題であった。また、戦争の目的について、蠟山は日本政府の「領土的野心を有するものでない」、「求むるところは日支の提携」という声明から、戦争の「目的が普通の国際戦争」[57]と異なり、「東亜に新秩序を建設」する「道義的目的」[58]があったと考えた。また、欧米諸国が望んでいるのは「東洋が民族的に分立」することであり、東洋が東洋として「覚醒」[59]することは意義があると蠟山は思った。

それでは、どのように戦争を収拾するかについて、まず、戦争の誘因を除去しなければならないと蠟山は考えた[60]。

(一)近代支那のナショナリズムの意義を認め、その民族的統一の合理的基礎を確保する為、中世的遺制たる中華民国の辺境地帯を整理して、差し当り日満支三国の地域的協同体制を設定する。その協同体制の保障の下に新中華民国を建設する。民族の独立はその相剋ではなくしてその協同を通うして達成さるべきこと。

（二）今後世界の構成原理として、一、二の資本主義的帝国主義国家の指導する平面的水平的国際組織ではなく、地域的立体的協同組織を認め、世界文化の偏面的普遍的ではなく、複合的構成を企図する。この意味において、九ヶ国条約や連盟規約の無効を認めねばならぬこと。かくの如き地域における世界各国の権益並びに活動は、この原則に反せざる範囲において之を尊重し、出来得べくんばその地域的開発に国際的協力の方法を工夫し、世界文化の向上と世界平和の恒久的基礎を築くこと。

（三）日本は新中華民国の統一と独立と主権とを認め、その国土民生の経済的建設に協力する。この新政府の発達育成に就いては、日満支を以て組織する連合体制たる東亜協同体を以て実力上の保障を成す。従つて、この新体制下における日本の大陸経営は西欧的範疇たる帝国主義的方法に依らず、これと全く異なる地域的共同経済の諸方策に依ること。その方策の実行に必要なる国内経済政治体制の再編成を企図すること。

これは、戦争の原因を取り除く措置だけではなく、東亜協同体論の内容でもあった。この理論において、蠟山は日本ばかりを考えるのではなく、中国のナショナリズムも配慮している。彼は両国のナショナリズムを超克する「ナショナリズムの連合体」[61]を作りたかった。

蠟山はアジアの地域性を考え、日本国民に現実状況を合理的に説明しようとした。つまり、この戦争は日本のためだけの戦争ではなく、アジアのための戦争でもあった。アジアには地域性があるが、蠟山は国際協調を否定していなかった。彼が認めたように、東亜協同体論は「日本の世界政策論として誕生し研究されたもの」[62]である。即ち、東亜協同体論には国際性があり、国際社会の承認も可能であった。満洲問題解決策と同じ、蠟山の東亜協同体論においても国際社会からの承認を求めていた。これは蠟山が考えた「建設的方策」であろう。

一方、東亜協同体の建設は「同時に国民協同体の形成を伴はねばならぬ」[63]。なぜなら、「東亜協同体の理論又はその建設方策は、当然にその関連において日本の国家民族の新体制を呼び起すもの」[64]である。つまり、東亜協同体論の建設は、当時の近衛新体制との関係も存在する。この問題について、紙幅の制限により、別稿としたいと考える。

3-2 東亜新秩序声明

1938年11月、第二次近衛声明・「東亜新秩序建設声明」が発せられた[65]。その内容をみると、第一次近衛声明に対する修正であり、蠟山の理論に基づいたものと考えられている[66]。また、声明の誕生について、昭和研究会が果たした役割が重要であった。9月30日、昭和研究会は「支那事変対策草案」という極秘文書を作成した。昭和研究会は近衛に新体制を編成するため、中国民衆、日本及び世界に以下のような声明を発する必要があると主張した[67]。

（1）日本ガ本来コノ戦争ヲ遂行シツツアル目的—支那ニ対シ領土的野心ナキコト、日本ノ民衆ハ支那ノ民衆ヲ憎ム意思毛頭ナキコト、他日ノ東洋平和確立ヲ期シ、蔣介石政権ニヨル誤レル対日政策ヲ粉砕スル目的ヲ有スルニトドマルコト 共産主義ト支那ガ手ヲ切ルコト、反共産主義結合ノ提唱。

（2）支那ガ日本ノ決意ノ深サト実力ノ評価ヲ誤リツツアル結果、如何ニ多クノ犠牲ヲ払ヒツツアルカニツキ反省セシムルコト。叙上ノ行為ハ東洋ノ自主的勢力ヲ樹立セントスル日本ノ理想トモ背馳スルモノナルコト。日支相トモニ東亜建設（復興）ノ理想ニ手ヲ携ヘテ進ムノ日近キコトヲ望ムモノナルコト。

（3）然シナガラ東亜ノ復興ハ決シテ列国ニ対スル排除的政策ヲ意味スルモノデハナク、ムシロ新秩序ノ建設ニ対スル列国ノ協力ヲ望ムモノナルコト。今ヤ世界ヲ挙ゲテ大戦ノ危機ニ駆ラレツツアル時、日本ハ東亜ノ平和ヲ独力ヲ以テ回復シ、コノ一角ヨリ世界平和ニ貢献セント期シツツアルコト。

以上の内容は近衛声明と相似する部分が多く、本草案は『近衛文麿関係資料』[68]でも確認でき、それは第二次近衛声明の初稿であるとも言えよう。

12月20日、汪兆銘が重慶から脱出し、ハノイに到着した。汪の脱出は近衛声明に応じるものだけではなく、前述した改訂三民主義を受け入れたとも言える。また、この時から、東亜協同体の建設は汪と日本側の共同の目標となった。

1939年10月、汪を中心に中央政権を作ることが水面に浮かび出た[69]。しかし、蠟山は汪を首班とする新中央政権が事変を処理できるかどうかについて、疑問を持っていた。彼からみると、「汪兆銘と雖も、決して完全な政治家ではない。況んや実力者ではない」[70]。汪政権を強化するには、日本との相互信頼の関係に基づき、政治、国防、外交、経済、文化などの関係を強化し、同時に、日本は「蒋介石を相手にする」考えを放棄しなければならない、なぜなら、それは「汪精衛の前途を誤る」ことだけではなく、日本の「信義の問題」[71]でもあった。

3-3 東亜協同体論への批判と限界

第二次近衛声明の発布と共に、蠟山は東亜協同体論をめぐる論争の口火を切った。当時の東亜協同体論者として有名なのは、三木清、尾崎秀実であった。蠟山と同じく、彼らは昭和研究会のメンバーであった。彼らの協同体論を、蓑田胸喜を始め、右翼団体「原理日本社」は、国体違反だと激しく批判した[72]。

また、東亜協同体に対し、帝国主義の侵略理論といった批判はあった。例えば、蠟山の学生の一人は「民族といふものは不滅なものである。帝国主義でも民族精神を滅することは出来ないと思ふ。だから、自分は東亜協同体といふものを信じない」[73]と、蠟山を批判した。この批判に対し、蠟山は以下のように答えた。

> 貴方が民族と民族精神との不滅を信じ帝国主義に反対するのはよいとして、それならば民族と民族とは対立抗争する以外には道はないと思つてゐられるのか。さう思つて今日までの支那の抗日運動を是認せられるのか。或はそれを放任してゐるのか。若し、さうでないならば、如何にむつかしくても民族協同を齎(もたら)す以外に道はないではないか。東亜協同体はそれを目標としてゐるのである[74]。

蠟山は東アジア民族の相剋を直視し、民族の協同を通じて、東亜の平和を実現したかった。また、東亜協同体は欧米諸国のブロック経済ではないかという指摘もあったが、それに対し、蠟山は「東亜協同体はこのブロック経済の世界経済恐慌から脱却せんとする自己防衛的の一面と世界経済秩序に対する消極性とを揚棄して、もつと綜合的な積極的な体系として自ら形成せんとして出発したものである」[75]と反論した。

蠟山が東亜協同体論を主張した直接的な動機は、日中戦争の収拾であった。しかし、現実の歴史からみると、失敗した。1939年9月、第二次世界大戦が勃発した。翌年6月、ドイツはパリを占領し、英国も危機に瀕していた。日本はこの状況を利用し、東南アジアを自己の勢力に組み込めば、日中戦争の危機的状況から脱出できると考え、武力南進を決意した。

1940年7月、日本政府は「基本国策要綱」を決定し、その「国防及外交」の項に「大東亜ノ新秩序建設」[76]という内容があった。外相松岡洋右も「我国現前の外交方針としてはこの皇道の大精神に則り、先づ日満支をその一環とする大東亜共栄圏の確立を図るにあらねばなりませぬ」[77]と発言した。蠟山はその発言を聞き、「極めて抽象的漠然たるものであるといふ印象」[78]と「多大の危惧の念を有つてゐ」た[79]。彼からみると、「日満支地域（東方地域と称せん）に就いてすら、これに関する地政学的考察は多大の複雑さを示し」[80]、大東亜共栄圏の実現は更に困難であろう。

ここに至って、日中対等の東亜協同体は日本を盟主とする「大東亜共栄圏」[81]、「東亜連盟」[82]へ変化し、蠟山の理論の限界を超えた。

まとめ

満洲国建国後、蠟山は「満洲自治国」共同承認案を提出し、満洲国を日中両国の緩衝地帯に建設し、日本軍部の行動を制限しようとした。しかし、日本政府は蠟山の案を受け入れなかった。知識人の無力さを感じた蠟山は昭和研究会の設立に協力し、近衛の政治力を利用し、日本の政治を導こうとした。

1937年、日中戦争が勃発し、蠟山は近衛・蔣会談の実現を望んだが、実現に至らず、戦争は泥沼化した。閉塞感を抱いた蠟山は、戦争の原因・目的・意義という問題を明らかにしようとした。1938年、彼はアスターハウス会議に出席し、三民主義などの問題を議論した。その後、アジア的な要素を含めた改訂三民主義は「通過」され、汪兆銘はそれを受け入れた。

蠟山からみると、中国のナショナリズム、西欧の帝国主義、日本の大陸政策が戦争の原因であり、この原因を除去するため、蠟山は日中両国のナショナリズムを超克する東亜協同体を建設しようと考えた。1938年11月、近衛は蠟山の理論、昭和研究会の建言などに基づき、第二次近衛声明を発した。それに応じて、汪兆銘は重慶から脱出し、東アジアの情勢は新たな段階に入った。

一方、蠟山は東亜協同体論を提出してから、様々な批判を受けていた。例えば、帝国主義とか、ブロック経済といったような批判である。これらの批判に対し、蠟山は東亜協同体論の積極性を強調した。しかし、第二次世界大戦勃発後、東亜新秩序の主張は大東亜新秩序に変容し、日中戦争を収拾するための東亜協同体論の限界を超え、東亜協同体の建設も結局失敗した。

蠟山の東亜協同体論は戦時下において提出されたものとはいえ、アジアの「ガン」と言われるナショナリズムに対応しようとしたものである。戦後体制からポスト戦後体制への移行期である今日において、日中両国はどのように東アジアの平和を維持するかという課題に対し、まず、ナショナリズム問題を直視する必要があると指摘しておきたい。

1　松本三之介『近代日本の中国認識』以文社、2011年、p.276
2　三谷太一郎「国際環境の変動と日本の知識人」細谷千博編『日米関係史4』東京大学出版会、1972年。高橋久志「『東亜協同体論』－蠟山政道、尾崎秀実、加田哲二の場合」三輪公忠編『日本の一九三〇年代』彩流社、1981年。小林啓治「戦間期の国際秩序認識と東亜協同体論の形成：蠟山政道の国際政治論を中心として」『日本史研究』第424号、1997年。酒井哲哉「『東亜協同体論』から『近代化論』へ－蝋山政道における地域・開発・ナショナリズム論の位相」日本政治学会編『年報政治学 日本外交におけるアジア主義』、1998年。栗原孝之「蠟山政道戦時下（1937－1942）の「地域主義」：総合雑誌からその本質を探る」『情報化社会・メディア研究』第10号、2013年。
3　橋川文三「東亜新秩序の神話」橋川文三・松本三之介編『近代日本政治思想史Ⅱ』有斐閣、1970年。五味俊樹「1930年代の新国際秩序構想・蠟山政道の場合」『国際学論集』第Ⅱ巻第2号、1979年。山口浩志「東亜新秩序論の諸相－東亜協同体論を中心に（1・2）」『明治大学大学院紀要：政治経済学篇』26・27号、1989～1990年。藤岡健太郎「戦間期日本知識人の東アジア国際秩序認識の構造－蝋山政道と末広重雄の場合」『九州史学』125号、2000年。
4　蠟山政道等『満洲問題解決案（未定稿）』東京大学「高木八尺文庫」所蔵、1932年、p.77。東京政治経済研究所は1930年3月1日に、蠟山政道、松本重治、嘉治隆一など社会思想社のグループが同人組織で設立・運営していた政治・経済問題に関する民間の研究機関である。
5　前掲『満洲問題解決案（未定稿）』、p.107
6　前掲『満洲問題解決案（未定稿）』、p.79
7　前掲『満洲問題解決案（未定稿）』、p.76
8　前掲『満洲問題解決案（未定稿）』、pp.54～55
9　蠟山政道「満洲建国問題の理論的考察」『国家学会雑誌』第544号、1932年、p.80
10　松本重治『上海時代（上）』中央公論社、1974年、p.36
11　蠟山政道「世界の再認識と地方的国際連盟」『国際知識』1月号、1933年、p.30
12　蠟山政道ほか「近衛公と昭和研究会」『経済往来』8月号、1968年、p.320
13　酒井三郎『昭和研究会』株式会社ティビーエス・ブリタニカ、1979年、p.16
14　前掲「近衛公と昭和研究会」、pp.312～313
15　蠟山政道「一学徒の独白」『文藝春秋』12月号、1937年、p.50
16　前掲『昭和研究会』、p.76
17　北河賢三・望月雅士・鬼嶋淳編『風見章日記・関係資料』みすず書房、2008年、p.24
18　原田熊雄『西園寺公と政局　第6巻』岩波書店、1951年、p.43
19　近衛文麿「支那事変について」『近衛文麿関係文書』マイクロフィルム、リール1、国会図書館憲政資料室所蔵、1944年
20　前掲「一学徒の独白」、p.49
21　前掲「一学徒の独白」、p.49
22　前掲「一学徒の独白」、p.50
23　前掲「一学徒の独白」、p.54
24　前掲「一学徒の独白」、p.49
25　前掲「一学徒の独白」、p.50

26 前掲「一学徒の独白」、p.54
27 ジンゴイズムとは、感情的、好戦的な愛国主義である。
28 前掲「一学徒の独白」、p.54
29 前掲「一学徒の独白」、p.56
30 前掲「一学徒の独白」、p.58
31 蠟山政道「北支政治工作の文化的基礎」『日本評論』11月号、1937年、p.51
32 前掲「北支政治工作の文化的基礎」、p.51
33 前掲『昭和研究会』、p.86
34 「これは同盟通信社長の岩永裕吉が言い出したことで、普墺戦争の時、ビスマルクが、プロイセン軍によるウィーン陥落を目前にしながら、これを包囲したままで入城せずに和平したため、その後の普仏戦争において、オーストリアがプロイセンに味方した故事に習うべきである、ということであった」前掲『昭和研究会』、p.86
35 前掲『昭和研究会』、p.86
36 前掲『昭和研究会』、p.93
37 蔣介石政権との直接的な和平交渉が事実上打ち切りとなり、手を焼いた日本は、国民政府内の反蔣介石派に対する工作を行い、その分裂をはかった。上海で密かに進められた工作により、国民政府内のナンバー2（党副総裁）の汪兆銘（汪精衛）を38年12月に重慶から脱出させ、ハノイで日本軍との和平を表明させた。
38 福本勝清『中西功訊問調書』亜紀書房、1996年、p.437
39 前掲『中西功訊問調書』、p.388
40 花野吉平『忘却悼記』株式会社日東印刷、1981年、p.31
41 前掲『昭和研究会』、p.106
42 前掲『中西功訊問調書』、pp.437 ～ 438
43 前掲『忘却悼記』、p.31
44 傅式説は汪兆銘工作の重鎮である梅思平の親戚であり、梅の依頼を受け、上海で和平工作を行っている。
45 中西功『中国革命の嵐の中で』青木書店、1974年、p.156
46 前掲『中国革命の嵐の中で』、p.156
47 前掲『忘却悼記』、p.31
48 井上匡四郎「傅式説氏ノ汪兆銘ニ関スル報告」『近衛文麿関係資料』マイクロフィルム、リール6、国会図書館憲政資料室所蔵
49 前掲「傅式説氏ノ汪兆銘ニ関スル報告」
50 花野吉平『歴史の証言－満州に生きて』龍溪書舍、1979年、p.40
51 今井武夫の三男、今井貞夫証言情報。未公開「今井武夫日記」1938年8月3日条
52 前掲「傅式説氏ノ汪兆銘ニ関スル報告」
53 西義顕『悲劇の証人－日華平和工作史』文献社、1962年、p.210
54 前掲「傅式説氏ノ汪兆銘ニ関スル報告」
55 劉傑『日中戦争下の外交』吉川弘文館、1995年、p.332
56 蠟山政道「事変処理と大陸経営の要諦」『文藝春秋』11月号、1938年、pp.99 ～ 100
57 蠟山政道「東亜協同体の理論」『改造』11月号、1938年、p.6
58 前掲「東亜協同体の理論」、p.7
59 前掲「東亜協同体の理論」、p.7
60 前掲「事変処理と大陸経営の要諦」、pp.102 ～ 103
61 昭和同人会『昭和研究会』経済往来社、1968年、p.301
62 蠟山政道「国民協同体の形成」『改造』5月号、1939年、p.6
63 蠟山政道「東亜協同体と帝国主義」『中央公論』9月号、1939年、p.18
64 前掲「国民協同体の形成」、p.6
65 外務省編纂『日本外交年表並主要文書』原書房、1966年、p.401
66 前掲「東亜新秩序論の諸相－東亜協同体論を中心に（1）」、p.120

67 兵頭徹等編『昭和社会経済史料修成 第33巻・昭和研究会資料3』東洋研究所、2006年、pp.138～139
68 「支那事変対策草案」『近衛文麿関係資料』マイクロフィルム、リール3、国会図書館憲政資料室所蔵
69 「新支那中央政権運動・政府の対処方策成る」『朝日新聞』1939年10月31日。
70 蠟山政道「事変処理と新中央政権」『日本評論』12月号、1939年、p.38
71 前掲「事変処理と新中央政権」、p.38
72 蓑田胸喜『昭和研究会の言語魔術：新体制に揺翳する思想的妖雲を掃滅す』原理日本社、1940年
73 前掲「東亜協同体と帝国主義」、p.8
74 前掲「東亜協同体と帝国主義」、p.8
75 前掲「東亜協同体と帝国主義」、p.10
76 前掲『日本外交年表並主要文書』、p.436
77 蠟山政道「大東亜共栄圏の地政学的考察」『改造』4月号、1941年、p.96
78 前掲「大東亜共栄圏の地政学的考察」、p.97
79 前掲「大東亜共栄圏の地政学的考察」、p.103
80 前掲「大東亜共栄圏の地政学的考察」、p.102
81 鹿島守之助『帝国の外交と大東亜共栄圏』翼賛図書刊行会、1943年
82 東亜聯盟協会編『東亜連盟』（月刊）、1940～1945年

「訳文学」理論に基づく日本現代詩歌の中国語訳について

～日本の「三行情書」を中心に～

大連外国語大学日本語学院日本語言語文学科
博士課程前期３年
文佰平

はじめに

「三行情書」は現代詩歌の新たなジャンルとして、元々日本で生まれた文学作品の表現形式であるが、その後、中国に紹介されてネットで盛んになった。私は日本に留学に来る前に、中国のネットで日本の「三行情書」を読んだことがあり、同時に中国語訳の「三行情書」も読んだ。

しかし、日本語を学び始めて間もなく6年になる私にとって、中国のネットで流行っている翻訳（実は中国で既に出版された本もある）は、本当に納得できかねる。従って、日本に交換留学に来て自分の身で日本の文化を体験した上で、今中国のネットで流行っている翻訳を検討してみる。そして、より原作に忠実で美しい中国語訳を出して、日本のシンプルで美しい「三行情書」を中国の読者に紹介したいのである。

一、日本の「三行情書」の起源と発展

「三行情書」は元々日本漢字能力検定協会によって生まれた新たな現代詩のジャンルで、その主な目的は漢字の教育を広げることにある。基本のルールは字数が60字以内で、三行で綴ったラブレターという形で、相手への愛や感謝の気持ちを表わす。

1994～2005年の間、三行情書は日本で盛んになり、毎年日本漢字能力検定協会によって「三行情書」大会が行われた。投稿された詩作は1万件余りもある。作者の年齢の幅も広く、10歳未満の子供もいるし、80歳の年寄りもいる。

2010年４月３日に中国中央テレビの夜のニュースが、日本の「三行情書」の一部分を報じ、それをきっかけに、多くの中国人に知られることになった。同年、中国浙江大学主催による「三行情書」大会が、ネットで注目された。数多くの作品がネットにアップされて、かなりの人気となった。その後、「三行情書」は徐々に「三行情詩」に変化し、復旦大学などの大学で「三行情詩」大会が相次いで開催された。

二、日本の「三行情書」の内容と特徴

2-1　内容

日本の「三行情書」を内容からみると、中国の「三行情書」よりもっとバラエティーに富んでいる。中国の方は男女の恋や愛情の物語を書くものが多く、肉親の情を書くものはまれである。その一方、日本では男女の恋や愛情を取り上げるだけにとどまらず、肉親の情や友情、更にペットへの感情を込めて書くものも珍しくない。その内容がバラエティーに富むのは、日本の「三行情書」に以下の特徴があるからである。

2-2　特徴

第１に作者の年齢層の幅が広く、年齢は80歳代のお年寄りから３～４歳の子供まで広がっている。作者の皆がシンプルな言葉遣いで色々な「愛」を語っている。

例：おじいさん。今、何処にいますか。
　　また寒い季節が巡ってきました。
　　背中を掻いてくれる人のいない冬の夜は淋しさに胸が震えます。
　　　　　　　　　　——島根県飯石郡 89歳／女性（『三行情書』）
　　老头子，你死哪去了？
　　又是一个冬天。
　　但这个冬夜里却没人帮我挠背，好生寂寞啊！　　　——筆者訳

第２に作者の職業がまちまちで、皆素人である。前述したように「三行情書」が新たな現代詩歌のジャンルであるとすれば、その作者は詩人か作家であるはずだが、日本の「三行情書」はほとんど素人によって書かれたものである。

第3に中国の三行情書に比べて日本の方は言葉遣いがよりシンプルで、「情書」らしくないようにも見える。一方、中国の方は「三行情書」と言うより、「三行情詩」と言ってもよい。

例(1) 片思いでもいいじゃない
あなたを思うときが
女として幸せなんだから ——群馬県 24歳／女性（『三行情書』）
单相思也没什么不好。
每当想起你，
便有种作为女人的幸福。 ——楊英潔訳（『三行情书』）

例(2) 山无陵
天地合
乃敢与君绝 ——ネットより
山が山にならぬ
天地合一して世界が滅びるまでに
君と一緒にいたい ——筆者訳

三、「訳文学」理論について

「訳文学」理論とは、王向遠氏が自らの豊かな翻訳実践と理論教養に基づいて提出した中国の特色に溢れる翻訳研究理論のことである。彼が指摘したように、「訳文学」という言葉は、3つの側面から理解することができるだろう。

1つ目は「翻訳文学」の略称として、一般的な翻訳研究のことではなく、「翻訳文学」の研究に限って使われる。2つ目は「訳介学」[1]に対して、「訳介学」が対象とする媒介という立場から、「訳文」、すなわち翻訳された作品そのものに立場を転じる。媒介の影響ではなく、翻訳された作品そのものに注目するということである。3つ目は「訳文の学」、つまり「訳文」の学問のことを指す。「訳文学」は1の言葉で3つの意味を持っているが、それぞれの意味は一目瞭然で、以上述べたような3つの側面から理解することが出来る。3つの側面は「訳文学」という概念の完全な意味内容になっている[2]。

「訳文学」は、主に「翻訳文学」に基づき、翻訳テキストそのものを分析し、評価する。ゆえに「訳介学」とは翻訳テキストへの評価基準が異なる。

「訳介学」の立場は翻訳を一つの媒介にして、「異文化」の要素の紹介を通じて本国の文化と衝突したり、交流する点に注目する。その中で、原語に対して改造したり、叛逆したりする部分もあり、「訳介学」では「創造的叛逆」と称される。

一方、「訳文学」では弁証法の角度から対立する概念が提唱された。すなわち「破壊的叛逆」である。全ての叛逆は正しく、認められる訳ではないため、我々は翻訳テキストの内部から着実に分析しなければいけない。

その他に、王向遠氏は今まで翻訳界では議論が絶えない対立の二元概念「帰化/洋化」のうえに、「融化」という概念を提出し、この3点を三位一体として翻訳テキストの評価概念としている。同時に「正訳／誤訳」という二元的概念のうえに、「欠陥翻訳」という概念を提出した。これによって、翻訳テキストへの質的評価が是でなければ非だという二元論を破って、翻訳テキストへの評価はより完全で精確になってきた。

四、「訳文学」に基づく「三行情書」の中国語訳への分析

日本の「三行情書」は新たな現代詩のジャンルとして、インターネットによって中国に紹介されたが、中国人読者によく知られているのは中国語のバージョンである。そして前述したように、日本の「三行情書」が中国に紹介され、中国の「三行情詩」になった以上、その影響力は言うまでもないと思う。しかし、すでに出版された翻訳が原作を忠実に再現したかどうかを研究する人は、管見の範囲にはほとんどいない。従って、本稿は『三行情書』（北川理恵著、楊英潔訳）にある180首の情書を素材にし、「訳文学」理論に基づいてその中国語訳を分析し検討する。

4-1 「移訳」、「釈訳」と「創訳」

この3つの概念は王向遠氏が伝統的翻訳法――「直訳／意訳」という対立する二元的概念に基づいて提出した三位一体の新たな方法論概念である。普段の翻訳実践では訳文を生成する、あるいは翻訳テキストを評価する場合は、「直訳」か「意訳」かといった境界線をはっきりと引くことができず、多くの場合は二者が調和した、あるいは融合した状態にある。したがって王向遠氏は次のように指摘している。「『直訳／意訳』は既に翻訳実践への指導的な意義がなくなり、理論的にも不合理になった以上、たとえそれを改変するには難しくても改変しなければいけない」[3]と指摘した。よって「訳文学」には

新たな方法論概念として「移訳」、「釈訳」、「創訳」が生まれ、「直訳」と「意訳」という従来の対立する二元的な概念に取って代わることになった。本稿ではこうした「移訳」、「釈訳」と「創訳」という新たな方法論の下で、具体的な詩作を分析してみたい。

⑴原文：受け取っていただけますか
「コワレモノ　取り扱い注意」
と書かれた私の心を　（『三行情書』、以下同じ）
楊訳：你能收下吗？
写着“易碎品，小心轻放”的
我的心

⑵原文：娘は綺麗なおひなさまを見るために
でもお母さんは娘の笑顔を見るために
ひな壇を飾ってるんだよ
楊訳：女儿想看到漂亮的人偶；
妈妈想看到女儿开心的笑脸。
母女俩怀着各自的心愿，装饰着人偶架子。

⑶原文：終わらないようにと
頑張った
君とのメール
楊訳：为了能和你多聊一会儿，
发信息时我总是很努力地
找着话题。

⑷原文：もしも「クジャク」になれたなら
こんな僕でも
愛を形にできるのに
楊訳：如果我变成了孔雀，
即使是那样的我，
也会用尾巴展示我的爱。

⑸原文：街で見かけたあの人は、あの日と変わらず笑ってました

でも少し　声が大人びていて　私だけ
思い出の中にいるような気がしました
楊訳：在街上又遇见了他，一如往日的笑容，
只是声音成熟了许多。
我似乎在刹那间被岁月掠空，又回到了当时。

(6)原文：小さい頃読んだ絵本に、
王子様は白馬に乗ってくるって書いてあった。
本当は、新幹線に乗って来るのにね。
楊訳：小时候读过的绘本里说
王子是骑着白马来的。
其实，是乘着新干线来的啊。

以上の6つの例を分析すると、例(1)と(6)は「移訳」である。「移訳」とは平行移動という形で訳する翻訳法の一種である（王向遠氏，2015）。その中で、(1)の原文にある「コワレモノ　取り扱い注意」というフレーズの中国語訳は、既に定着していて、しかも多くの読者に認められている。だから、訳者は定着した言葉のままに、訳すれば良い。また(6)の原文にある「絵本」と「新幹線」という2つの言葉は、典型的語彙の「移訳」である。そういう翻訳法によって「外来語」を自国の言語システムに導入し、表現を豊かにさせている。

例(2)と(4)は「釈訳」である。「釈訳」とは解釈的翻訳という翻訳法である。文学作品を訳す時、もし「移訳」法で原文の内容と形式を翻訳できかねる場合は、解釈の言葉を入れながら翻訳する。これを「釈訳」という。しかし、「釈訳」法を使う時、訳者はどれだけ解釈したら良いかという限度を把握しなければならない。訳者の主観的なものを入れすぎると、翻訳テキストが「解釈的翻訳」になってしまい、「正訳」から外れる可能性もかなりある。

例(2)の中国語訳のように、「母女俩怀着各自的心愿」と解釈する必要は全くなく、むしろ適当な「余白」のほうが原文により近いと思う。一方、例(4)の原文における「愛を形にできるのに」という文は、もし訳者が適切な解釈を入れず、「移訳」法で翻訳すれば、読者には意味不明で理解しかねるかもしれない。

例(3)と(5)は「創訳」である。「文学作品を翻訳する場合にたくさんの主観的、客観的要素によって創造的方法、態度で翻訳しなければいけない。それ

も『創訳』の一種である。従って、『創訳』法は主に語彙への『創訳』と文への『創訳』からなっている」（王向遠氏、2015）。例(3)と(5)の中国語訳は読者に認められる限度内の「創訳」なので、「破壊性」がないと思われる。

4-2 「正訳」、「誤訳」と「欠陥翻訳」

周知のように、翻訳テキストを評価する場合には、しばしば万能の「信」、「達」、「雅」[4]という翻訳基準を参照しながら訳文を評価する。しかし、王向遠氏が「正译／误译／缺陷翻译——“译文学”的译文正误判断与缺陷评价的概念」で指摘したように、「『雅』は実際に曖昧な評価で、精確性に欠ける。よって、訳文における語彙や文を評価する時、『正訳／欠陥翻訳／誤訳』という概念を提出する必要があると思う。その中で『正訳』と『誤訳』は両極端で、『欠陥翻訳』は『正訳／誤訳』の間にあり、完全に間違えた状態ではないし、完璧な状態でもない翻訳である」。その所論に従って、以下に具体的な詩作を分析してみる。

(1)原文：小さくなった背中
大きくなったわたし
それでも大きいいつまでも大きい、パパの手は
（『三行情書』、以下同じ）
楊訳：你的背影越来越小，
我越来越大。
但永远都大大的是，爸爸的手。
筆者訳：你的背影日渐消瘦，
而我一天天长大！
唯一没变的是老爹那双大大的手。

(2)原文：あなたに会えた事が
今まで生きてきて一番幸せです
これからも宜しく
楊訳：能与你相遇
是我出生以来最幸运的事，
以后也拜托你了。
筆者訳：我这一生所幸
就是刚好遇见你。

余生请多关照。

(3)原文：支柱にそって、伸びゆく朝顔のように、
あなたにそってゆきたいです。
これからも、この花の様な幸せ、咲かせてゆきましょう。
楊訳：像那沿着支架不断往上爬的牵牛花一样,
希望你也能勇往直前。
今后，也能像这花一样，美丽地绽放。
筆者訳：像那沿着支架往上爬的牵牛花一样
我也想依靠着你前行,
让余生也像这花儿一样幸福绽放吧。

(4)原文：「あなた皺がふえましたね」
そうか、これはお前への
愛の年輪なんだよ。
楊訳：“你的皱纹又增多了呢。”
是么？这是我对你
爱的年轮哦。

4つの例のうち、(1)と(2)は「欠陥翻訳」で、間違えた訳文とは言えないが、完璧な訳文にもなっていない。『三行情書』という本における中国語訳の中で、「欠陥翻訳」の翻訳は少なくないので、(1)と(2)の例の下に筆者の試訳を付けておいた。

しかし、例(3)は本書には珍しい「誤訳」の一例である。原文に一人称の「私」を省略したので、楊訳の方は人称を間違えってしまった。それゆえ、楊訳の下に筆者訳もつけておいた。そして、例(4)は「正訳」で、言葉の表現がシンプルだが、それこそ日本「三行情書」の味わいに近いと思う。

4-3 「破壊的叛逆」と「創造的叛逆」

フランスで名高い学者であるロベール・エルカルピ（Robert Escarpit）[4]は『文学社会学』の中で、「翻訳は全て創造的叛逆である」と指摘している。その後、謝天振氏がこの指摘を取り入れて、「訳介学」研究の源になったという。そして「訳介学」は比較文化、異文化という立場に立って全体的に「翻訳文学」において発生した叛逆の行為を承認し、「創造的叛逆」と称する。

しかし、王向遠氏は「創造的叛逆」という概念を踏まえ、「破壊的叛逆」という対立する概念を提出した。彼は「“創造性叛逆”還是“破壊性叛逆”？——近年来翻訳界“叛逆派”“忠実派”之争的偏颇与問題」という論文で、こう指摘している。「もし訳者と作者という二元論の立場から見れば、『叛逆』は全て創造的なものではないわけで、破壊的なものになる場合もある。従って、『創造的叛逆』の他に、『破壊的叛逆』が明らかに存在するはずである」。これについて、以下では具体的な例を分析してみる。

⑴原文：実家へ帰るのが恥ずかしいって…。
お父さんもお母さんも平気だぞ。さあ、田舎で再出発だ。
バツイチなんだと凱旋しろよ。　　　（『三行情書』、以下同じ）
楊訳：女儿，回乡下重新开始吧，就当是离婚凯旋。
你说不好意思回老家……
但我和你妈妈是不会介意的啊。

⑵原文：私たちはタンポポ
いつか離ればなれになると思うけど
私は、あなたと同じ場所に飛んで行きたい
楊訳：我们就像是一株蒲公英，
虽然总有一天会被风吹散，
但是我也祈祷着，能和你飞去同一片土地。

⑶原文：終わらないようにと
頑張った
君とのメール
楊訳：为了能和你多聊一会儿，
发信息时我总是很努力地
找着话题。

⑷原文：支柱にそって、伸びゆく朝顔のように、
あなたにそってゆきたいです。
これからも、この花の様な幸せ、咲かせてゆきましょう。
楊訳：像那沿着支架不断往上爬的牵牛花一样，
希望你也能勇往直前。

今后，也能像这花一样，美丽地绽放。

以上の例の中の(1)と(3)は「創造的叛逆」で、(2)と(4)は「破壊的叛逆」である。具体的に分析すれば、例(1)の訳文は原文とやや違うように見えるが、おそらく訳者は両国の慣習によって表現も違うため、語順をやや調整したことで、訳文がより中国の読者の表現と考え方に近くなっているかもしれない。例(3)は訳文と言うより、むしろ訳者の「二次創作」とも言えよう。言語の表現及び文化の相違点があるため、もし原文のまま「逐語訳」で翻訳すると、訳された文は分かりにくくなるかもしれない。だから、訳者は自分なりの主体性をうまく発揮して、巧みに原文の趣きを再現したのである。

一方、例(2)の訳文に「但是我也祈祷着」という文は、訳者によって勝手に添加したもので、もともと原文にはない。また例(4)は前述したように、訳文は「誤訳」である。従って、訳者による意識的、あるいは無意識的な誤訳は全て「破壊的叛逆」であると思われる。

五、日本の「三行情書」を翻訳する場合の注意点

5-1　基本形式――「三行詩体」

日本の「三行情書」の原文は「三行」で書かかれているため、訳文も同じく「三行」で訳すべきである。また、「三行情書」は現代詩歌の新たなジャンルとして、「三行情詩」とも称される。それゆえ、翻訳の基本形式は「三行詩体」と言うことも出来る。

5-2　語体――書き言葉で口語体

日本の「三行情書」は日本の和歌、俳句と違って、その原文は主に口語体で書いたものである。よって、訳文もそれに相応しい口語体の書き言葉で、翻訳したほうが良い。もちろん言葉の表現は、唐詩、宋詞などの文語体を避けたほうが良いと思われる。

5-3　語順――中国語の表現の慣習に従う

地域、文化などの違いによって人々の考え方や語順も違うわけであり、表現の仕方も違ってくる。しかも中国語に翻訳する主な目的は、それを中国の読者に紹介することにある。したがってなるべく中国語の表現に合わせるべきである。出来るだけ逐語訳を避けて、訳文は中国の読者の読む慣習に合わ

せたほうが良いと思われる。

5-4 表現――詩的表現

翻訳する場合には、言葉遣いをまず「信」と「達」という翻訳基準に従わせ、なるべく「雅」に近くするべきである。「美」を感じられない詩は、詩と呼ばれないからである。それと同時に、「解釈的翻訳」にならないよう注意すべきである。つまり釈訳しすぎる、あるいは主観的に原文にないものを勝手に追加してはいけない。もし釈訳しすぎると、訳文が煩瑣になりがちで、読者にとって自分が想像できる空間が小さくなって原文の趣きも破壊されてしまう。訳者は「訳詩は詩らしく、余白をおき、原文の趣きを再現させる」という原則を提唱したい。

5-5 文章記号――巧みに使う

言語の表現には、文章記号が不可欠な存在である。もちろん、翻訳もそれと同じく、具体的なコンテクストによって文章記号を使うべきである。もし「:」、「;」、「!」等の記号を上手く使えば、簡潔に原文の意味を伝えることができる。

おわりに

「三行情書」はわずかに三行の文字で色々な「愛」を表すことができる。いわば「愛してるなら大声で言い出すべきだ！」。本稿は主に『三行情書』（北川理恵著、楊英潔訳）における180首の作品を素材にし、「訳文学」という翻訳理論に基づき、日本の「三行情書」の中国語訳について色々と分析してみた。

もし、「訳介学」という立場から『三行情書』の訳文を評価すれば、無論承認すべきである。その翻訳はネットに転載され、本も出版され、異文化交流というユニークな価値と使命を見事に果たしたと言えよう。

一方、「訳文学」理論に基づき、原文と訳文そのものを参照しながら分析すれば、『三行情書』にあるラブレターの翻訳の多くは「欠陥翻訳」である。もちろん同書の訳者は元々翻訳家でもなく、多分興味があって翻訳したのかもしれない。だから、その中の多くが「欠陥翻訳」になることは、非難すべきものではないと思う。しかも、「訳文学」理論は中国の特色に溢れる翻訳研究理論として、全ての日本詩歌の翻訳研究に適するわけもない。従って、翻訳者である我々は今後の翻訳でより相応しく、より完璧な翻訳理論を探して、翻訳実践を指導し、品質の玉石混交が目立つ翻訳の現状を改善していかねばならない。

最後に本研究の趣旨について、二点を述べておく。文学作品の翻訳·紹介という両国の文学（文化）交流は、日中友好交流の一環として、日中関係には重要な役割を果たす。周知のように、中国は清朝末から日本の文学作品を翻訳·紹介し始め、近·現代まで数多くの作品が紹介された。それによって、日中友好交流も促してきたのである。よって、本研究の主旨の一つは、少しでも日中文化交流に役立たせることである。

もう一つの目的は本研究を通じて中国における「訳文学」理論という新たな翻訳理論を日本へ紹介したい。日中両国において今後の文学作品の翻訳と批判が新たな展開を迎えることを期待している。

参考文献

吴川「基于“译文学”理论的和歌汉译范型研究」2017年中・日・英语言文化研究国际论坛论文集、2017年
蔡宏「从“三行情书”热谈谈俳句的国际化」泉州师范学院学报、2016年
王向远「“译文学”与“译介学”—译介学的特色、可能性与不能性及与“译文学”之关联」民族翻译、2016年
王向远「“译文学”的概念与体系——诸概念的逻辑关联与理论系统」北京师范大学学报、2015年
王向远「迻译／释译／创译—“译文学”翻译方法的一组概念」上海师范大学学报、2015年
陈岩『东瀛诗香采撷—日本诗歌散论』大连理工大学出版社、2015年
金中『日本诗歌翻译论』北京大学出版社、2014年
谢天振『译介学（增订本）』译林出版社、2013年
罗兴典『日本诗歌与翻译艺术』作家出版社、2003年
北川理惠（日）著・杨英洁訳『三行情书』中国戏剧出版社、2001年
埃斯卡皮［法］著・王美华、于沛訳『文学社会学』安徽文艺出版社、1987年
康東元著『日本近・現代文学の中国語訳総覧』勉誠出版株式会社、2006年

1　謝天振氏によって提唱された新たな翻訳理論である。彼は自分の著作『訳介学』で、「訳介学は言語に関する研究ではなく、文学への研究、あるいは文化への研究。（中略）異文化交流活動における独自的価値と意義を追究する」と指摘している。

2　王向遠「翻訳学・訳介学・訳文学——三種研究模式与“訳文学”的立場方法」『安徽大学学報』2014年4期

3　王向遠「以“迻译／釈译／創訳”取代“直訳／意訳”——翻訳方法概念的更新与“訳文学”研究」『上海師範大学学報（哲学社会科学版）』2015年5期

4　「信」は原文に忠実で正しく訳すこと、「達」は訳文が流暢で分かりやすいこと、「雅」は訳文の言葉使いが美しく、格調高いこと。中国清末の啓蒙思想家である厳復氏が指摘した。

5　1910年生まれ。フランスでは有名な作家、文芸社会学学者、比較文学研究家である。代表作には『文芸社会学』、『文学性与社会性』などがある。

知の越境

～中国新聞学草創期における日本新聞学著作の受容～

武漢大学外国語学院日本語言語研究科
2018年6月卒業
張鳳熙

はじめに

中国では新聞学は舶来品であり、その学問の起源は欧米にあった。しかし、20世紀初頭から20年代に至るまでの中国新聞学の草創期[1]に遡ってみれば、その時期の学説は欧米に倣ったものではなく、むしろ日本によって「加工」されたものが多かったことを無視してはならない。それについて1930年代の新聞学者黄天鵬は、次のように指摘した。

日本式原倣自欧美，而棄短取長，独成一宗，以隣境故，於我国新聞界之姻縁特深，其勢力亦較巨，近世専著多借材日籍，其明証也[2]（日本式の新聞学は欧米の学説に倣うものであるが、その長をとり、短を補い、独特な論説をなしていた。日本は隣国ゆえに、我が国の新聞界と特に深い関係を持ち、その影響も大きかった。近世の新聞学著作は日本の書籍を手本にしたものが多かったということは、まさにその明らかな証拠である）。

従って、近代中国の新聞学史を研究するには、日本という経由ルートを究明しなければならない。新聞学の草創期において、留日学生はどのように日本の新聞学を中国へ導入したのか、また日本の新聞学はどの程度まで中国の新聞学の理論構築に影響を与えたのか、これらの疑問を抱き、筆者は近代中国の新聞学草創期における新聞学著作と日本との関連性を考察し、「知の越境」をなしとげた日本の新聞学の翻訳と受容の実態を浮き彫りにしたい。

先行研究

1　学術史

徐培汀、裘正義によって書かれた『中国新聞伝播学説史』[3]の第三編の現代部分（1918～1949）「西方新聞学的演変及其対中国的影響」という節は、中国で翻訳された欧米と日本の新聞学著作を大まかにまとめ、マクロの視点から中国の新聞学における西洋新聞学の受容の筋道を明らかにした。

童兵、林涵の『20世紀中国新聞学与伝播学・理論新聞学巻』[4]の上編第二章「世紀之交的理論新聞学研究」は、西ヨーロッパの新聞学理論の形成と発展を考察し、「西学東漸」により近代西洋の新聞論説が中国人の新聞経営思想に与えた影響を明らかにした。

2　文化史

李秀雲の『留学生与中国新聞学』[5]は、留学生を対象に、中国と西洋の学術交流史という視点から、従来の研究が注目した中国新聞学と欧米新聞学との関係という枠を超えて、中国新聞学の発展における留学生の役割と貢献を解明した。

また李秀雲は、「日本実益主義新聞観的引介及其歴史貢献」[6]において、中国新聞学の草創期に、当時のジャーナリストの新聞思想に日本の実用主義の新聞思想の影響を見出し、実用主義的な新聞思想が中国の新聞学理論体系の構成と新聞事業の発展に与えた影響を考察した。

陳力丹の「論中国新聞学的啓蒙与創立」[7]は、近代中国と外国の交流史という角度から、近代中国の新聞学者が、いかに欧米と日本の先進の新聞学から養分を汲み取ったかについて考察した。

童兵の「東渡扶桑求学対中国新聞学発展的意義」[8]は、中国新聞学の発展における日本の「架け橋」の役割を肯定し、留日学生を媒介とした日本の新聞学著作と新聞思想の越境の経路を考察した。

3　人物史

周光明、張鳳熙の「邵飄萍的新聞学著述所受日本影響的文献研究」[9]は、原典比較の研究方法をもって、邵飄萍の著作における日本新聞学著作の影響を分析し、さらに任白濤の著作に対しても対照的な分析を行った結果、邵飄萍、任白濤の著作は、日本新聞学著作の編集・翻訳作品であるという結論を導いた。しかしながら、日本関連資料が不十分なため、推測に留ったところが何箇所もある。

陳立新の「従『新聞価値』一節看任白濤与伍超之版権紛争」[10]は、新聞学著作権の争いという歴史事件から、任白濤、伍超、邵飄萍の著作の類似性を考察し、杉村楚人冠の『最近新聞紙学』との比較対照により、その三人の著作の参考文献が同源であることを明示した上で、日本における欧米新聞学の土着化が、中国の新聞学の発展にモデルを提供したと述べた。

高海波は「論戈公振的伝播思想」[11]において、「交通」という言葉を手がかりに、戈公振の思想におけるカール・ビュッヒャーと藤原勘治の思想の受容を考察したが、戈公振の著作の参考文献の出典については詳しく考察しなかった。

上記の中国新聞学草創期における受容についての先行研究は、以下の特徴を持っている。

（1）一部の研究は、マクロの視点から、中国と外国との文化交流の背景について、新聞学生成の歴史を重点におき考察したが、具体的な受容過程については代表的な人物と著作の紹介に留まり、文献資料に基づく綿密かつ実証的な研究はまだ十分展開されていない。

（2）一部の研究は単一の研究対象を手がかりに、ミクロとマクロの視点を両方とも備え、考察の視野を広げたが、外国新聞学の受容は新聞学発達史の延長線上にあるに過ぎないとの認識に留まっている。つまり、その受容研究の重要性はまだ十分認識されていない。

（3）近代中国の新聞学にかかわる受容問題を、原典比較という視点から行う研究はまだきわめて少ない。また、欧米の新聞学の受容は注目されたが、媒介としての「日本」の役割は大いに見逃されている。

4　本稿の視座と研究法

本稿は近代日本の新聞学の生成と発展の歴史を考察した上で、従来の受容研究では十分に検討されなかった日本の新聞学の「媒介」という役割に注目し、留日学生という視点から、中国新聞学の草創期における日本新聞学の翻訳と受容の実態を考察したい。文献研究法を用いて留日学生の著作と日本の新聞学著作を解読し、テキストの比較を通し、実証的な考察を試みようと思う。

一、日本新聞学の中国越境の発生背景

1-1　日本の新聞学：萌芽から体系化へ

ペリー来航、日米和親条約締結など一連の「西洋の衝撃」を受けた日本は、開国を迫られると同時に、独立を守るために国民啓蒙の必要性を意識するようになった。新聞は啓蒙手段として知識人たちの関心を集め、新聞について

の論議は、主として新聞の機能に注目し、政治と新聞との関連性を力説するものが多かった。

1899年、日本最初の新聞学著作と言われる松本君平の『新聞学』が出版された。松本は「新聞学なるものはいかにして速に此の新現象を蒐集し編輯し論評し其生産せられたる新聞紙を各地に分配し、而して普く公衆に購読せしむる方法及び論理を論究する学也」[12]と定義し、新聞をその政治的機能から独立させ、記者のための実用の学を唱え、新たな新聞研究の視野を広げた。

大正時代に入ると、新聞事業のさらなる発達につれて、アメリカの実用主義的な新聞学やドイツの理論新聞学、イギリスの新聞学研究方法が次々日本に導入され、もともと啓蒙手段として使われていなかった新聞についての研究は、「論」から「学」へと体系化されるようになった。欧米の各系統の新聞学を取り入れ、理論的かつ実用的な新聞学を受容した上で、日本の新聞事情に基づき、独特な議論や研究も展開されていった。

1-2　中国の新聞学：学理探求の難航

中国の新聞事業は日本とほぼ同じ時期に発足したが、国の事情と外来文化への態度によって発展ぶりは大きく異なった。アヘン戦争後、中国は、清王朝の腐敗と無能により、一連の不平等条約を結ばされた。後に洋務運動や戊戌の政変などの改革政策が行われたが、状況を打開することは到底できなかった。一方、科挙制度の改革により、今まで科挙を唯一の出世コースと考えた文人も激変し、新聞事業に従事しようとする人が増えた。こうした背景の下で、中国の新聞事業は「新聞救国」という理念を掲げて発足したわけである。

武昌蜂起の半年後、中国の新聞は100種ほどから500種以上に急増したが、新聞業界の激しい競争によって低俗化も進んだ。それを痛感したジャーナリストは「報学興，則報業興，報業興，則国族盛（新聞学が盛んになれば、新聞事業も振興できる。新聞事業が振興すれば、国家と民族が独立と振興を図れる）」[13]という理念を提唱した。新聞研究の普及と新聞人材の育成によって新聞事業の発展ができる。さらに新聞事業が発達すれば、国の独立と発展も期待できるという論理なのである。「新聞救国」という功利的考え方の延長線上にあるものだが、新聞の学理的研究への関心と注目が窺えよう。その知的探究心は日清戦争以降、日本留学ブームに乗って開花するに至った。欧米諸系統の新聞学を取り入れた日本の新聞学が、中国の留学生によって受容されるようになった。

二、新聞学著作の翻訳と受容

2-1 草創期の新聞学著作に見られる日本の影響

中国の新聞学草創期に於いては、邵飄萍、任白濤、戈公振という三人の功績が大きかったと言っても過言ではない。次はその三人の代表作を分析し、日本新聞学との関連性を究明したい。

2-1-1 邵飄萍の『実際応用新聞学』と『新聞学総論』

浙江東陽出身の邵飄萍は梁啓超からの影響を受け、「新聞救国」という理想を抱き、新聞界に身を投じた。留日経験を持つ邵は日本の新聞事業を考察し、大量の新聞学の著作を読みあさり、研究の視野を広げた。それは彼の『実際応用新聞学』と『新聞学総論』の基礎を築いた。

『実際応用新聞学』は、北平平民大学新聞学科と北京大学新聞学研究会の講義に基づいて書かれたものであり、1923年に出版された。その本は新聞記者のガイドブック、或いは新聞記者の育成を目的として書かれたものなので、新聞材料の収集や編輯法などが具体的に説明されている。周光明の考察によれば、その『実際応用新聞学』の六割以上の内容は杉村楚人冠の『最近新聞紙学』、大日本新聞学会の『外交術』を参考にしたものであるという[14]。

表1 『実際応用新聞学』と『外交術』の目次比較

『実際応用新聞学』[15]	『外交術』[16]
一、外交記者之地位	第一章　新聞界の戦闘員
二、外交記者之資格与準備	第二章　外交記者の種類と任務（上）
三、外交記者之外観的注意	第三章　外交記者の種類と任務（下）
四、外交記者之工具与雑芸	第四章　外交記者の資格と準備
五、訪問之類別与具体方法	第五章　ニュースの蒐集
六、訪問時之種種心得	第六章　外交記者の苦心談
七、外交記者之分類	第七章　外交記事作成上の注意
八、探索新聞之具体方法	

その構成を見れば、表1のように、邵の『実際応用新聞学』は『外交術』の構成を参考にし、記者の地位、記者の資格と準備、新聞の収集並びに新聞記事の作成などを紹介している。内容の受容については、「邵飄萍的新聞学著述所受日本影響的文献研究」が解明したように、その第二、三、五章と七章の一部は『外交術』を参考にし、第四、六章と第七章の一部並びに第九、十、十一、十三章は杉村楚人冠の『最近新聞紙学』を参考にしたという。

邵の取り入れ方について、周光明は「邵飄萍在参考『外交術』時、多選用枠架和要点。而在参考『最近新聞紙学』時、多選用具体内容。(邵飄萍の『実際応用新聞学』の構成については概ね『外交術』を参考にしたが、具体的な内容については『最近新聞紙学』を大いに参照した)[17]」と指摘した。しかしながら、『外交術』と『実際応用新聞学』の原文を比較してみれば、邵が『外交術』の構成を参考にすると同時に、内容を直接引用したところも相当あることが明らかになった。次の表2に一例をあげ説明しよう。

表2 『実際応用新聞学』と『外交術』の内容比較（その1）

『実際応用新聞学』(P62)	『外交術』(P13)
政治部外交記者，乃従事於内政、外交、財政、軍事等新聞材料之採集，受政治部長或政治部外交部政治部外交部長之指揮命令而活動，其中又分三種以相互完成其職務。 各政治機関之常務外交（RUN）記者 一、訪問外交（INTERVIEW）記者。 二、特務外交(ASSIGNMENTS)記者(遊撃隊)。 右之第一種，常往来各政治機関（如府院各部)、採集印刷品報告類，雖非関如何重大秘密，而系新出之材料，為応有之新聞。第二種訪問各方重要人物，已詳見第五章。第三種為精鋭之騎兵，往来遊撃，有衝鋒陥陣之能力，その職務皆受特別使命而時有変更。	政治部は国家の内政、外交、財政等に関する材料を網羅する独立機関であって、その部の外交記者は政治部長、あるいは外交部長の指揮命令を受けて活動する。政治部外交の種類は大別して左の三種とすることができる。 一、各官省其他の常詰。 二、訪問。 三、遊軍。 右のうち、第一は各官省庁役所団体その他に詰め切り、あるいはそれを歴訪して主としてその報告類を蒐集する。第二は様々の名士先輩を訪問して、第三の遊軍は巧みに政界の表裏に出沒して、諸々の秘密を探知し、常に新しい問題を新聞に提供する。従ってその任務は問題と共に常に變化するものである。

そのほか、『実際応用新聞学』の第七章の「B新聞性質で分類」の3「政治部外交之活動機関」、4「責任特重之議会記者」、5「特殊性質之政党記者」、6「社会新聞之変遷」、8「社会部外交記者」、9「専門性質之社会部外交記者」、10「経済部之社会新聞」、11「社会部之婦女記者」、12「社会部之宗教文芸」、13節「地方新聞之外交記者」も、それぞれ『外交術』の第二章「政治部の官省其他専属外交」、「政治部外交の華形たる議会記者」、「常に重用さる政党記者」、「財政経済部は多く政治部に附属す」と、第三章の「社会部外交記者の活動すべき方面」、「社会部外交の任務益々重加せしむ」、「相撲運動劇評美術音楽飛行記者」、「商況部の外交記者は全然別格」、「家庭部あるいは婦人部の外交」、「ニュースと縁遠き文芸部外交」と「地方新聞社における外交記者」を参照している。邵は中国の読者にわかりやすく説明できるように中国の事情も入れ、さらに『外交術」に書かれた場所を同じ性質を持つ中国北京の組織に置き換えたのである。以下の表3を見よう。

表3 『実際応用新聞学』と『外交術』の内容比較（その2）

『実際応用新聞学』（P72～75） 社会部活動機関	『外交術』（P23～25） 社会部外交記者の活動すべき方面
A前清皇室及旗人生活　B警員庁　C市政公所 D特路局車站　E審検廳　F看守所監獄 G憲兵営　H消防隊　I図書館 J観察所　K動植物園各種陳列所　L濟良所 M孤兒院育嬰堂　N各業工場　O娼妓 P平民窟　Q各旅館、遊楽場、倶楽部。	宮内省　警視庁　市役所　鉄道院　裁判所 憲兵本部 気象台　天文台　地震学教室 消防署　図書館　動物園　博物館 監獄署　各種のクラブ機関

邵飄萍のもう一つの代表作『新聞学総論』は、大日本新聞学会による新聞学叢書から示唆をうけたと考えられる。邵は『新聞学総論』を叢書の総論として、訪問・編輯・発行・広告・新聞法などを含め幅広い新聞学の知識を概論した。邵は後にそれぞれの分野について詳しく分析する計画を立てたが、張作霖の指示で北洋軍閥に殺害され、新聞学叢書の編成も未完成であったという。

周光明の「邵飄萍的新聞学著述所受日本影響的文献研究」によれば、邵飄萍の『新聞学総論』も日本の新聞学著作とつながりがあるという[18]。その第三、四章が杉村楚人冠の『最近新聞紙学』を参考にし、第一、二章が大日本新聞学会の『新聞汎論』の第一章「新聞事業の特質」と第二章「新聞社の組織」を取り入れた。そのほか、周の章節の標題を見ると、『新聞学総論』の第五章「世界の通信事業」と第六章「新聞紙の進化史論」は、大日本新聞学会の『新聞沿革史』、『世界通信事業』を参考にしたと推測される。

筆者はその推測を踏まえて、以下のように『新聞学総論』と『新聞汎論』『最近新聞紙学』を比較して、その関連性を究明したい。『新聞学総論』と『新聞汎論』の比較対照をみればわかるように、邵飄萍『新聞学総論』の第一章、第二章の標題は、『新聞汎論』を参考にしたもので、また内容からみれば、第二章の五節、七節は『新聞汎論』の原文に一致し、ほかの章節は大体『新聞汎論』の枠組みに基づき書かれたものである。

表4が示すように、『新聞学総論』は、『最近新聞紙学』と『新聞汎論』を参考にしたほか、大日本新聞学会編集の『新聞編輯法』、『新聞営業法』、『海外新聞研究』、『新聞沿革史』と『世界通信事業』の枠組みや内容も取り入れて書かれたものである。

要するに、邵飄萍の『実際応用新聞学』と『新聞学総論』の文章構成は、日本の新聞学著作の構成を参考にし、その内容も日本の新聞学著作から取り入れたものが多かった。つまり、その二冊の著作は、オリジナルというより、日本の新聞学著作の翻訳という方が適切であろう。

表４　『新聞学総論』が参考にした箇所

『新聞学総論』[19]	具体的な参考箇所	関連日本文献
第三章　新聞社之組織（P48） 第九節　各部関係之概要（P48）	第三章　新聞社の組織（総P99）	『最近新聞紙学』[20]
第十節　編輯部之内容（P51）	第一章　編輯部の組織（紙P1 ～ 3）	
第五章　世界的通信社（P95）	世界の代表的な通信社（紙P19）	
第二十節　路透社之歴史組織（P100）	ロイター電報社（紙P22）	
第二十一節　美国連合通信社（P106）	米国連合通信社（紙P25）	
第二十二節　法国哈費斯通信社（P111）	ハバアス通信社（紙P23）	
第二十三節　官辦的通信機関（P113）	ペトログラード電報通信社（紙P27） その他（紙P29）	
第三章　新聞社之組織（P120） 第十二節　広告発達之歴史（P124）	上篇　新聞広告（P9） 第一章　広告の起原（P9）	『新聞営業法』[21]
第十三節　広告技術之研究（P126）	第三章　新聞広告の技術的方面（P25）	
第十四節　発行部之各問題（128）	（下篇）第四章　販売拡張方法（P55）	
附　広告発行与国情之差別（P130）	第一章　新聞事業の発達と販路拡張（P58）	
第四章　新聞紙之表裏（P131）	第三章　材料の蒐集及選擇（P73）	『新聞編輯法』[22]
第十五節　新聞之定義（P131）	第十六節　ニュースの定義と要件（P73）	
第十八節　材料之来源（P137）	第十七節　材料の出所と通信社及投書（P87）	
第五章　世界的通信機関（P139）	第一章　起源と現状	『世界通信事業』[23]
第十九節　各国代表機関（P139）	第四節　組織の三種類（P6） 第五節　テリトリーと同盟（P7）	
第二十四節　戦争与通信事業（P147）	第五章　平時と戦時（P33） 第廿二節　欧州大戦の教訓（P35） 第廿三節　戦時検閲及人員欠乏（P37）	
第五章　世界的通信事業（P154） 第二十八節　各国新聞之特色	第二篇　英国（P25） 第三篇　仏国（P61） 第四篇　獨墺匈国（P89） 第六篇　米国（P133） 第八篇　日本（P168）	『新聞沿革史』[24]
第五章　世界的通信事業（P158） 第二十九節　英国式与美国式	米国の新聞事業　小野瀬不二人 英国の新聞紙　　杉村楚人冠	『海外新聞研究』[25]
第五章　新聞紙之法律問題 第三十四節　日本新聞紙法与判例（P173）	新聞紙法（其一　其二　其三　其四）	『雑録』[26]

2-1-2　任白涛の『応用新聞学』

ジャーナリストとして活躍した邵飄萍に対して、任白涛は研究に専念し、新聞学の研究を進めた。任は早稲田大学の政治経済科で勉強しながら、大日本新聞学会に入会し、新聞学の研究も志した。日本留学の六年間、任白涛は新聞学の著書を読みあさり、日本の新聞事業を考察し、『応用新聞学』（1922年）、『総合新聞学』（1936年）という著書のために大量の資料を集めたという。

任白涛は『応用新聞学』の「自序」で、著書の作成過程について次のように述べた。「課余，於坊肆遍搜《新聞学》一類之典籍，旁稽各種新聞雑誌，終倣杉村氏著《最近新聞紙学》之体例，編制此書。（暇な時、いろいろな『新聞学』に関する著作や新聞、雑誌を読みあさり、ついに杉村楚人冠の『最近新聞紙学』の体裁を手本にして『応用新聞学』を書いた）」。

『応用新聞学』は総論、材料収集、制稿、編輯という四篇からなっている。その構成は杉村楚人冠の『最近新聞紙学』に倣い、新聞の定義、新聞価値、新聞収集の方法、編輯部組織と業務、さらに欧米の新聞の発達史も論じたものである。筆者は『応用新聞学』とその参考文献の比較対照を次の表5のようにまとめた。

表5　『応用新聞学』とその参考文献との比較対象

『応用新聞学』[27]	関連日本文献の見出し	出所
第一節　新聞事業之特質（P4）	第一章　新聞事業の特質（P7）	『新聞汎論』[28]
公共的	第一節　社会的性質（P7）	
人類的	第二節　国民的性質（P12）	
教育的	第三節　教育的性質（P15）	
藝術的	第四節　藝術的性質（P20）	
第二節　新聞記者之地位（P7） 第三節　新聞記者之資格及修養（P8）	第三章　記者の地位と資格（P52）	
第二章　新聞社之組織及報紙之製作（P12）	第一章　新聞社の組織及新聞製出の順序（P1）	『最新実際新聞学』[29]
第二節　報紙之製作（P13）	一、新聞紙の製出（P1）	
第一節　新聞社之組織（P12） 一、編輯部　二、印刷部　三、營業部	二、新聞社の組織（P3） （一）営業　（二）工場　（三）編輯	
第二編　第一章　概説（P15） 直接当搜材之任者	材料蒐集篇 材料蒐集の任に当る人（材P1）	『最近新聞紙学』[30]
第二章　新聞紙定義及価値（P17） 第二節　新聞紙価値（P18）	第二章　ニュース及びニュースの価値（P34）	『最新実際新聞学』[31]
第一節　新聞之定義（P17）	二、ニュースとは何であるか（P34）	
新聞価値之判定及標準（P18～P23） 一、非常事	五、非常事	
二、競争	六、競争	
三、人類的興味	七、人類的興味	
四、兒童之興味	八、子供の興味	
五、動物之興味	九、動物の興味	

六、娯楽及嗜好之興味	十、娯楽と嗜好	
七、地方的興味	十二、地元的興味	
八、著名的興味	十三、著名の興味	
九、家庭及職業之興味	十四、家庭及職業の興味	
十、興味之結合	十五、興味の結合（P39 ～ P52）	
価値減殺之新聞（P22 ～ P23）	新聞価値の減殺（総 P28 ～ 37）	『最近新聞紙学』[32]
一、含欺詐性的広告臭味者	一、広告的意味	
二、渋及個人之隠私者	二、人の私事	
三、背乎善良之風俗者	三、善良の風俗に反すること	
第三章　新聞之收集（P23）	第二章　外勤員の用意及び身仕度（材 P11）	
第一節　訪事員之用意及準備（P23） 訪事員之用意	第一節　新聞記者の用意	
一、対於己之用意（P23 ～ 25）	甲、己に対する用意（材 P13 ～ P23）	
二、対於人之用意（P25）	乙、人に対する用意（材 P24 ～ P32）	
三、対於社之用意（P26）	丙、社に対する用意（材 P32 ～ P44）	
訪事員之準備（P26 ～ 28） 一、鉛筆　二、時計　三、人名録 四、豫定表　五、新聞拔萃帖	第二節　外勤員の身仕度（P44 ～ 49） 一、鉛筆　二、時計　三、人名録 四、予定表　五、新聞切抜	
第二節　訪問　訪問之二種（P28 ～ 32）	第一節　インタビューの二種（材 P68～P75）	
一、対手之研究	一、相手の研究	
二、質問之注意種種	二、質問の用意	
三、鉛筆与簿冊	三、鉛筆と手帳	
四、談話以外的材料	四、談話以外の材料	
五、善察対手之顔	五、相手の顔	
六、意外之線索	七、以外の索線	
七、載否之預約	九、載否の約束	
八、權作我之良友	十、我が良友と思え	
第四章　実際上之訪事職務（P32 ～ 43）	第五章　外務員事務一斑（材 P115）	
第一節　敘述与探偵	叙述の任と探偵の任（材 P115 ～ 121）	
第二節　各類事件之調查要點 会　式　変事　員警事故　雑	会、式、椿式、警察事項、雑（材 P122～143）	
第三編　第一章　概説（P44） 一般之注意（P44）	第一章　一般の注意（原 P1 ～ 2）	
制稿之責任者（P45）	原稿製作の任に当たる人（原 P2）	
第二節　述事文	第三章　原稿製作論	
述事文之做法及類別（P55 ～ 58） 一、委屈　二、概要　三、印象	第二節　事実の文（原 P56 ～ 104） 一、委曲　二、概要　三、印象	
第三節　特殊文（P66 ～ 68）	第三節　特殊の文（原 P104 ～ 128）	
一、適度的長短	一、一定の長さ	
二、通俗	三、通俗	
三、調味	四、調味	
四、人生的色彩	五、人間と社会と時代	
五、分段	六、項の切り方	
第四編　第二章　編輯部之組織（P76） 一、主筆及編輯長（P77）	第一章　編輯局の各機関（P4） 第三節　主筆と編集長（P15）	『新聞編輯法』[33]

<table>
<tr><td>二、政治経済部（P78）</td><td>第四節　政治経済部（P18）</td><td rowspan="5"></td></tr>
<tr><td>三、社会部（P78）</td><td>第五節　社会部（P27）</td></tr>
<tr><td>四、一面編輯部民（P79）</td><td>第六節　一面編集と学藝部（P33）</td></tr>
<tr><td>五、通信部及外報部（P79）</td><td>第七節　通信部並外報部（P36）</td></tr>
<tr><td>六、調査部（P80）</td><td>第九節　調査部（P49）</td></tr>
<tr><td>第四編　第二章
第二節　美国報社之編輯部（P82）</td><td>第一章　新聞社の組織及新聞製出の順序</td><td rowspan="2">『最新実際新聞学』</td></tr>
<tr><td>第三章　第一節　材料之来源（P85）
一、訪事員及通信員之委派与指揮</td><td>五、編集局（P6 ～ 11）
第三章　ニュースの蒐集（P53）</td></tr>
<tr><td>第四編　第三章　第一節（P89 ～ 90）</td><td>第二章　編輯部員が事前の任務（紙P13）</td><td rowspan="4">『最近新聞紙学』</td></tr>
<tr><td>三、調査部之組織</td><td>第一節　四　調査部（紙P31）</td></tr>
<tr><td>四、社外之投稿
五、社友
六、外国報紙之翻譯
七、特殊材料之捜集</td><td>第二章　編輯部員の事前の任務（P16 ～ 18）
二、通信社
三、社友</td></tr>
<tr><td>八、材料缺乏之時</td><td>総論　第一章　新聞眼及新聞価値（総P11～12）</td></tr>
<tr><td>第四編　第一節　原稿之整理（P93）
一、訂正事実之謬誤</td><td>一、表現手法と事実を問わず、總ての誤りを訂正する事（P270）</td><td rowspan="7">『最新実際新聞学』</td></tr>
<tr><td>二、修正記事形式</td><td>二、其記事を所謂その新聞の『式』を直す事（P271）</td></tr>
<tr><td>三、削除誹毀及広告性質之文句</td><td>四、誹議的の事柄を排除する事（P272）</td></tr>
<tr><td>第二節　標題（P94）</td><td>第十一章　標題の書方（P285）</td></tr>
<tr><td>標題之種類及形式（P94）</td><td>八、標題の区分</td></tr>
<tr><td>側標題与本標題之関係（P98）</td><td>十九、本標題と袖標題との関係（P316）</td></tr>
<tr><td>標題之文体（P98）</td><td>二十、標題の文體（P319）</td></tr>
<tr><td>第二節　新聞材料之排版与組版（P99）</td><td>紙面整理編　第三章　二、定読性（紙P78）</td><td>『最近新聞紙学』</td></tr>
<tr><td>第四編　第三節　編輯
組版（P98）</td><td>第十三章　大組
三、対照の原則（P340）
四、均斉の原則
十一、各版の大組（P347）</td><td>『最新実際新聞学』</td></tr>
<tr><td>附編　欧美報紙史略
第一章　概説</td><td>第一篇　総論</td><td rowspan="2">『新聞沿革史』[34]</td></tr>
<tr><td>第一節　起源（P104）</td><td>第一節　濫觴（P2）</td></tr>
<tr><td>第三節　近世之印刷及通信事業
欧美之大通信社</td><td>第二章　編輯部員が事前の任務
世界の代表的通信社（紙P19）</td><td rowspan="3">『最近新聞紙学』</td></tr>
<tr><td>一、路透電報社（P107）
二、連合通信社（P108）</td><td>イ、ロイテル電報社（紙P22）
ハ、米国連合通信社（紙P25）</td></tr>
<tr><td>其他之大通信社及通信連盟（P109）</td><td>ホ、その他（紙P29）</td></tr>
<tr><td>附録第五節　美国式之影響及最近発達之特徴（P112）美国式之影響</td><td>総論　第四節　米国式新聞業の勃興（P14）</td><td rowspan="5">『新聞沿革史』</td></tr>
<tr><td>最近発達之特徴（P113）</td><td>第五章　最近の特徴（P17）</td></tr>
<tr><td>第二章　英吉利（P114 ～ 119）</td><td>第二篇　英国（P25 ～ 60）</td></tr>
<tr><td>第三章　法蘭西（P119 ～ 121）</td><td>第三篇　佛国（P61 ～ 88）</td></tr>
<tr><td>第四章　美利堅（P121 ～ 124）</td><td>第六篇　米国（P133 ～ 152）</td></tr>
</table>

上記の表5を見ればわかるように、任白濤の『応用新聞学』の四編と副編

は、杉村楚人冠の『最近新聞紙学』を手本とし、小野瀬不二人の『最新実際新聞学』、大日本新聞学会の『新聞編輯法』、『新聞沿革史』と『新聞汎論』を参考に書かれた著書である。全体にオリジナルなところが少なく、邵飄萍の著書と同じように訳書に近いものと言えよう。

2-1-3　戈公振の『中国報学史』

洪惟傑編著の『戈公振年譜』[35]によると、江蘇省東台鎮出身の戈公振は、狄楚青[36]の知遇を得て『時報』に入社し、中国新聞界で活躍しはじめた。戈は留日経験がなかったが、自費で日本に短期滞在したことがあった。日本の横浜・東京・福岡などを歴遊し、また弟の戈紹竜に日本語を習ううちに、日本新聞史の研究に興味を覚えた。そして福岡の日日新聞社と大阪の毎日新聞社を見学し、日本の新聞事業に対する理解を一層深めた。

姪の戈宝権の回想によれば、戈公振の本棚に「放满了書籍和報刊，有中文的、英語的、日文的。(中国語、英語、日本語などの各種の書物と新聞雑誌が並んでいた)」[37]という。そして戈公振は『中国報学史』の第一章の最後に「以上所述，頗取日人藤原勘治之説（以上述べたことは、日本人の藤原勘治氏の研究に負うところが多い)」[38]と明示した。しかし、藤原勘治のどの著作を参照し、またどの程度参照したのかは明示しなかった。筆者は藤原の著作を考察し、『新聞紙と社会文化の建設』と『中国報学史』との関連性が高いことを発見し、以下の表6のように、この二冊の類似内容を比較してみた。

表6　『中国報学史』と『新聞紙と社会文化の建設』との類似点

著作	『中国報学史』[39]	『新聞紙と社会文化の建設』[40]
章節	第二節	第二章　第二節
標題	新聞紙の定義	従来新聞紙の定義
内容	(一)以報紙作用為基礎而下定義者。 (二)従法律上所規定報紙之性質而下定義者。 (三)従報紙之形式上与作用上之観察而下定義。	その一は新聞紙の機能のみを明にせんとする機能的見地をとるもの、 その二は法規上に於ける新聞紙の性質を確立せんとする。 その三は形式的及び機能的両特徴を綜括せんとす具體的見地をとるものである。

以上のように、戈公振の『中国報学史』は、新聞の定義について完全に藤原勘治の『新聞紙と社会文化の建設』の第二章第二節の内容を直訳したものと言えるだろう。

もう一つ面白い箇所がある。藤原勘治の著書の注6には「『文化と新聞』の著者ロエブルによれば、新聞紙とは定期刊行物にして、機械的複製によって一般的興味を有する現時の事件、状態の集合的雑多的内容を通俗化したるものを掲載となす（註6）」[41]と書いてあるが、『文化と新聞』はロエブルの著作ではなく、ザロモンの著書であった。戈公振は間違いに気づいたから、その一段を省略したのであろう。

次に新聞と雑誌の区別について、戈公振は『新聞紙と社会文化の建設』の第二章第三節を引用し、さらに第二章第四節「新聞紙の諸特徴」を参考に新聞の定義を総括し、新聞の四つの特徴を論じた。

表7が示すように、新聞の四つの特徴について、戈公振も藤原勘治の論説をそのまま引用した。藤原勘治によれば新聞の「公告性」が非常に重要であり、しかも社会学者としての研究において最も大切なことは、「新聞紙の特定時代における特定の社会文化に相反応する側における諸特徴の考察である」[42]。一方、戈公振も「公衆」、「民意」を新聞の基本と考え、「公告性」を重視している。

表7　新聞紙の四つの特徴について

『中国報学史』	『新聞紙と社会文化の建設』
公告性	第一款　公告性
定期性	第二款　定期性
时宜性	第三款　時宜性
一般性	第四款　一般性

表8　新聞の定義について

著作	《中国報学史》	『新聞紙と社会文化の建設』
章節	第一章 第二節	第二章第五节第四款
標題	報紙之定義	新聞（註一）
内容	新聞果為何物，此一即有興味之問題也。美国各大学自設立報学科以来。対於新聞紙科学研究，方開其端。其中較得要領者，以布乃雅（Bleyer），哈潤登（Harrington）与弗潤開宝（Frankenmbery）為最。 ……（中略）…… 新聞既為一種性質，故由感覺力而採取之後，其時乃発生主観的外形。例如有“紅”之性質，対於生理構造不同之二人，不能成為同一之“紅”的感覚。所以新聞紙価値，若求範囲広泛，則不能不対多数之人即有主観的多数人使之発生興味。	新聞が如何なるものなるかは、前款に於いて私が与へた歸結によって了解されると思ふ。米国の各大学に於いて新聞科設置以来、始めて新聞の科学的研究の着手を見たやうである。今、それらの研究の中比較的要領を得たるものとして、ペレーヤー、ハリントン及フランケンベリー等をとり、 ……（中略）…… しかして新聞が性質たる以上、感覚力を通じて摂受せられ、その主観的表象が作られる。それは丁度、赤いといふ性質が、生理的構造を同じうせざる両人に同一の赤いといふ感覚となり得ないやうなものである。故に新聞の価値が大なるためには、最も多数の人、その主観的なる多数の人にとって、興味あるものでなければならぬ。

そのほか、表8が示すように『中国報学史』における新聞の本質についての論述も、『新聞紙と社会文化の建設』の第二章第五節第一款「意見の発表と新聞紙の本質」、第二款「形式的本質」、第三款「内容的本質」、第五款「公告性と新聞」を参考にした。

要するに、以上の考察を見ればわかるように、戈公振の『中国報学史』の第二章の理論部分の論説は、完全に藤原勘治の『新聞紙と社会文化の建設』から取り入れたものである。そしてその論説は、戈公振の新聞紙論の核心として、彼の研究の基盤をなしているといえよう。

以上は近代中国に初めて新聞学という学科名の導入をもたらした松本の『新聞学』の翻訳と受容を考察し、そして、邵飄萍、任白濤、戈公振という草創期の代表的な知識人の代表作を取り上げて、その学理的受容も究明した。実際にそれだけではなかった。先行研究によれば、近代中国の新聞学草創期における代表的な新聞学著作の大半は、日本の新聞学著作を手本に書かれたものであったという[43]。ということは、日本の新聞学著作は中国の新聞学草創期において直接の影響を与え、中国の新聞理論体系の生成と構築に大きな役割を果たしたと言ってもよかろう。

終わりに

本稿では中国の新聞学草創期における日本の新聞学の受容問題について考察した。草創期の先駆者と呼ばれた邵飄萍、任白濤、戈公振という三人の留日生と彼らの著作を中心に、関連する日本の新聞学著作との比較対照を通して、彼らがどの程度日本の新聞学著作からの影響を受けたかについて、実証的な考察を展開した。

筆者の考察から、中国の新聞学草創期においては、中国人の自作として高く評価された飄萍の『実際応用新聞学』と『新聞学総論』、任白濤の『応用新聞学』は、オリジナルというより、日本の新聞学著作を翻訳・紹介した著書という方が適切であるという結論を導いた。両氏とも大日本新聞学会編集の新聞学全書と杉村楚人冠の『最近新聞紙学』を参考にした。戈公振の『中国報学史』も、藤原勘治の『新聞紙と社会文化の建設』から相当の理論を取り入れ、彼の理論的基盤をなしていた。

日本の新聞学著作は、中国の新聞学著作の作成に直接な影響を与えたと言ってよいであろう。その受容のルートはまさに日本を媒介とした近代東アジアの知的連鎖を明らかに示しており、大きな研究価値があるのではなかろうか。

次の時代に入ると、黄天鵬をはじめとする留日学生は、引き続き新聞学研究の推進に力を尽くした。その後の留日学生がどのように日本新聞学を受容したのかという点も興味深い問題であり、筆者のこれからの研究に譲りたい。

参考文献

大日本新聞学会編集『新聞学上・中・下巻』大日本新聞学会出版社、1919年
松本君平『新聞学』東京博文館藏版、1899年
小野瀬不二人『最新実際新聞学』植竹書院出版、1916年
杉村楚人冠『最近新聞紙学』慶応義塾出版局、1915年
藤原勘治『新聞紙と社会文化の建設』下出書店出版、1923年
任白涛『応用新聞学』中国新聞学社刊行、1922年
戈公振『中国報学史』商務印書館、1927年
李秀雲『留学生与中国新聞学』南開大学出版社、2009年
邵振青（邵飄萍）『実際応用新聞学』京報館出版部、1923年
邵振青（邵飄萍）『新聞学総論』京報館出版部、1924年

---

1 本稿における新聞学の草創期は1903年から1927年までの24年間を指すこととする。1903年に中国ではじめての新聞学著作――松本君平の『新聞学』の漢訳版が出版され、その後の新文化運動期（1915～1923年ごろ）において徐宝璜の『新聞学』、邵飄萍の『実際応用新聞学』、『新聞学総論』、任白濤の『応用新聞学』、戈公振の『中国報学史』などが出版され、中国新聞学の成立を示したという。また1918年から戈公振の『中国報学史』の出版を象徴的事件とする1927年までは第二次資産階級の新聞学研究ブームと称される。
2 黄天鵬「再版題記」『新聞学名論集』上海連合書店、1930年
3 徐培汀・裘正義『中国新聞伝播学説史』重慶出版社、1994年
4 童兵・林涵『20世紀中国新聞学与伝播学・理論新聞学巻』復旦大学出版社、2010年
5 李秀雲『留学生与中国新聞学』南開大学出版社、2009年
6 李秀雲「日本実益主義新聞観的引介及其歴史貢献」『チチハル大学学報（哲学社会科学版）』、2008年11月
7 陳力丹「論中国新聞学的啓蒙和創立」『現代伝播―北京広播学院院報』、1996年6　　月
8 童兵「東渡扶桑求学対中国新聞学発展的意義」『新聞界』、2005年12月
9 周光明・張鳳熙「邵飄萍的新聞学著述所受日本影響的文献研究」『新聞春秋』、2017年5月
10 陳立新「従『新聞価値』一節看任白濤与伍超之版権紛争」『国際新聞界』、2012年1月
11 高海波「論戈公振的伝播思想」『国際新聞界』中国人民大学学術期刊社、2013年4月
12 松本君平『新聞学』東京博文館藏版、1899年。P.9
13 朱至剛「取向与取捨：『学科』角度下的中国早期新聞学」『新聞伝播研究』、2015年9月
14 前掲「邵飄萍的新聞学著述所受日本影響的文献研究」
15 邵振青（邵飄萍）『実際応用新聞学』京報館出版部、1923年
16 大日本新聞学会編集『外交術』大日本新聞学会出版社、1916年
17 前掲「邵飄萍的新聞学著述所受日本影響的文献研究」
18 前掲「邵飄萍的新聞学著述所受日本影響的文献研究」
19 邵振青（邵飄萍）『新聞学総論』京報館出版部、1924年
20 杉村楚人冠『最近新聞紙学』慶応義塾出版局、1915年
21 大日本新聞学会編集『新聞営業法』大日本新聞学会出版社、1919年
22 大日本新聞学会編集『新聞編輯法』大日本新聞学会出版社、1919年
23 大日木新聞学会編集『世界通信事業』大日本新聞学会出版社、1919年
24 大日本新聞学会編集『新聞沿革史』大日本新聞学会出版社、1919年
25 大日本新聞学会編集『海外新聞研究』大日本新聞学会出版社、1919年
26 大日本新聞学会編集『雑録』大日本新聞学会出版社、1919年
27 任白涛『応用新聞学』中国新聞学社刊行、1922年
28 大日本新聞学会編集『新聞汎論』大日本新聞学会出版社、1919年
29 小野瀬不二人『最新実際新聞学』植竹書院出版、1916年
30 前掲『最近新聞紙学』

31 前掲『最新実際新聞学』
32 前掲『最近新聞紙学』
33 前掲『新聞編輯法』
34 前掲『新聞沿革史』
35 洪惟傑『戈公振年譜』江蘇人民出版社、1990年第1版を参照
36 狄楚青（1873～1941）江蘇省出身で、康有為の弟子である。1898年戊戌変法失敗後、日本に流亡し、1904年康有為の援助を得、上海で『時報』を創刊した。
37 戈宝権「回憶我的叔父戈公振」『人物』人民出版社、1980年
38 戈公振『中国報学史』商務印書館、1927年、P.20
39 前掲『中国報学史』
40 藤原勘治『新聞紙と社会文化の建設』下出書店出版、1923年
41 前掲、『新聞紙と社会文化の建設』、P.29
42 前掲、『新聞紙と社会文化の建設』、P.36
43 林徳海の『中国新聞学書目大全1903－1987』によれば、1927年まで中国人の自作の新聞学著作は徐宝璜の『新聞学』（1918）、孫賚衣『新聞平議』（1920）、任白濤の『応用新聞学』（1922）、邵飄萍の『実際応用新聞学』（1923）と『新聞学総論』（1924）、伍超『新聞学大綱』（1925、任白濤の『応用新聞学』の盗作』）、戈公振の『中国報学史』（1927）などがあげられる。

付　録

日中関係学会主催「第７回宮本賞（学生懸賞論文）」募集要項

2018年6月

日中関係学会では以下の要領で、「第7回宮本賞（学生懸賞論文）」の論文募集を行います。若い世代の皆さんが日本と中国ないし東アジアの関係に強い関心を持ち、よりよい関係の構築のために大きな力を発揮していただきたい。また日中関係学会の諸活動に積極的にご参加いただき、この地域の世論をリードしていってもらいたい。宮本賞はそのための人材発掘・育成を目的とし、2012年からスタートしました。

論文のテーマは日中の政治、経済、文化など幅広い分野を対象としています。専門性の高い研究論文ももちろん歓迎しますが、それだけに限りません。実践報告や体験談をレポート形式でまとめていただいても構いません。オリジナリティがあり、これからの日中関係について明確なメッセージを持った論文・レポートを期待しています。

応募は「学部生の部」と「大学院生の部」に分かれており、審査によってそれぞれの部から最優秀賞１本、優秀賞若干本を選びます。また応募者多数の場合には、特別賞（若干本）をそれぞれに設けます。最優秀賞には副賞として10万日本円、優秀賞には3万日本円、特別賞には5000日本円（図書券）をそれぞれ贈呈します。また受賞者論文集を日本僑報社から発刊予定です。

昨年の第6回宮本賞には、「学部生の部」に32本、「大学院生の部」に22本、合計54本の応募がありました。この中から「学部生の部」では最優秀賞1本、優秀賞4本、特別賞4本を選びました。また、「大学院生の部」では、優秀賞3本、特別賞4本を選びました。

このほか、受賞者全員に日中関係学会への入会資格が与えられます（大学院を含め、卒業まで年会費無料）。また、中国国内の各大学から応募し、受賞した方の中から、特に優れた3～4名を東京で開催の受賞者表彰式・若者シンポジウムに招待します（3月半ばに開催。航空運賃など交通費・宿泊費は学会が負担）。

なお、中国人受賞者の招請（航空運賃など交通費・宿泊費）については、国際交流基金に資金助成を申請中です。

皆さん、奮ってご応募ください。

募集内容

（1）テーマ：日本と中国ないし東アジアの関係に関わる内容の論文、レポート。政治・外交、経済・経営・産業、文化・教育・社会、環境、メディアなどを対象とします。なお論文の最後の部分で、論文内容がこれからの日中関係にどのような意味を持つか、提言も含めて必ず書き入れてください。

（2）応募資格：「学部生の部」か「大学院生の部」かのどちらかに応募できます。

学部生の部＝①大学の学部生

②学部を卒業後2年以内で、大学院入学の準備をしている人や企業に勤めている人（研究職ではない）

大学院生の部＝①大学院の修士課程学生、博士課程学生、聴講生、研究生

②大学院を卒業・修了・満期退学後3年以内で、研究職に就いていない人

（3）執筆言語：日本語で執筆してください。

（4）字　　数：以下の字数には図表、脚注、参考文献を含みます。字数制限を厳守してください。上限を大幅に超えた場合には、字数調整をお願いすることがあります。

学部生の部＝8,000 ～ 10,000字

大学院生の部＝8,000 ～ 15,000字

加えて、論文・レポートの要約（約400字）を別に作成

（5）論文スタイル：論文サンプル（2本）をご覧いただき、同様なスタイルでの執筆をお願いします。

（6）その他

①受賞者全員に、日中関係学会への入会資格が与えられます。卒業（大学院を含む）まで年会費無料の特典が付きます。受賞の直後に卒業の場合は、社会人になっても一年間だけ年会費無料で入会できます。

②中国国内の大学から応募し、受賞した方の中から、特に優れた3～4名を東京で開催の受賞者表彰式および「若者シンポジウム」に招待します。国際航空運賃など交通費・東京での宿泊費は、学会が全額負担します。

（詳しくはhttp://www.mmjp.or.jp/nichu-kankei/を参照）

第7回宮本賞　ご推薦・ご指導いただいた主な団体や先生方

諸団体

日本華人教授会議（代表：廖赤陽・武蔵野美術大学教授）、NPO中国留学生交流支援　立志会（理事長：王紅・北海情報産業㈱）、九州中国研究会（会長：田中旬一・アジアマーケティング㈱社長）、日中交流研究所（所長：段躍中）

日本の大学

阿古智子（東京大学大学院総合文化研究科准教授）、王敏（法政大学教授）、大島一二（桃山学院大学経済学部教授）、岡田実（拓殖大学国際学部教授）、郝燕書（明治大学経営学部教授）、梶田幸雄（麗澤大学教授）、川西重忠（桜美林大学名誉教授）、川村範行（名古屋外国語大学特任教授）、刈間文俊（東京大学名誉教授）、菅野真一郎（東京国際大学教授）、菊池一隆（愛知学院大学教授）、近藤伸二（追手門大学経済学部教授）、謝茘（法政大学院教授）、周瑋生（立命館大学政策科学学部教授）、朱建榮（東洋学園大学教授）、諏訪一幸（静岡県立大学国際関係学部教授）、関口美幸（拓殖大学准教授）、高久保豊（日本大学商学部教授）、高原明生（東京大学教授）、立松昇一（拓殖大学外国語学部教授）、張兵（山梨県立大学国際政策学部教授）、陶徳民（関西大学教授）、杜進（拓殖大学国際学部教授）、西澤正樹（亜細亜大学教授）、林哲璐（中国青少年研究院：北京在住）、範雲涛（亜細亜大学教授）、方淑芬（日本大学大学院）、細川孝（龍谷大学経営学部教授）、馬場毅（愛知大学名誉教授）、水野一郎（関西大学教授）、結城佐織（アメリカ・カナダ大学連合日本研究センター講師）

中国の大学

艾菁（復旦大学専任講師）、于君（南開大学外国語学院日本言語文学科講師）、王忻（杭州師範大学教授）、王宝平（浙江工商大学教授）、郭海紅（山東大学副教授）、加藤隆則（汕頭大学新聞・伝播学院教授）、夏晶（武漢大学副教授）、姜弘（北京師範大学外文学院日文系副教授）、許慈恵（上海外国語大学教授）、金玺罡（同済大学外国語学院講師）、邢永鳳（山東大学教授・日本語学科主任）、高潔（上海外国語大学教授）、高文勝（天津師範大学政治行政学院教授）、呉英傑（対外経済貿易大学外語学院副教授）、江暉（中山大学外国語学院副教授）、呉琳（西安交通大学外国語学院日語系専任講師）、蔡建国（同済大学教授）、徐一平（北京外国語大学教授）、周星（上海外国語大学教授）、肖霞（山東大学教授）、肖平（浙江工商大学教授）、蒋芳婧（天津外国語大学高級翻訳院副教授）、張艶萍（西北大学教授）、張建（上海外国語大学日本文化経済学院副教授・副院長）、張厚泉（東華大学教授）、沈海涛（吉林大学国際政治研究所教授）、陳岩（大連外国語大学日本語学院教授）、陳星竹（北京大学大学院生）、陳多友（広東外語外貿大学教授）、丁紅衛（北京外国語大学北京日本学中心副教授）、本郷三好（中国人民大学法学院特聘助理）、葉琳（南京大学教授）、宮山昌治（同済大学外国語学院日語系外籍専家）、李韡（遼寧師範大学副教授）、李静（信陽師範学院講師）、李東軍（蘇州大学教授）、劉江永（清華大学当代国際関係研究所教授）、呂雷寧（上海財経大学副教授）

第7回宮本賞　審査委員会・実行委員会メンバー

審査委員会

審査委員長：宮本雄二（元駐中国大使、日中関係学会会長）

審査委員（学部生の部）：大久保勲（福山大学名誉教授、日中関係学会顧問）、加藤青延（NHK解説委員、日中関係学会副会長）、林千野（双日株式会社海外業務部中国デスクリーダー、日中関係学会理事）、藤村幸義（拓殖大学名誉教授、日中関係学会副会長）、村上太輝夫（朝日新聞国際報道部記者（機動特派員）、日中関係学会理事）、村山義久（時事総合研究所客員研究員、日中関係学会評議員）

審査委員（大学院生の部）：江原規由（国際貿易投資研究所チーフエコノミスト、日中関係学会監事）、北原基彦（日本経済研究センター主任研究員、日中関係学会理事）、高山勇一（元現代文化研究所常務取締役、日中関係学会理事）、露口洋介（帝京大学経済学部教授、日本銀行初代北京事務所長、日中関係学会評議員）、橋本明徳（NHK特別主幹、日中関係学会評議員）、吉田明（前清華大学外国語学部日本語教員、元朝日新聞記者、日中関係学会会員）

実行委員会

実行委員長：藤村幸義（拓殖大学名誉教授、日中関係学会副会長）

実行副委員長：江越眞（監査法人アヴァンティアシニアアドバイザー、日中関係学会副会長）、川村範行（名古屋外国語大学特任教授、日中関係学会副会長）、伊藤正一（関西学院大学教授、日中関係学会副会長）、村上太輝夫（朝日新聞国際報道部記者（機動特派員）、日中関係学会理事）

実行委員：内田葉子（スポーツプログラマー、日中関係学会理事）、高山勇一（元現代文化研究所常務取締役、日中関係学会理事）、田島純一（日中関係学会理事）、橋本明徳（NHK特別主幹、日中関係学会評議員）、林千野（双日株式会社海外業務部中国デスクリーダー、日中関係学会理事）、三村守（日中関係学会理事）

これまでの主な応募大学一覧 （あいうえお順）

中国大陸の大学

●青島大学（山東） ●青島濱海学院（山東） ●外交学院（北京） ●華東師範大学（上海） ●華南師範大学（広東） ●広東外国語外貿大学（広東） ●広東財経大学（広東） ●曲阜師範大学（山東） ●吉林華僑外国語学院（吉林） ●杭州師範大学（浙江） ●三江大学（江蘇） ●山東大学（山東） ●上海外国語大学（上海） ●上海海事大学（上海） ●上海交通大学（上海） ●上海財経大学（上海） ●上海師範大学（上海） ●上海商学院（上海） ●首都師範大学（北京） ●西安交通大学（陝西） ●清華大学（北京） ●西南大学（重慶） ●西北大学（陝西） ●浙江工商大学（浙江） ●蘇州大学（江蘇） ●大連外国語大学（遼寧） ●中国江南大学（江蘇） ●中国人民大学（北京） ●中国政法大学（北京） ●中山大学（広東） ●東華大学（上海） ●同済大学（上海） ●南開大学（天津）●南京大学（江蘇） ●南京師範大学（江蘇） ●武漢大学（湖北） ●復旦大学（上海） ●北京大学（北京） ●北京外国語大学（北京） ●北京師範大学（北京） ●北京第二外国語学院（北京） ●北京理工大学（北京） ●遼寧師範大学（遼寧）

日本国内の大学

●愛知大学 ●愛知県立大学 ●青山学院大学 ●大阪大学 ●桜美林大学 ●関西大学 ●関東学院大学 ●関西外国語大学 ●京都大学 ●京都外国語大学 ●杏林大学 ●慶応大学 ●神戸大学 ●静岡県立大学 ●東京大学 ●東京外国語大学 ●東京学芸大学 ●東京工業大学 ●大東文化大学 ●拓殖大学 ●中央大学 ●同志社大学 ●名古屋大学 ●名古屋学院大学 ●日本大学 ●二松学舎大学 ●一橋大学 ●明海大学 ●明治大学 ●名城大学 ●明星大学 ●山梨県立大学 ●横浜国立大学 ●立命館大学 ●麗澤大学 ●早稲田大学

第1回宮本賞受賞者（2012年）

最優秀賞（1編）

謝宇飛（日本大学大学院商学研究科博士前期課程2年）
　アジアの未来と新思考経営理論 ―「中国発企業家精神」に学ぶもの―

優秀賞（2編）

宣京哲（神奈川大学大学院経営学研究科博士後期課程修了）
　中国における日系企業の企業広報の新展開 ―「期待応答型広報」の提唱と実践に向けて―

馬嘉繁（北海道大学大学院経済学研究科博士後期課程）
　中国国有企業における民主的人事考課の実相 ―遼寧省における国有銀行の事例分析―

奨励賞（3編）

周曙光（法政大学大学院人文科学研究科修士課程2年）
　清末日本留学と辛亥革命 ―留学ブームの成因及び辛亥革命への影響の一考察―

長谷亮介（法政大学大学院人文科学研究科博士後期課程1年）
　現状において日中関係を阻害する要因の考察と両国の将来についての展望

山本美智子（中国・清華大学国際関係学研究科修士課程）
　日中国交正常化以降の両国間の経済貿易関係
　―日中経済貿易関係に影響を与える政治要因を分析する―

努力賞（1編）

沈道静（拓殖大学国際学部4年）　尖閣問題を乗り越えるには

第2回宮本賞受賞者（2013年）

最優秀賞（1編）

江暉（東京大学学際情報学府Ⅲ博士課程）　中国人の『外国認識』の現状図
　～8ヶ国イメージ比較を通じて日本の位置づけに焦点を当てて

優秀賞（3編）

長谷川玲奈（麗澤大学外国語学部4年）
　中国人富裕層をターゲットとするメディカルツーリズムの可能性
　～亀田総合病院の事例研究を中心に～

周会（青島大学日本語学部3年）　冬来たりなば春遠からじ ―中日関係への体験談―

佐々木亜矢（愛知大学現代中国語学部卒業、中青旅日本株式会社中部営業本部勤務）
　華僑・華人のアイデンティティについて ―変化し続けるアイデンティティ―

佳作（4編）

鈴木菜々子（明治大学経営学部4年）
　中国における日系小売業の企業内教育に関する一考察 ―CIY社の事例より―

劉暁雨（立命館アジア太平洋大学アジア太平洋学部4年）
　心の繋がりからみる東アジア平和的な未来

桑建坤（西南大学4年）　中日両国の社訓に関する対照考察

龔奕珑（上海外国語大学研究生部修士課程卒業）
　中国市場におけるユニクロの成功要因 ―ブランド構築を中心に―

第3回宮本賞受賞者（2014年）

最優秀賞（1編）

間瀬有麻奈（愛知県立大学外国語学部中国学科4年）　日中間の多面的な相互理解を求めて

優秀賞（6編）

佐々木沙耶（山梨県立大学国際政策学部3年）
日中間における歴史教育の違いに関する一考察

陸小璇（中国人民大学4年）
日本人の『甘え』心理の働き方 ―漫画『ドラえもん』を中心に―

韓静ほか6人（日本大学商学部3年）
日本における外国人学生の就職と大学の支援施策に関する一考察

陳嵩（東京大学大学院学際情報学府博士課程後期課程5年）
尖閣諸島（釣魚島）問題をめぐる反日デモに対する中国民衆の参加意欲
および規定要因に関する所得階層ごとの分析

丁偉偉（同志社大学大学院社会学研究科博士後期課程２年）
日中関係促進とテレビ番組の役割に関する一考察
―中国中央テレビ『岩松が日本を見る』の分析を例に―

王鳳陽（立命館大学・政策科学研究科・D2）
食品安全協力の視点から日中関係の改善を考える

佳作（5編）

丸山健太（早稲田大学政治経済学部国際政治経済学科３年、北京大学国際関係学院双学位留学生）
中国における非効率的市場の存続
―売り手の行動に着目したゲーム理論的分析とその原因の考察―

渡辺航平（早稲田大学法学部3年、北京大学国際関係学院）
僕らの日中友好@北京活動報告レポート

耿小蘅（中国人民大学日本語学科13年卒業）
日本メディアの中国進出についての研究
―『朝日新聞中文網』の中国報道記事を中心に―

王暁健さん（中国人民大学国際関係学院外交学系大学院1年）
中日協力の視点から見る東アジア経済一体化の可能策

張鶴達（神戸大学大学院法学研究科国際関係論研究生）
日本の対中政策における支援と抑止 －長期的戦略と短期的目標－

第4回宮本賞受賞者（2015年）

最優秀賞（1編）

方淑芬（日本大学商学部3年）、董星（同4年）、関野憲（同3年）、
陳文君（同3年）、小泉裕梨絵（同2年）、姜楠（同2年）
日中経済交流の次世代構想　～華人華僑の新しい日本展開を巡って～

優秀賞（7編）

幡野佳奈（山梨県立大学国際政策学部4年）
日中映画交流の歴史と意義 ～高倉健の事例を中心に～

倪木強（日本大学商学部3年）、佐藤伸彦（同4年）、
趙宇鑫（同3年）、韓姜美（同3年）、林智英（同2年）
日本企業は中国リスクをどう捉えるか
～中国労働者の権利意識に関するアンケート調査からの示唆～

福井麻友（明治大学経営学部4年）
在中日系企業の中間管理者の確保に関する一考察

張鴻鵬（名城大学法学研究科博士課程後期3年）
陸軍中将遠藤三郎の『非戦平和』思想と日中友好活動

龍蕾（広東外語外貿大学東方言語文化学院日本語言語文化研究科博士課程前期2年）
中国清朝末期における福沢諭吉認識への一考察

堀内弘司（早稲田大学アジア太平洋研究科博士課程2015年3月修了）
中国在住の日本人ビジネスパーソンらの異文化社会適応のアスペクト
―Swidlerの『道具箱としての文化』の理論を援用した考察―

胡優（立命館大学大学院政策科学研究科博士課程前期2年）
日中韓三国の排出権取引制度のリンクについて

佳作（5編）

西野浩尉（明治大学経営学部4年）
日中企業の評価制度比較と企業経営への影響

艾鑫（北京師範大学外国言語文学学院4年）
戦後国民党対日賠償放棄の出発点についての研究
―蒋介石『以徳報怨』の方針と賠償請求権の放棄をめぐって

盧永妮（北京外国語大学北京日本学研究センター社会コース博士課程前期2年）
21世紀初頭における日本経済界の対中認識について

宋鄧鵬（広東外語外貿大学東方言語文化学院日本語言語文化研究科博士課程前期1年）
中国人の爆買いをめぐる一考察

李書琴（北京外国語大学北京日本学研究センター社会コース博士課程前期2年）
中日関係における国家中心主義及びその衝撃

第5回宮本賞受賞者（2016年）

最優秀賞（2編）

苑意（東京大学教養学部3年）、李文心（同3年）
日中外交関係の改善における環境協力の役割 ―歴史と展望―

楊湘云（北京第二外国語学院日本語言語文学研究科2015年7月卒業）
21世紀中国における日本文学翻訳の特徴 ～文潔若『春の雪』新旧訳の比較を通して～

優秀賞（6編）

高橋豪（早稲田大学法学部3年）
日中関係のカギを握るメディア ―CRI日本語部での経験を交えて―

王嘉龍（北京第二外国語学院日本語学部2016 年7月卒業）
日系企業の中国進出についての文化経営研究 —ユニクロを例にして—

宮嵜健太（早稲田大学商学部１年）
『草の根』の日中関係の新たな構築 ～農業者、農協の交流を通して～

田中マリア（早稲田大学政治学研究科博士課程後期2016年3月満期退学）
日中関係における競争と協力のメカニズム ～アジア開発銀行（ADB）とアジアインフラ投資銀行（AIIB）の相互作用を事例として～

李坤（南京大学外国語学部博士課程前期２年）　中日におけるパンダ交流の考察

賈玉龍（大阪大学大学院人間科学研究科博士課程後期１年）
草の根からの日中平和 —紫金草平和運動を中心に—

特別賞（7 編）

渡邊進太郎（日本大学商学部3年＝代表）、岡野正吾（同4年）、河合紗莉亜（同2年）、橋本清汰（同2年）、山口掌（同2年）
ハイアールのネット化戦略を読み解く —日立、アイリスオーヤマとの比較を中心に—

戴岑仔（上海外国語大学日本文化経済学院4年）　日中における東アジアFTA政策

小泉裕梨絵（日本大学商学部3年＝代表）、原田朋子（同4年）、林智英（同3年）、池田真也（同3年）、伊東耕（同2年）、仲井真優豪（同2年）
アリババが生む中国的ビジネスイノベーション —ビジネス・エコシステムの新展開—

岩波直輝（明治大学経営学部4年）　爆買いの衰退から見る日中関係

エバン・ウェルス（アメリカ・カナダ大学連合日本研究センターウィスコンシン大学マディソン校歴史学部博士課程後期3年）
大豆貿易の政治的商品への過程 —日中の協力と競争をめぐって—

勾宇威（北京師範大学歴史学院博士課程前期1年）
歴史認識と中日の未来 ～歴史に学び、歴史に束縛されないように～

村上昂音（東京外国語大学総合国際学研究科博士課程後期2年）
日中における生活系廃棄物減量化について
～ベストプラクティスに見るゴミを減らすためのソリューション～

第6回宮本賞受賞者（2017年）

最優秀賞（1 編）

浦道雄大（横浜国立大学経済学部3年）　日中経済とシェアリングエコノミー

優秀賞（7 編）

河合紗莉亜（日本大学商学部3年＝代表）、魏英（同3年）、山口掌（同3年）、有田俊稀（同2年）、大平英佑（同2年）、影浦秀一（同2年）、伴場小百合（同2年）、山縣涼香（同2年）、山中舜（同2年）
訪日中国人に伊豆の国市の魅力を伝える ～中国人留学生とのパンフレット作製を通じて～

山本晟太（大阪大学外国語学部4年）
フィールドを通じて深まる日中相互理解と協働関係構築への試み
～雲南省でのフィールドワークを例に～

王婧瀅（清華大学人文学部3年）
　中日国民関係の改善におけるメディアの役割 ～落語『死神』からの発想～
張嘉琳（明治大学経営学部4年）
　在中国日系企業における現場改善活動に関する一考察
白宇（南京大学外国語学院博士課程前期2年）、坂井華海（九州大学大学院地球社会統合科学府博士課程前期1年）
　日本語を専門とする中国人学生の日本語学習動機と習得状況の関係
　～蘭州理工大学と南京大学の比較を通して～
徐博晨（東京大学大学院総合文化研究科博士課程後期4年）
　北朝鮮核問題におけるアメリカの外交戦略と中国と日本の役割
　～強制外交及び安心供与の視点から
陶一然（立命館大学社会学研究科博士課程前期1年）
　日中戦争初期における中国世論の影響
　　～『申報』から見る中国『徹底抗戦』世論の形成と戦争の拡大

特別賞（8編）

朱杭珈（中国嘉興学院外国語学院2016年卒）
　三ツ星『日中民間交流活動』作り方探索～日中民間交流活動のあり方についての体験談～
長澤成悟（日本大学商学部3年＝代表）、池田真也（同4年）、黄鶯（同3年）、谷口滉（同3年）、金子拓斗（同2年）、結城里菜（同2年）
　中国・日本のメイカームーブメントから探るモノづくりの新たな一断面
　～衆創空間の深化に着目して～
陳星竹（西安交通大学外国語学部2017年6月卒業）
　テキストマイニングに基づく日本外交談話の分析
　～外務省記者会見における談話を例として～
趙書心（上海外国語大学日本文化経済学院2017年6月卒業）
　太宰治『十二月八日』におけるアイロニー
中島大地（一橋大学大学院言語社会研究科博士課程前期2年）
　青年層における日中文化交流の現状と展望
　～小説、映画、アニメ、伝統文化、観光の概観を通して～
丹波秀夫（復旦大学外国語学院日語語言文学系博士課程2年）
　中国の日本語学科生における学習動機の変遷と教師の役割についての考察
　～学習継続プロセスの仮説モデル提起の試み～
周渝陽（武漢大学外国語言文学学院博士課程前期3年）
　大正期の総合雑誌における五四運動の捉え方
　～1919年の『中央公論』と『太陽』を中心に～
宋暁煜（名古屋大学大学院国際言語文化研究科博士課程後期満期退学）
　スペンサーの進化論の翻訳と重訳
　～日本語訳『政法哲学』とその二つの中国語訳をめぐって～

■監修　宮本雄二（みやもと ゆうじ）

1969年外務省入省。以降3度にわたりアジア局中国課に籍を置くとともに、北京の在中華人民共和国日本国大使館駐在は3回を数える。90年から91年には中国課長を、2006年から10年まで特命全権大使を務める。このほか、85年から87年には軍縮課長、94年にはアトランタ総領事、01年には軍備管理・科学審議官、02年には駐ミャンマー特命全権大使、04年には沖縄担当大使を歴任。現在は宮本アジア研究所代表、日中友好会館会長代行、日本日中関係学会会長。著書に『これから、中国とどう付き合うか』（日本経済新聞出版社）、『激変ミャンマーを読み解く』（東京書籍）、『習近平の中国』（新潮新書）、『強硬外交を反省する中国』（PHP新書）。

■編者　日本日中関係学会

21世紀の日中関係を考えるオープンフォーラムで、「誰でも参加できる」「自由に発言できる」「中国の幅広い人々と交流していく」をキャッチフレーズに掲げている。主な活動としては、①研究会・シンポジウムを随時開催、②毎年、「宮本賞」学生懸賞論文を募集、③学生を中心とした青年交流部会を開催、④ビジネス実務者による中国ビジネス事情研究会の開催、⑤ホームページ「中国NOW」で、中国の政治・経済などの情報を提供、⑥newsletter（年3回）の発行、などがある。会員は約480名。

若者が考える「日中の未来」vol.5

中国における日本文化の流行

2019年4月25日　初版第1刷発行
監　修　　宮本雄二（みやもと ゆうじ）
編　者　　日本日中関係学会
発行者　　段景子
発売所　　株式会社日本僑報社
〒171-0021 東京都豊島区西池袋3-17-15
TEL03-5956-2808　FAX03-5956-2809
info@duan.jp
http://jp.duan.jp
中国研究書店 http://duan.jp

2019 Printed in Japan.　ISBN978-4-86185-271-8

毎日新聞（2018年1月14日）に
橋爪大三郎氏書評を掲載

大反響!!

橋爪　大三郎　評

中国政治経済史論　毛沢東時代（1949～1976）

胡鞍鋼著（日本僑報社・1万7280円）

アメリカを抜く、世界最大の経済に迫る中国。その波乱の現代史を、指導者らの実像を織り込んで構成する大作だ。ぶ厚い二巻本の前半、毛沢東時代の部分が今回訳出された。

著者・胡鞍鋼教授は、中国指折りの経済学者。文化大革命時に東北の農村で七年間の辛酸をなめ、入試が復活するや猛勉強で理工系大学に合格。その後経済学も独学でマスターし、認められて米国に留学、帰国後は清華大学のシンクタンク「国情研究中心」を舞台に、膨大な著書や提言書を発表し続けている。

中国の経済は政治と不可分である。それを熟知する著者は、党や政府の幹部に向けた政策レポートを書き続けるうち、政治との密接不可分な関係を検証する「歴史」研究こそ経済の本質に届くのだと思い定める。そこで、文化大革命がどういう原因で生じ、どれだけ災厄をもたらしたか、また改革開放がいかに可能となり、どれだけ成長をもたらしたかを、政府統計や党の文書を精査して洗い出した。信頼すべきデータと方法に基づき新中国の政治経済史の骨格を明らかにする、本格的業績だ。

データで明らかにする新中国の骨格

文化大革命の前奏曲が、大躍進だった。経済を理解しない毛沢東がソ連と張り合って、十五年で英米に追いつくとぶち上げた。党中央は熱に浮かされた。ノルマは下級に伝えられるたび膨らみ、無能と思われないための水増し報告が積み上がった。大豊作、大増産の一人歩きだ。人民公社の食堂の食べ放題も輪をかけた。大飢饉が始まり、餓死者は一千五百万人に達した。劉少奇は人民公社を手直しし、家族に責任を持たせて生産をテコ入れした。大躍進の責任を追及された毛沢東は深く恨み、劉少奇の打倒を決意する。資本主義復活を企む実権派と戦う、共産党内の階級闘争が始まった。

《毛沢東個人の意見が全党で可決した決議とぶつかった時には前者が優先され、指導者個人が党を凌駕し始めた》。党が正しいルールに戻る機会が何度かあったが空しかった。文化大革命で劉少奇が命を失い、鄧小平が打倒され、林彪が失脚し、多くの党員が悲惨な運命に見舞われた。この異様な党のあり方を深刻に反省した鄧小平は、のちに改革開放で党の何をどう変えるかの骨格を頭に刻んだ。

毛沢東時代をどう評価すべきか。《一九五三～一九七八年の間に工業総生産額は一七倍に増加し、年平均成長率は一一・三%》だった。実際この時期の成長は目覚ましかった。が、大躍進と文化大革命がダメージを与えた。胡教授の推計によると、長期潜在成長率約九%に対し《一九五七～一九七八年が五・四%》で《政策決定の誤りによる経済損失は、経済成長率の三分の一～四分の一に相当する》という。このほか、教育機会を奪われた人材の喪失や人心の荒廃、社会秩序の混乱も深刻だ。

毛沢東の失政をもたらしたのは体制の欠陥だと著者は言う。指導者の終身制。党規約の空文化。《「文化大革命」は鄧小平が改革開放を始めた直接的動機であり、政治的・社会的安定を保つことができた根本的要因でもあった》。文革の災厄から、人びとは教訓を学んだのだ。

毛沢東の歴史的評価は中国では、現在でも「敏感」な問題である。胡教授は公平に、客観的・科学的に、この問題を追い詰める。動乱の渦中で青年期を過ごした経験と、経済学者としての見識に基づき、党関係の膨大な資料を読み抜いた本書は、待望の中国の自己認識の書だ。日本語訳文も正確で読みやすい。中国関連の必須図書として、全国のなるべく多くの図書館に一冊ずつ備えてもらいたい。

（日中翻訳学院　本書翻訳チーム訳）

中国政治経済史論
毛沢東時代 1949-1976

胡鞍鋼……著
日中翻訳学院 本書翻訳チーム……訳

A5判　712頁（上製本）　16000円＋税
ISBN 978-4-86185-221-3 C0036

シリーズ 鄧小平時代 2019年春 刊行予定

対中外交の蹉跌—上海と日本人外交官— 片山和之

SUPER CHINA～超大国中国の未来予測～ 胡鞍鋼

中国の百年目標を実現する第13次五カ年計画 胡鞍鋼

2050年の中国 データで中国の未来を予測 胡鞍鋼他

中国の発展の道と中国共産党 胡鞍鋼他

日本人論説委員が見つめ続けた激動中国 加藤直人

日中友好会館の歩み 村上立躬

日本人の中国語作文コンクール受賞作品集

① 我們永遠是朋友（日中対訳） 段躍中編

② 女児陪我去留学（日中対訳） 段躍中編

③ 寄語奧運 寄語中国（日中対訳） 段躍中編

④ 我所知道的中国人（日中対訳） 段躍中編

⑤ 中国人旅行者のみなさまへ（日中対訳） 段躍中編

⑥ Made in Chinaと日本人の生活（日中対訳） 段躍中編

中国人の日本語作文コンクール受賞作品集

① 日中友好への提言2005 段躍中編

② 壁を取り除きたい 段躍中編

③ 国という枠を越えて 段躍中編

④ 私の知っている日本人 段躍中編

⑤ 中国への日本人の貢献 段躍中編

⑥ メイドインジャパンと中国人の生活 段躍中編

⑦ 甦る日本！ 今こそ示す日本の底力 段躍中編

⑧ 中国人がいつも大声で喋るのはなんでなのか？ 段躍中編

⑨ 中国人の心を動かした「日本力」 段躍中編

⑩ 「御宅（オタク）」と呼ばれても 段躍中編

⑪ なんでそうなるの？ 段躍中編

⑫ 訪日中国人「爆買い」以外にできること 段躍中編

⑬ 日本人に伝えたい中国の新しい魅力 段躍中編

⑭ 中国の若者が見つけた日本の新しい魅力 段躍中編